21世纪学前教师教育系列教材

总主编　朱家雄

幼儿园教育活动设计与实施

朱家雄　主编

中国人民大学出版社
·北京·

前 言

这些年来，各种版本的以“幼儿园教育活动设计与实施”为题的教材不断问世。应该说，这是一本不容易撰写的教材，因为撰写这本教材，要求编写者具备必要的理论基础和实践经验，要能在幼儿园课程理论与幼儿教育实践之间，在幼儿园课程与幼儿园教育活动之间，在幼儿园各教育领域的教育活动之间，在各种结构化程度的教育活动之间，在各种文化、社会背景下的幼儿园教育活动之间，以及在幼儿园教育活动与各种教育生态因子之间处理好各种关系。

本教材有以下四个方面的特点：(1) 比较简洁。(2) 有很多幼儿教育方面的新内容、新材料。(3) 有大量实践素材，应用性强。(4) 与其他同系列教材相匹配，尽量避免内容上重叠。

笔者从事“幼儿园课程”这门课程的教学和研究已达30年，首次撰写《幼儿园教育活动设计与实施》也是十年以前的事情了。在这段不算短的经历中，笔者总结了诸多的经验和体会，进行了反思，并做了理性抽提。本教材是基于这些经验与反思写就的。

朱家雄

2018年4月于上海

目 录

第一章

幼儿园课程与幼儿园教育活动

第一节　幼儿园教育、幼儿园课程与幼儿园教育活动

与其他各级各类教育机构的教育不同，幼儿园教育既要顺应儿童的自然发展，又要有效地将儿童发展纳入社会、文化所要求的轨道，两者缺一不可。

幼儿园课程是实现幼儿园教育目的的主要途径，是将幼儿教育思想、幼儿教育理念转化为幼儿园教育实践的中介。在幼儿园课程中，“顺应儿童的自然发展”主要通过儿童游戏得以实现，而“将儿童发展纳入社会、文化所要求的轨道”则主要通过教师教学得以实现。

幼儿园教育活动指的是幼儿园教育中各种类型的、具有教育价值的活动，既包括有目的的、有计划的活动，也包括无计划的却有教育意义的活动。幼儿园中各种类型的教育活动组成了幼儿园课程。

一、幼儿园课程

幼儿园课程是关于幼儿园课程目标、内容、方法和评价的一个系统，幼儿园教育实践常以幼儿园课程为轴心展开，幼儿教育改革也常以幼儿园课程改革为突破口进行。

（一）幼儿园课程的特点

与其他各级各类教育的课程相比较，幼儿园课程因为有其自身的特点而有别于其他课程，“其最明显的差别表现在对教育对象的考虑方面，以幼儿为教育对象的幼儿园课程的

决策，要求教育者更多地关注个体儿童的发展水平”①。能反映幼儿园课程与其他各级各类课程差别的最明显特征，就是幼儿园游戏活动被作为幼儿园课程的重要组成部分，而幼儿园游戏对顺应儿童发展具有重要的意义。

虽然游戏是幼儿园课程的一个重要组成部分，但我们并不可认为幼儿园课程只有游戏，而没有教学。事实上，教学也是幼儿园课程的一个重要组成部分。

即使再多地强调幼儿园课程的特点，也不可弱化甚至背离儿童教育本质的内涵。教育的本质是培养人的社会实践活动。教育作为人类社会特有的活动，其本质是对社会知识、文化的传递以及在此基础上对人的培养，并通过培养人来维持人的生存、发展和为社会服务。有众多的学科或理论也在研究人、社会知识、社会实践等，教育与其他学科或理论有区别的是“培养”这一范畴，它反映的是教育本身，体现的是教育特征，是从培养人的角度去研究人，研究培养人的规律。

在幼儿园课程中既有游戏也有教学。游戏与教学并存，它们就会产生关系，而处理好游戏与教学之间的关系是编制幼儿园课程以及设计和实施幼儿园教育活动的要点和难点。

多少年来，幼儿园课程的编制者以及幼儿园教育活动的设计者和实施者一直处于游戏（玩）与教学（教）的两难之中，并在两难之中求得平衡，以应对儿童教育理论与幼儿园教育实践需要解决的问题。他们在处理游戏（玩）与教学（教）的关系中求得进步，求得自身的专业发展。

（二）幼儿园课程的组成要素

与其他各级各类教育的课程一样，幼儿园课程也包含课程目标、内容、方法和评价等组成部分，以及隐藏在它们背后的教育理念。

1．幼儿园课程的教育理念

幼儿园课程最核心的要素是幼儿园课程所依据的教育哲学及其所反映的教育目的。这是幼儿园课程的价值取向之所在。幼儿园课程的其他组成部分，包括幼儿园课程目标、内容、方法和评价都是在此基础上产生和发展的。

各种幼儿园课程之间的差异主要体现为所依据的教育哲学和所确定的教育目标的不同，主要有两个方面：其一为相对强调培养儿童的社会性和一般能力，还是相对强调某些学业领域中的学习；其二为相对强调以儿童为中心的生活经验，还是相对强调为儿童进入小学做好准备。

幼儿教育目的方面的差异是与人们对儿童发展的看法相一致的。这就是说，儿童发展与教育的各种理论之间也存在与前者相一致的分歧。一般认为，有三类不同取向的理论，

---

① Spodek, B. & Saracho, O. N. *Issues in Early Childhood Curriculum*. New York: Teachers College Press, 1991, p. 5.

它们分别以三种不同的方式解释幼儿园课程：第一种解释将儿童发展看成成熟的过程，将教育看成内在潜力的自然展开，因此，幼儿园课程应顺应儿童发展；第二种解释相信教育是知识、技能、价值以及社会道德规范的逐代传递，因此，要为儿童提供各种形式的教学；第三种解释将教育看成帮助儿童通过与物质和社会环境的交互作用而达到较高的发展水平，因此，幼儿园课程应为儿童提供活动的经验，使他们能在不同的发展水平上得到发展。

教育哲学、社会学和儿童发展心理学等学科的各种流派在理论上可以说是各执一词，相互对峙。但是，幼儿园课程的实践往往不可能只是某种或某些纯粹的教育学、社会学或心理学理论的演绎，因为幼儿园课程的实践还要应对教育实践中出现的诸多问题。

如果运用简化的方法反映幼儿园课程所持有的基本理念，那么，任何一种幼儿园课程都可以在一个"连续体"上找到一个合适的位置。在这个连续体的左边一个极端，幼儿教育完全为的是"顺应儿童的自然发展"和"让儿童获得一般能力"；右边一个极端则完全为的是"让儿童完成教师预定的教学任务"和"让儿童获得学业知识和技能"。在幼儿园课程所持有的教育理念上，各种幼儿园课程之间的差异，主要反映在是对儿童自然发展和获得一般能力的强调，还是对儿童完成教师教学任务和获得学业知识、技能的强调，以及强调的程度如何等方面（见图 1-1）。

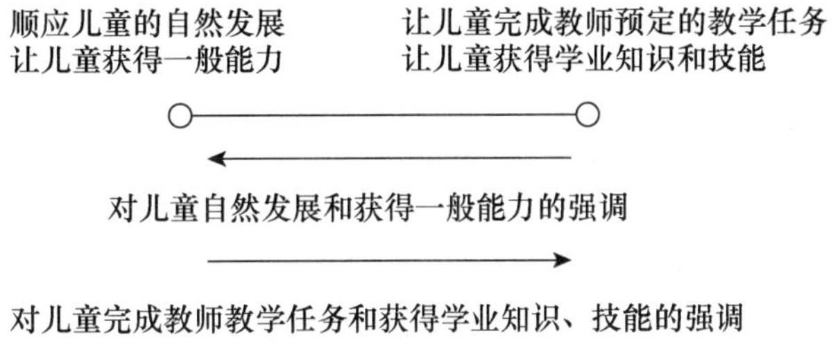

图 1-1　幼儿园课程最重要的因素——教育理念

2. 幼儿园课程的目标、内容、方法和评价

幼儿园课程的目标能确定幼儿园课程的方向，幼儿园课程的内容和方法是实现幼儿园课程目标的手段，而幼儿园课程评价是对课程的价值做出判断的过程。幼儿园课程的理念一旦确定，幼儿园课程的其他成分——课程目标、内容、方法和评价等就有可能在课程理念的统合之下形成一个协调的整体，并发挥其总体的作用。

如果幼儿园课程强调教师教学和学业知识、技能的获得，强调为入小学做好学业上的准备，那么幼儿园课程往往会被看成领域，课程的目标以儿童获得预期的行为变化为主要取向，课程的内容以学科的逻辑体系加以选择和组织，课程的实施以集体的、传递的方式为主进行，课程的评价则以客观的结果是否达成为评定标准。

以强调教师教学和学业知识、技能的获得为主要价值取向，幼儿园课程必然会注重课程标准的制定，注重教科书的编写，注重教师专业技能的训练，并注重按统一的标准评价幼儿园的教育质量。

如果幼儿园课程强调顺应儿童的发展，强调儿童一般能力的获得，那么幼儿园课程则会被看成儿童在幼儿园中所获得的全部经验，课程的目标会以儿童在活动过程中获得的经验为主要取向，课程的内容会围绕儿童的生活经验展开，课程的实施多以个体或者小组的方式进行，课程的评价则以教师的自我评价为主实施。

以强调顺应儿童的发展和一般能力的获得为主要价值取向，那么幼儿园课程必然会注重儿童自身的活动，特别是游戏活动，注重幼儿园环境的创设，注重教师对儿童发展和儿童学习规律的把握，并注重运用过程评价为主的方式评价幼儿园的教育质量。

各种幼儿园课程都能在反映教育理念和课程价值取向的“连续体”中找到合适的位置，并以此来作为决定幼儿园课程的其他各种成分——课程目标、课程内容、教育方法、教育形式和课程评价等的依据（见图 1－2）。

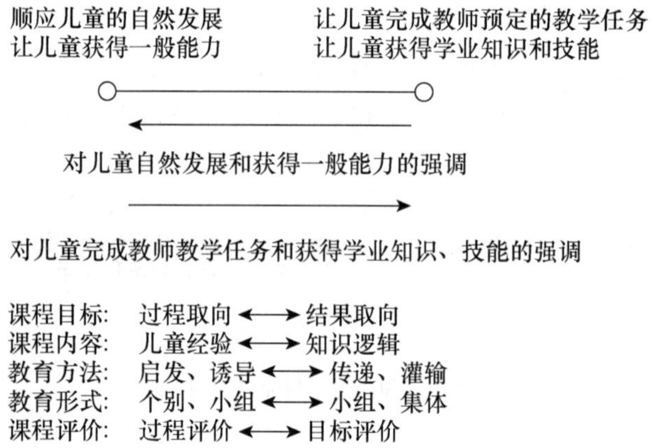

图 1－2　幼儿园课程各种组成要素之间的关系

二、幼儿园教育活动

幼儿园课程由幼儿园各种类型的教育活动组成。广义地说，幼儿园教育活动包括在幼儿园内所发生的一切活动，诸如游戏活动、教学活动、生活活动、运动等，对儿童而言，这些活动之间的界限是不清晰的，经常是“你中有我，我中有你”的。狭义地说，幼儿园教育活动主要有游戏活动和教学活动两大类。

一系列同质的或异质的幼儿园教育活动以某种方式组成某种幼儿园课程。每种幼儿园教育活动都具有自身的价值取向和性质，组成某一课程的各种教育活动的性质以及这些活动各自所占比例，决定着该幼儿园课程的价值取向和性质。

（一）幼儿园课程中的游戏活动

在幼儿园课程中，游戏活动是一类重要的教育活动。

儿童游戏行为和幼儿园游戏活动都是不容易被定义或被分类的。

有些学者建议，在定义儿童游戏时，应该分析儿童游戏活动的多种特征，而不只是去关注儿童游戏活动时的单一行为；应该建立一系列标准来确定儿童的游戏行为。他们的建议得到较广泛的认同。

例如，鲁宾（K. H. Rubin）等人曾根据以下标准确定儿童的游戏行为：

（1）游戏是孕育在活动中能引起满意的个人动机发起的，而不是由基本需要和动机，或者社会要求所控制的。

（2）游戏者更多考虑的是活动本身，而不是目的。目的是自己的，游戏者的行为是自发的。

（3）游戏发生在游戏者熟悉的对象上，或发生在对不熟悉的对象进行探索以后，儿童赋予游戏他们自己的意义，并由自己控制游戏。

（4）游戏可以是不实在的。

（5）游戏不受外界规则的约束，若有规则存在，可由游戏者修改。

（6）游戏需要游戏者的积极参与。

又如，福劳姆伯格（D. Fromberg）也曾以类似的方式陈述儿童的游戏行为的特征：

（1）象征性的，即在游戏中以“似乎”表征现实。

（2）赋予意义的，即在游戏中联系儿童自己的经验。

（3）愉快的，即使儿童在游戏时很严肃、认真。

（4）自愿的和动机来自内部的，不论动机是儿童的好奇、展现其优势、参与性或其他。

（5）有规则控制的，不论是含蓄的，还是明确的。

（6）偶发的，以儿童自发产生和改变目的为特征。

尽管难以精确界定游戏，但是对儿童游戏的这些含义做简单的归纳，那就是儿童游戏是儿童自发的、自主的、没有任何社会功利目的的儿童自己的活动，游戏能给儿童带来快乐，能满足儿童的需要。

（二）幼儿园课程中的教学活动

教学是师生双边的共同活动，构成这种活动的基本成分是教师的传授、儿童学习和教师教学所运用的材料。教学主要承担着向儿童传递人类和民族文化遗产的任务，承担着向儿童传递间接知识和技能的任务。

幼儿园的教学活动，主要是一种有目的、有计划的由教师对儿童施加教育影响的活动。由教师立足于教学目标、教学任务和教学内容来组织和实施教学活动。就教学本身而言，它更多强调的是教师的主导作用和教学的结果。

各种理论对于教学与儿童的发展有不同的观点，这导致了在编制幼儿园课程时会有不同的主张。

行为主义的学习理论将教学看作刺激—强化—反应的过程，认为通过教师对预设任务的直接教学，儿童即可获取教师期望他们学得的知识和技能。

皮亚杰不认同儿童知识的获得是刺激—强化—反应的过程，他认为知识是儿童主动建构的。他认为，整个发展和整个学习的基本关系是一种同化，同化是把各种现实统合在一个结构之中，同化是学习的根本，而游戏是以同化为主的活动。他认为，学习的主体是主动的，应把重点放在同化上，放在主体自身的游戏活动上，“没有这一活动，就不可能有使受教育者发生明显转变的教学法和教育学”①。

维果茨基则认为，“教学和发展不是两个互不依赖的过程，也不是同一过程，教学与发展之间存在着复杂的关系”②。他提出了这样的假设，即交往及其最有计划性、系统性的形式——教学，造就了发展，创造着新的心理形成物，发展着心理生活的高级过程。因此，教学是发展的决定性动力。能够体现教学与发展内部关系的“最近发展区”概念在维果茨基的理论中占有特别的地位，因为它强调了教学在发展中的主导性、决定性作用，揭示了教学的本质不在于训练或强化业已形成的内部心理机能，而在于激发、形成目前还不存在的心理机能。维果茨基认为，只有指向“最近发展区”的教学才是好的教学。

维果茨基的观点与皮亚杰主张的教学应服从于发展规律，而不是发展规律服从于教学的观点正好相反。他认为，教学过程有其自身的结构、顺序和发展逻辑，而教学引起的心理机能的发展具有自身的内在规律，因此，“发展过程跟随着建立最近发展区的教学”③。

与维果茨基一样，著名的美国心理学家布鲁纳也将儿童看成文化工具的继承者，而不是像皮亚杰那样把儿童看成年幼的科学家，这使他比皮亚杰更注重教学在儿童发展中的作用。基于这样的观点，布鲁纳提出，应当把儿童所处的文化背景以及语言看作在其智慧发展中起着极为重要作用的因素，应当用当代信息科学提供的方式模拟儿童的智慧。

随着对教学本质、教学目标的制定，教学内容的组织以及教学方法的选择等方面研究的深入，人们已经越来越多地关注到在教师和儿童双边活动中充分发挥儿童的主体精神的问题，摒弃了让儿童处于被动、盲从地位的做法，尊重儿童，发挥儿童在学习活动中的主动性和自主性，积极引导儿童的探索和发现活动。

---

① 皮亚杰．皮亚杰教育论著选．北京：人民教育出版社，1990：33.

② 维果茨基．维果茨基教育论著选．北京：人民教育出版社，1994：2.

③ 同②406.

教师和儿童双边教学活动中，存在许多矛盾。例如，知识体系本身的矛盾，教师对知识的传递与儿童认知结构之间的矛盾，教学进程与儿童的发展水平、兴趣爱好之间的矛盾，等等。正是这些矛盾的存在，促使教师在教学目标的制定、教学内容和材料的组织和选择、教学手段和方法的运用等方面做出不断的改革和更新，以使教学能够更好地适合儿童的发展水平和需要。

各种教育和心理学的理论为幼儿园课程中充分发挥教学的积极作用提供了多角度、多方面的视野，使我们可以更理智地去思考和解决幼儿园课程编制中有关教学的各种问题。

三、幼儿园游戏活动与教学活动的关系

幼儿园教育既要顺应儿童的自然发展，又要有效地将儿童的发展纳入合乎社会、文化所要求的轨道。幼儿园游戏活动和教学活动分别强调的是顺应儿童的自然发展和将儿童的发展纳入合乎社会、文化要求的轨道这两个方面。

幼儿园的游戏活动是没有社会功利目的的。它强调的是过程、自我表现、表达以及儿童自主的活动，它能够在最大程度上顺应儿童的自然发展。

与游戏活动不同，幼儿园的教学活动主要是一种有目的、有计划的由教师对儿童施加影响的活动。它承担着文化、知识和技能传递的任务，它更多强调的是教师的主导作用。

在幼儿园课程中，游戏活动和教学活动是有内在联系的。在幼儿园实施游戏和教学这两种活动，是为了顺应和促进儿童的发展，也是为了实现幼儿园教育所追求的社会、文化价值。

然而，在幼儿园课程中，游戏和教学又是两种有本质区别的活动，两者不可相互替代。儿童自发产生的游戏，与教师有目的、有计划的教学永远不可能是同一的，或者是相互平行的。两者虽然可以相互影响，可以以各种方式相互结合，但是不会像物体投下的影子那样相互追随。

事实上，游戏活动和教学活动的不可替代性，正是它们相互补充、相得益彰的前提。在幼儿园课程编制和教育活动设计中，实现游戏活动和教学活动的结合，不论是设计的教育活动，还是创设的游戏/教学环境，都为的是实现教师为儿童学习而设计的教育方案，也为的是能在一定程度上反映儿童的兴趣和需要。

在幼儿园课程中，处理好游戏活动和教学活动之间的关系是不容易的。对于这个关系的处理，经常会使幼儿园教师处于两难的境地。

这个问题很难处理，是因为在教育过程中，教师难以知道儿童的兴趣和需要究竟是什么，难以把握儿童发展的程序和规律；即使解读了儿童的一些需要，在一定程度上掌握了儿童发展的程序和规律，教师也难以组织合适的活动去适合儿童的发展规律，去真正满足儿童的需要。

这个问题很难处理，也因为社会对儿童的教育要求与儿童的兴趣和需要并不一定是一致的，对儿童实施的教育不能只是无条件地去适合儿童的发展规律，只是无原则地去满足儿童的需要。

这个问题很难处理，还因为游戏与教学之间存在无数种不同的关系，这些看不见、摸不着的关系常以形形色色的方式呈现。由于游戏与教学之间存在这种复杂的关系，在幼儿园教育活动实施过程中，幼儿园教师需要根据多种影响幼儿园课程编制和实施的因素，把握幼儿园教育活动中游戏和教学各自的比重、内容载体、实施过程和评估方式等，所有这一切，对于幼儿园教师而言，常会是一种严峻的挑战。而处理好游戏与教学之间的关系，其前提是幼儿园教师必须牢牢把握游戏和教学各自的原本属性，能够透过现象看到本质，不为活动表面所呈现的形式所迷惑。将游戏看成教学，或将教学看成游戏，将游戏和教学混作一谈，其结果只能使教育活动的价值取向发生偏离，使教育活动的实施迷失方向。

第二节　幼儿园教育活动的性质和分类

一、幼儿园教育活动的性质

事实上，儿童在幼儿园的活动中所产生的行为，并非可以简单地区分为“游戏”或者“非游戏”。同样，在为儿童设计幼儿园教育活动时，也并非可以简单地将幼儿园教育活动归为“游戏活动”或者“教学活动”。每个幼儿园教育活动中所包含的“游戏活动”和“教学活动”的成分，决定着该幼儿园教育活动的性质，换言之，对某个幼儿园教育活动性质的考察，主要是基于游戏活动和教学活动这两类活动的优势程度，包括它们在教育活动中所占的时间和发生的频率的比例等。

（一）从儿童“纯游戏”到“非游戏”行为的连续体

从游戏的角度看幼儿园教育活动，那么幼儿园所有的教育活动都可以在“从儿童‘纯游戏’到‘非游戏’行为的连续体”上找到相应的位置。

佩莱格里尼（A. D. Pellegrini）认为，可以将儿童的活动分为“‘较多的游戏，或较少的游戏’，而非极端地界定为‘游戏，或非游戏’。儿童的行为符合所有的游戏行为标准，可被界定为‘纯游戏’，儿童的行为有较少这样的成分，可认定为‘较少纯游戏’。简而言之，儿童的行为不应被界定为‘游戏，或非游戏’，而应被看作与一个从‘纯游戏’到‘非游戏’的连续体相关联的位置”①（见图 1-3）。

---

① Pellegrini，A. D. *Applied Child Study：A Developmental Approach*. New Jersey：Lawrence Erlbaum，1991，p. 215.

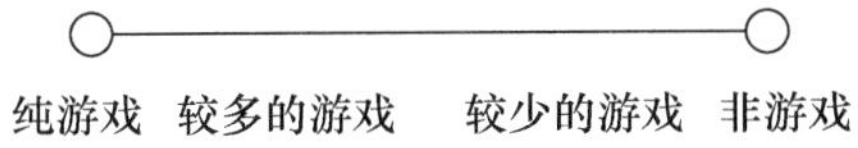

图 1-3 儿童的游戏行为

格雷维、萨拉乔等人也有类似的论述，例如，格雷维认为，有不同行动、交互作用方式和交流方式的不同活动似乎是在一个从“游戏”到“非游戏”的一个连续体上来回移动，儿童在其游戏和非游戏的活动状态中经常变换着他们自己活动的目的和目标。① 萨拉乔则认为，这些含义相对广泛的标准应被用于对儿童复杂的活动进行区分，而这样的标准也有益于使教师从可能存在的将工作（教学）和游戏加以区分而带来的为难中解脱出来。②

（二）从教师的“非教学”到“纯教学”行为的连续体

同样，从教师教学的角度看幼儿园教育活动，那么幼儿园所有的教育活动都可以在“从教师的‘非教学（纯游戏）’到‘纯教学（非游戏）’行为的连续体”上找到相应的位置（见图 1-4）。

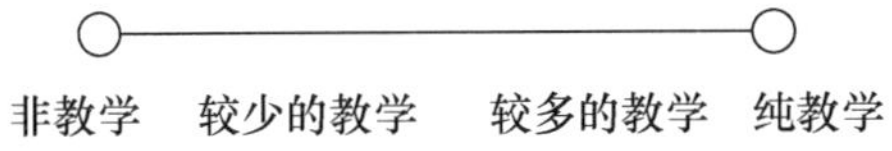

图 1-4 教师的教学行为

（三）从“纯游戏活动”到“纯教学活动”的连续体

从儿童游戏和教师教学两个角度看，在幼儿园中所发生的各种教育活动，都能被看作一个从“纯游戏活动”到“纯教学活动”的连续体上的某种状态。

换言之，在幼儿园教育活动性质向度图（见图 1-5）中，可以将“纯游戏活动”和完全按照教师计划实施的教学活动看作幼儿园教育活动的两个极端，在这两个极端之间存在无数种状态，它们反映的是游戏活动和教学活动的不同程度的结合。在幼儿园中所发生的各种教育活动中，有“纯游戏活动”，也有“纯教学活动”，更多的则是游戏活动与教学活动不同程度的结合。

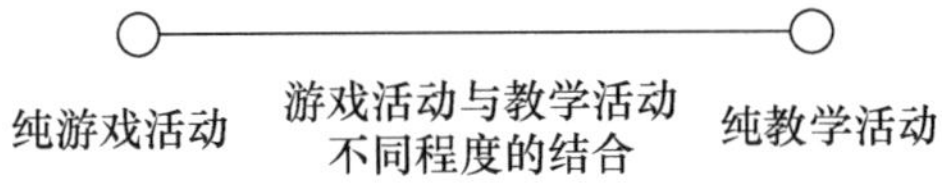

图 1-5 幼儿园教育活动性质向度图

将幼儿园教育活动性质向度图具体化，在从“纯游戏活动”到完全按照教师计划实施

---

① Gravey, C. *Play* (2nd edn). London: Fontana, 1991.

② Saracho, O. N. The Role of Play in the Early Childhood Curriculum. Spodek, B. & Saracho, O. N. *Issues in Early Childhood Curriculum*. New York: Teachers College Press, 1991.

的教学活动的连续体上，各种性质的幼儿园教育活动都可以找到其相应的位置，而且，可以根据在连续体上的位置，来判断幼儿园教育活动所含有的游戏和教学的成分，从而明确该教育活动在权衡顺应儿童的自然发展与将儿童发展纳入合乎社会、文化要求的轨道方面的价值取向（见图 1-6）。

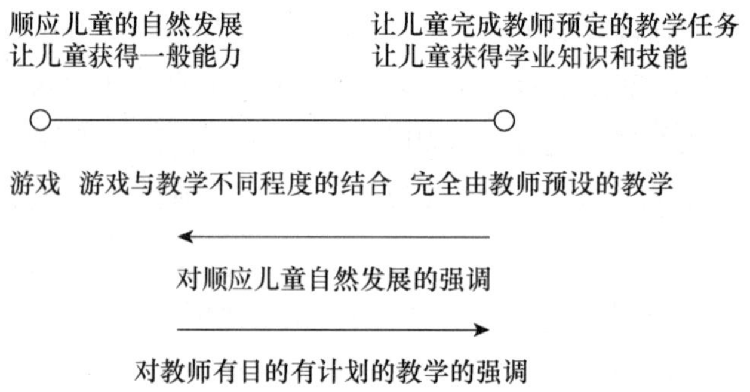

图 1-6 具体化的幼儿园教育活动性质向度图

二、幼儿园教育活动的分类

我们除了按活动的性质，可将幼儿园教育活动分为游戏活动和教学活动外，还可按幼儿园教育活动的结构化程度、学习领域（学科）性质以及组织形式等，对幼儿园教育活动进行分类。

（一）按幼儿园教育活动的结构化程度分类

按幼儿园教育活动的结构化程度分类，幼儿园教育活动可以分成无结构的教育活动、低结构化的教育活动、高结构化的教育活动和完全结构化的教育活动。

按照这种分类方法，游戏活动是无结构的教育活动，完全由教师预设的教学活动是完全结构化的教育活动，游戏活动占主要成分的教育活动是低结构化的教育活动，而教学活动占主要成分的教育活动是高结构化的教育活动，还有介于高低结构之间的教育活动。

从对幼儿园教育活动所做的这种分类出发，对幼儿园教育活动的性质做出说明，可以看到幼儿园课程中的各种教育活动，都可以在从无结构的教育活动与完全结构化的教育活动的连续体上找到相应的位置，这表明了教育活动从无结构、低结构化、介于高低结构之间、高结构化到完全结构化的不同特征，也表明了教育活动强调过程或强调结果的不同价值取向（见图 1-7）。

在幼儿园无结构的教育活动（纯游戏活动）中，儿童会寻求自我发展，活动满足了儿童的需要，活动完全由儿童发起（child initialed），并由儿童内部动机控制；在幼儿园完全结构化的教育活动中，教师的教学塑造着儿童，活动完全由教师发起（teacher initialed），并由教师主导教育方案，完成规定的教学任务，儿童活动的动机靠外部刺激引发。

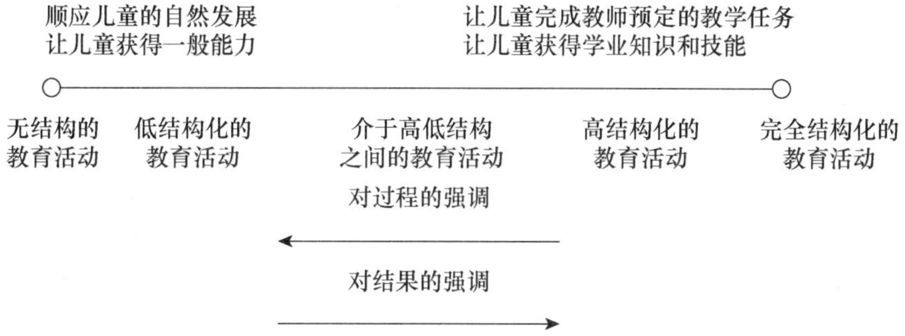

图 1-7　幼儿园教育活动的结构化程度

幼儿园的教育活动更多的是游戏活动和教学活动的不同程度的结合，是兼有游戏活动和教学活动成分的活动，低结构化的教育活动更多具有游戏活动的性质，高结构化的教育活动更多具有教学活动的性质，而介于高低结构之间的教育活动则是游戏、教学活动性质的均衡（见图 1-8）。

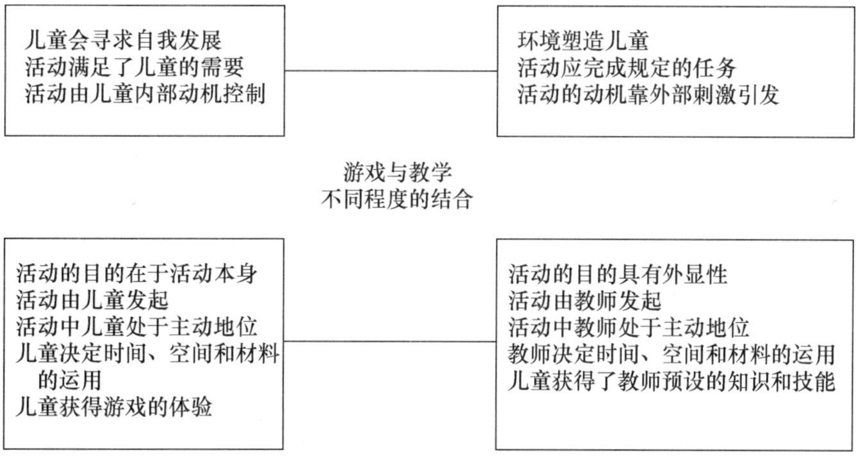

图 1-8　细化的幼儿园教育活动性质向度图

幼儿园教育活动的结构化程度一旦确定，幼儿园教育活动的教育、教学目标主要由谁确定，活动主要由谁发起，活动的动机是什么，活动中教师的角色是什么，以及强调活动的过程还是结果等方面的问题也就自然确定了。

在由教育方案或教师预设为主的高结构化的教育活动中，教学的目标主要由教材或教师确定，活动主要由教师发起，活动的动机主要是教师的奖惩，活动强调结果；在具有较多游戏特征的低结构化的教育活动中，由儿童与教师共同确定活动的目标，活动主要由儿童发起，活动的动机主要是儿童的需要，活动强调过程；介于高低结构之间的教育活动，兼有高低结构教育活动的性质，会将处理教师预设与儿童生成之间的关系作为展开教育活动的主线。

应该说明的是，教育活动结构化程度的高低，只是相对而言的。因此，各种教育活动所表现出来的性质上的差异，也只是在程度上的差异。

对幼儿园教育活动所做的这种分类，可以让幼儿园教育活动的设计者清晰地分辨每个幼儿园教育活动的价值取向和性质，包括目标取向、活动内容取向以及评价取向等，也可以让幼儿园教育活动的设计者准确地把握这些教育活动之间的关系，以及各种幼儿园教育活动在选择和组合时的比重和方式等。

对幼儿园教育活动所做的这种分类，可以让幼儿园教育活动的实施者十分容易理解幼儿园教育活动设计者的设计意图以及这些幼儿园教育活动的实施取向，也可以让幼儿园教育活动的实施者在幼儿园教育实践中表现出与实施取向相一致的教育行为，包括根据具体的教育、教学情景对活动设计者设计的活动进行调整、修订或创生，从而有效地实施教育、教学。

按结构化程度分类，不可能完全准确地将幼儿园教育活动分割清楚。换言之，结构化程度的分类是相对的，特别是在高结构教育活动与低结构教育活动之间很难有绝对的分界。

（二）按幼儿园教育活动的学习领域性质分类

按幼儿园教育活动的学习领域性质分类，是编制幼儿园课程和设计幼儿园教育活动的又一种常用分类方法，也是思考和陈述幼儿园各种教育活动的价值和实施方法的一种常用分类方法。

按幼儿园教育活动的学习领域性质，可以根据编制课程和组织教育活动的需要，相对将幼儿园教育活动分成语言教育活动、计算教育活动、常识教育活动、音乐教育活动、美术教育活动、体育活动，或者分成健康教育活动、语言教育活动、科学教育活动、社会教育活动、艺术教育活动等。

每个学科的教学都可以与游戏相结合，教学与游戏的不同比例决定了某学科某一个教育活动的性质。一般而言，领域被分解得越清晰，教师教学的倾向就越明显；相反，领域被分解得越不清晰，幼儿游戏的倾向就越明显。

按照这种分类方法，各种幼儿园教育活动按领域分门别类，能便于教育活动实施者认清领域范围和内涵，并根据教育活动的结构化程度进行操作：结构化程度高的学科教育活动，强调的是该领域本身的知识和技能的传递；结构化程度较低的学科教育活动，弱化的是该领域本身的知识和技能，强化的是儿童在该领域的经验，强调的是各领域之间的融合（见图 1－9）。

人为地将幼儿园教育活动分成各学习领域，为的是让幼儿园教师能够分门别类地、有效地开展教学，或者即便让各学习领域相互渗透或整合，也会多少顾及学习领域本身的逻辑有效地开展教学。由于按学习领域分类是成人所为，儿童的学习并不一定会遵循其所依据的学科逻辑。

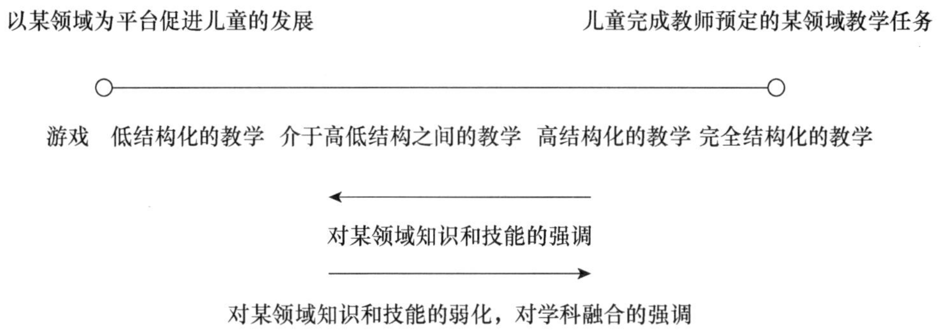

图 1-9　幼儿园领域教育活动的结构化程度

按学习领域性质分类，有许多种不同的方法，每一种分类方法都与幼儿园课程编制者的课程理念及设计思路是一致的，都具有相对的合理性，同时难以避免局限性。

按学习领域性质分类，不可能完全清晰地、非此即彼地将幼儿园教育活动分割清楚，况且，儿童的学习常常是整体性的，学习领域往往是不分化的或分化不明显的。换言之，领域的分类是相对的，各领域的幼儿园教育活动常常会有相互重叠、相互包含的成分。

例如，我国 1981 年教育部颁布的《幼儿园教育纲要（试行草案）》将幼儿园教育内容与要求分为生活卫生习惯、体育活动、思想品德、语言、常识、计算、音乐、美术八个方面。

又如，我国 2001 年教育部颁布的《幼儿园教育指导纲要（试行）》将幼儿园教育内容相对划分为健康、语言、社会、科学、艺术五个领域，并指出也可做其他不同的划分。

（三）按幼儿园教育活动的组织形式分类

按幼儿园教育活动的组织形式分类，幼儿园教育活动可以分成大组活动（如班级活动等）、小组活动和个别活动。按这种方法分类的各种教育活动之间，常会有相互转换、相互包含的成分。

以大组的方式组织的幼儿园教育活动，一般要求全体或相当数量的儿童在同一时间内完成同样的学习任务。这种组织形式的教育活动，比较适合师幼比例小、活动的结构化程度高的状况。

以小组或个别的方式组织的幼儿园教育活动，一般让儿童在自己的发展水平上以自己的速率完成适合自己的学习任务。这种组织形式的教育活动，比较适合师幼比例大、活动的结构化程度低的状况。

按活动组织形式分类，幼儿园教育活动还可分为生活活动、游戏活动、体育活动、集体或小组教学活动等。按这种方法分类的各种教育活动之间，常会有相互重叠、相互包含的成分。

第三节　实现幼儿园游戏活动与教学活动的最优化结合

实现幼儿园游戏活动与教学活动的最优化结合，为的是以最小的代价，在最大程度上实现游戏活动与教学活动这两者各自的价值，既要顺应儿童的自然发展，又要将儿童的发展有效地纳入社会、文化所要求的轨道。

实现幼儿园游戏活动与教学活动的最优化结合，其前提是充分认识游戏和教学这两大类教育活动各自的性质及价值。

一、幼儿园游戏活动与教学活动的结合类型

幼儿园游戏活动与教学活动的结合类型，大致有分离式、插入式和整合式三种（见图1-10、图1-11、图1-12）。

图1-10　游戏与教学分离式的结合

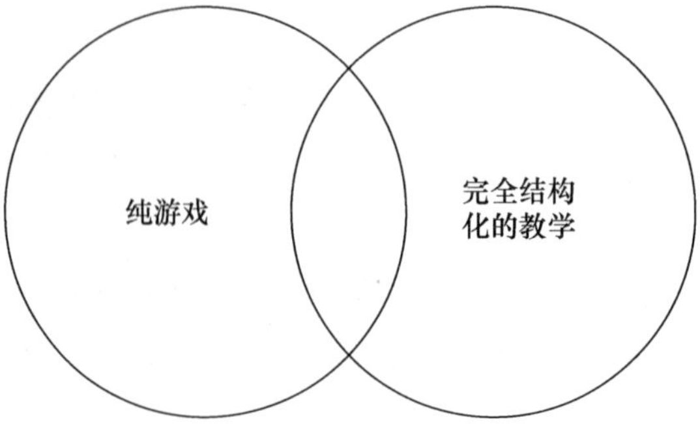

图1-11　游戏与教学插入式的结合

图 1－12　游戏与教学整合式的结合

（一）游戏与教学分离式的结合

在幼儿园教育活动设计和实施中，有时，游戏活动和教学活动可以完全分离，即在幼儿园活动的某段时间内安排儿童进行纯游戏活动，而在另一时间段内安排儿童进行完全结构化的教学活动。这种类型的游戏活动和教学活动的结合形式操作简单，容易被教师掌握，评价直截了当，适于管理者运用。

以下，以“会‘尿尿’的轮胎”和“小脚丫（小班）”两个教育活动作为案例，说明游戏与教学这两种不同性质的教育活动以分离式的方式分别进行。

案例 1－1

会“尿尿”的轮胎

早晨，孩子们到操场进行户外活动。在操场跑道的旁边，放着一些色彩鲜艳的废旧轮胎。由于前一天下了一场大雨，所以轮胎的沟槽里有些积水。

克立想玩轮胎，于是他走过去把一只轮胎扶了起来。这时，轮胎沟槽内的积水便从轮胎侧面的排水孔里流了出来，这让他很兴奋，他大声地喊着：“快来看，轮胎‘尿尿’了！轮胎‘尿尿’了！”其他孩子听到他的喊声，都纷纷围过来看。

同伴们的积极响应让克立更加兴奋。他把立着的轮胎往排水孔所在的一侧倾斜了一些，这使水流变得更大了。于是，围观的孩子们也一起大声喊起来：“轮胎‘尿尿’了！轮胎‘尿尿’了！”有的孩子还帮忙扶轮胎，好让它保持一定的角度侧立着。

但随着积水的排出，水流变小了、变细了，没了刚开始的那种势头，孩子们的喊声也渐渐变小。一旁的季可见状，比克立还心急。为了让水流变大，他用力猛地推了一下轮胎。轮胎被推倒在跑道上，积水溅了出来，不少孩子因为躲避不及，鞋子都被溅湿了。他们的兴致受到影响，准备离开。

意犹未尽的克立又去寻找新的目标，他想继续让轮胎“尿尿”。他扶起另外一只轮胎，积水又流了出来，他又兴奋地喊起来：“快来呀，轮胎‘尿尿’了！”他的喊声又一次使孩子们兴趣盎然地围了过来。和第一次一样，随着积水的排出，水流逐渐变小了。不过，这

会“尿尿”的轮胎

次克立吸取了上次季可推倒轮胎的经验，他很小心地用手把轮胎往水流方向倾斜了一些，于是，水流变大了一些；水流逐渐又变小了，他再把轮胎倾斜一些，水流又变大了，其他孩子的喊声也跟着大了起来，这让他更加努力地控制好轮胎的斜度，以保持水的流势。

于是不少孩子争相模仿起来，跑道上的不少轮胎都开始“尿尿”，孩子们开心的笑声更响了，喊声更大了。但是不少孩子都犯了之前季可犯过的错误，他们把轮胎弄倒在了地上，积水溅湿了跑道和他们的鞋子。不过，也有不少孩子学会了给轮胎安全地排积水，他们很小心地扶着轮胎，很小心地控制着轮胎倾斜的角度，直到轮胎把积水全部排完。

在孩子们的欢声笑语中，所有轮胎的积水都被排掉了。最后，轮胎又整整齐齐地排在了跑道边。

“会‘尿尿’的轮胎”这样的活动，在幼儿园内经常能见到。这是一个纯游戏。它是孩子们自发、自主和自选的。它能满足儿童自身的需要，有益于儿童的自我发展。这个活动不是教师预设的，是没有社会功利目的的，儿童只是按照自己的方式在玩儿而已。这个活动给孩子们带来了快乐，也带来了用自己已有的经验探索外部世界的平台，还带来了与他人交往和相处的机会。可以看到，在这样的活动中，儿童的身心是十分投入的，儿童在整个活动中处于积极、主动的状态。

案例 1－2

小脚丫（小班）

活动目标：

1. 初步认识和了解小脚丫。
2. 知道要讲究脚的卫生。

活动准备：

大人和小孩的鞋。

活动过程：

1．观察小脚丫：看看自己的小脚丫，了解脚的外形。

教师让幼儿看一看："你的小脚长得怎么样？"

教师让幼儿数一数："你一共有几个脚趾？我们一起数数。"教师引导幼儿有顺序地逐一点数。

教师让幼儿想一想："脚趾上有什么？除了脚趾还有什么？"

教师让幼儿试一试："有什么办法可以让自己变得更高一些？"引导幼儿认识脚掌、脚跟，并踮脚尖让自己变高一点儿。

2．让幼儿懂得与脚有关的生理和卫生常识。

（1）让幼儿试穿大人、小孩的鞋，知道要穿与自己的脚适合的鞋。

（2）让幼儿闻一闻自己的脚丫，知道要养成每天洗脚的卫生习惯。

"小脚丫"这样的活动能被用于说明什么是完全结构化的教学。在完全结构化的教学中，教学过程完全由教师控制，儿童完全按教师的要求和指示完成教师预设的学习任务。

（二）游戏与教学插入式的结合

在教学活动中插入游戏活动，或在游戏活动中插入教学活动，这种游戏与教学的结合方式常被运用。例如，在教育活动的设计和实施过程中，游戏活动可以是教学活动的先导，儿童在游戏中获得的经验，可通过教学活动加以理性化；游戏活动也可以是教学活动的后继活动，教学活动中儿童习得的知识和技能可以在游戏中得到运用。又如，在儿童游戏时，教师在观察和理解儿童的基础上，可以以个别或小组形式插入有益于儿童学习和发展的教学和指导。运用插入式结合的原则是既要有益于提高教学的有效性，又要避免干扰儿童自发、自主的游戏活动，在一种活动中插入另一种活动时，应自然而不要生硬。

以下以"蜡染"和"磁铁"两个教育活动为案例，说明游戏与教学这两种不同性质的教育活动以插入方式进行的结合。

案例 1－3

蜡染

活动目标：

1．让幼儿学习"蜡染"的美术表现方法。

2. 让幼儿用自己的方式创作“蜡染”的美术作品。

活动准备：

蜡染的布、宣纸、各种颜色的液体染料等。

活动步骤：

1. 教师在活动室内挂一块蜡染的布，告诉幼儿，这是某地的工艺美术作品，是那里的老百姓发明和创造的。

2. 教师向幼儿演示用裁成20～25厘米见方的宣纸做“蜡染的布”的方法。

(1) 将宣纸对折，再对折，再沿对角线对折。

(2) 将折好的宣纸的一角浸入红色的液体染料，取出后，再将另一角浸入绿色的液体染料；取出后，还可将另一些部位浸入其他颜色的液体染料。

(3) 将被折的宣纸打开即成。

3. 教师运用其他折纸的方式（如折叠三次、无规则折叠等）再次演示做“蜡染的布”的方法。

4. 让幼儿根据教师的演示制作“蜡染的布”。

5. 鼓励幼儿用自己的方法制作“蜡染的布”，并向别人展示自己做的作品。

在“蜡染”这个活动中，主体是教师，教师对儿童进行美术技能的教学，教师的教学过程让全体儿童学会了如何制作“蜡染的布”。而儿童自由的游戏活动成为教学活动的后继活动，儿童习得的知识和技能在游戏中得到了运用，许多儿童以自己的方式制作了形形色色的“蜡染的布”，并获得自我表现、表达的游戏体验。

案例1-4

磁铁

1. 教师观察到幼儿对磁铁十分感兴趣，就在活动区域中陈放了一定数量的磁铁，同时投放了一些有订书钉的纸以及其他铁质的物件，让幼儿尝试用磁铁吸这些纸和其他东西。

2. 教师诱导幼儿拿着磁铁到处去找可以被吸住的东西，并讲述自己的发现，即哪些物件是可以被吸住的，哪些物件是不能被吸住的。

3. 教师为幼儿提供记录纸，启发幼儿用符号分别记下可以（或不可以）被磁铁吸住的物体。

4. 在幼儿积累了相当的经验以后，教师利用幼儿的记录开展集体教学活动，引导幼儿对记录进行归纳。经过反复比较，让幼儿逐步悟出只有含铁的物体才能被磁铁吸住的道理。

5. 开展各项利用磁铁的游戏活动，例如：钓鱼，移动磁铁走棋，磁性积木，等等。

6. 可让部分对磁铁感兴趣的幼儿谈论更多的相关话题，例如：什么是磁性，磁铁的正负极等，教师适时地参与幼儿的讨论，提供一定的材料，满足他们的探索需要。

在“磁铁”这个活动中，儿童运用磁铁所进行的游戏活动是教师有目的有计划的教学活动的先导，儿童在游戏中获得了经验，经由教师的个别化的指导和集体的教学，儿童初步悟出了只有含铁的物件才能被吸住的道理。儿童自由选择和进行的钓鱼、移动磁铁走棋、磁性积木等游戏活动成为教学活动的后续活动，儿童习得的知识和技能在游戏中得到了运用，儿童获得了更多的有关磁铁性质的经验。“从游戏中来，到游戏中去”，这句话能很好地说明这个案例的特征。

（三）游戏与教学整合式的结合

整合式是游戏活动与教学活动结合的一种高级形式，它使两种性质不同的活动有机地融合成一体，常常难以区分什么是游戏、什么是教学。这种结合方式操作难度大，需要教师善于把握儿童的所思和所感，灵活处理教育过程中所发生的教师计划与儿童兴趣和需要之间的矛盾。

以下以“绳宝宝上幼儿园”这个教育活动作为案例，说明游戏与教学这两种不同性质的教育活动以整合方式进行的结合。

案例 1－5

绳宝宝上幼儿园

活动目标：

1. 能有节奏地抖动绳子，运用拖拉、扭动、旋转等方式变换不同的线条。

2. 能使用绳子、颜料在不同质地的纸上玩颜色。

活动准备：

1. 用不同颜色和质地的材料拼贴成模拟幼儿园，铺在地上，如用浅色的墙纸做活动室，用绿色的皱纸做花园，用粉色的棉布做卧室，用土黄色的牛皮纸做沙池，等等。

2. 20 厘米长的棉纱绳数根（一头绕有透明胶布）。

3. 将绳子浸入盛有不同颜色颜料的小罐（绳头在外）。

活动步骤：

1. 观察铺在地上的材料，让幼儿想象并讲出这些是幼儿园的哪些地方。

2. 让幼儿想象绳宝宝是幼儿园的小朋友，在幼儿园里快乐地游戏。

3. 让幼儿观察教师的演示，了解使用材料工具的方法：拿着绳子没有蘸上颜色的一头，在模拟幼儿园里走动，让绳子接触模拟幼儿园，留下颜色的轨迹。

4. 带着绳宝宝在幼儿园里游戏：

（1）每种颜色的绳宝宝只能放在相同颜色的小罐里（如起名为绿色班、红色班等）。

（2）若想换一种颜色的绳宝宝，必须把前一根绳子送回原来的小罐（回到自己的班级）。

（3）绳宝宝可以在各处游戏，按游戏场地想象他们在做什么，并变换自己的动作。

5. 讲评：

（1）观察画面上不同的线条和颜色，比较哪些地方最美丽。

（2）请幼儿介绍绳宝宝是怎样玩的。

在“绳宝宝上幼儿园”这个活动中，已经很难区分什么是游戏活动，什么是教学活动了，这两种性质不同的活动已经有机地融合成一体了。儿童以绳子等为材料进行活动，对于每个儿童而言，教师很难区分该儿童是在模仿教师或同伴，还是在做游戏以满足自己。

以整合方式结合的教育活动操作难度较大，需要教师善于把握儿童在活动中的感受和行为，在解读儿童的基础上，灵活地处理教育过程中所发生的教师计划与儿童兴趣和需要之间的矛盾。

不可简单地定论游戏与教学的这三种结合的方式孰优孰劣，一切取决于幼儿园实践活动的需要。这就是说，采用何种结合的类型，完全取决于特定教育场合和教育情景中的特定需要。

二、幼儿园游戏活动与教学活动最优化结合的归宿

游戏活动与教学活动是幼儿园教育中不可或缺的两类教育活动。处理好幼儿园游戏活动与教学活动之间的关系，实现游戏活动与教学活动的最优化结合，为的是使儿童的自我发展与教师有目的、有计划的教育之间达成最佳的平衡，使幼儿教育应有的两种功能，即为人自身充分发展创造条件的功能和为社会服务的工具性功能得到较完美的结合。

实现幼儿园游戏活动与教学活动的最优化结合，具体落实在处理好幼儿园游戏和教学之间的关系上，而是否实现最优化结合以及实现最优化结合的程度，则取决于是否与幼儿园教育和幼儿园课程的价值取向相一致。

在幼儿园课程编制的层面上正确处理游戏活动与教学活动之间的关系，以实现幼儿园游戏活动与教学活动的最优化结合，关键在于使组成幼儿园课程的各种幼儿园教育活动性质的“总和”，与幼儿园教育和幼儿园课程期望的价值取向相一致。具体地说，一种幼儿园课程往往是由许多种不同性质的教育活动（如纯游戏活动、处于纯游戏和完全结构化的教学活动之间的幼儿园教育活动、完全结构化的教学活动等）以不同的比例所组成的。在特定的文化背景、经济状态、教育情景、师资条件和儿童状态等情况下，在编制幼儿园课

程时，需要认定适合的价值取向。这种价值取向的实现，取决于在选择和组合幼儿园各种教育活动时使各种教育活动之间达成的平衡程度，而平衡或不平衡则取决于多种因素，一切以时间、地点和条件为转移。

在幼儿园教育活动设计的层面上正确处理游戏活动与教学活动之间的关系，以实现幼儿园游戏活动与教学活动的最优化结合，关键在于设计一个教育活动时处理好游戏活动与教学活动之间的关系。这就是说，处理好幼儿园游戏活动与教学活动之间的关系，取决于每个教育活动中游戏与教学之间如何根据活动目标达成平衡，使每个组成幼儿园课程的教育活动都能为达成幼儿园课程期望达成的价值发挥作用。

第二章

幼儿园教育活动的设计

按幼儿园教育活动的结构化程度分类，幼儿园教育活动可以分成无结构的教育活动、低结构化的教育活动、高结构化的教育活动和完全结构化的教育活动，组成一个从“纯游戏活动”到“非游戏活动（教学活动）”的连续体。一般而言，幼儿园中的教育活动，都可以在这个连续体上找到相应的位置。

每一个幼儿园教育活动的结构化程度能反映该教育活动的性质。根据幼儿园教育活动的结构化程度，可以设计出不同性质的幼儿园教育活动，即确定该教育活动的目标，选择和组织该活动的内容，并对该活动实施评估。

第一节　由不同结构化程度的教育活动组成的连续体

赫尔姆和凯兹曾使用一张图表表示在一些常见的、不同性质的教育活动中幼儿游戏和教师教学的比重。笔者将原图表做了些修改，以示这个由不同结构化程度的教育活动组成的连续体[①]（见图 2－1）。

在设计不同结构化程度的教育活动时，运用“不同结构化程度的教育活动组成的连续体示意图”，可以帮助幼儿园教育活动设计者在对各种不同性质的教育活动进行比较的背景下准确地定位和设计教育活动。在连续体示意图上，每种教育活动的位置不同，它反映的教育价值取向就会不同，教育活动的设计在目标、内容、方法和评价等方面的表述就有所不同。

从这张反映不同结构化程度的教育活动组成的连续体的示意图中，能得出以下一些

① Helm，J. H. & Katz，L. *Young Investigators*. New York：Teachers College Press. 2001，p. 2.

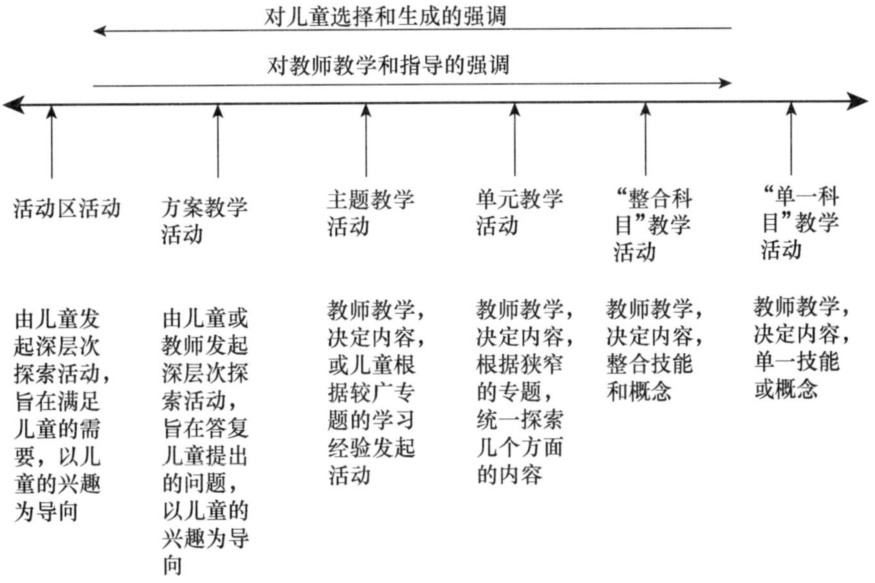

图 2－1　不同结构化程度的教育活动组成的连续体

结论：

（1）各种教育活动在结构化程度上由低到高，形成一个连续体，所有的幼儿园教育活动都可以在此连续体上找到相应的位置（某个区域）。

（2）幼儿园教育活动的取向，即“过程”对“结果”，“儿童为中心”对“教师为中心”，“儿童兴趣和需要为导向”对“教师计划为导向”，等等，可以从该教育活动在连续体的相对位置中看到。

（3）幼儿园教育活动的结构化程度越高，学习领域的特征越明显；教育活动的结构化程度越低，各学习领域越趋向整合。

第二节　幼儿园教育活动的设计原理

一个幼儿园教育活动，有其基本的组成部分，一般包括活动目标（或活动要求，或教学重点，或有益的经验等）、活动内容（常以活动的材料准备、活动过程或活动步骤、活动环境的设计等方式表现）。虽然在教育活动的呈现形式上不一定会出现活动评价，但是在教育活动设计者的心目中一定会有评价该活动的标准（或要求）和方法。

一、幼儿园教育活动的目标

幼儿园教育活动的目标，不管是显性的，还是隐性的，都是幼儿园教育活动预期结果的标准和期盼，决定着通过教育活动要做些什么。幼儿园教育活动目标陈述的是通过教育活动，教育者所期盼的成效，是幼儿园课程目标的下位目标，因此，幼儿园教育活动的目标比幼儿园课程目标更为具体、更具可操作性。

（一）幼儿园教育活动的目标取向

幼儿园教育活动的目标取向，反映了该教育活动的基本价值和性质。

幼儿园教育活动的目标存在不同的价值取向。较常见的目标取向有行为目标取向、生成性目标取向和表现性目标取向等。

1. 行为目标取向

行为目标是以幼儿具体的、可被观察的行为陈述的幼儿园教育活动目标，它指向的是在教育活动实施以后在幼儿身上所发生的行为变化。行为目标具有客观性和可操作性等特点。

在陈述幼儿园教育活动的行为目标时，对行为主体的陈述可有两种方式：一是着眼于教师，一是着眼于幼儿。着眼于教师的行为目标的陈述，会使教育活动直接导向对教师行为的关注，这种活动目标的陈述方式常常是“教师要……”“教给幼儿……”等。着眼于幼儿的行为目标的陈述，则会使教育活动直接导向对幼儿行为的关注，这种活动目标的陈述方式常常是“让幼儿……”“幼儿会……”等。

在陈述幼儿园教育活动的行为目标时，行为动词应是能清晰地描述幼儿行为的动词，而该行为应该是预期幼儿通过活动能形成的、可观察的、可测量的具体行为，例如“复述”“讲出”“列出”“指出”“数出”“画出”等。

行为条件又称行为情境。在陈述幼儿园教育活动的行为目标时，行为条件阐述的是幼儿预期行为是在怎样的条件、时间、背景等特定情况下产生的，例如“给幼儿一个直径为30厘米的皮球，幼儿能……”“在教师的提示下，幼儿能……”“在《小鸭嘎嘎》的乐曲声中，幼儿能……”等。

行为达成程度表明的是教育活动的基本要求，这样的要求常被用于对教育活动成效进行评价。在陈述幼儿园教育活动的行为目标时，可用“超过半数的幼儿会爬过活动设置的路障”“80%左右的幼儿能讲述故事《小马过河》”等类似的方式进行。

以幼儿某一个美术教育活动为例，该教育活动的目标之一可以陈述如下：

> 在尝试将不同颜色的染料混合在一起后，大部分幼儿能准确地讲述将其中某两种颜色的染料混合后产生的变化。

在这个教育活动目标中，幼儿是主体，“讲述”是行为动词，“在尝试将不同颜色的染料混合在一起后”是行为条件，“大部分幼儿能准确地讲述将其中某两种颜色的染料混合后产生的变化”是行为的达成程度。

幼儿之间在发展水平上存在明显的个体差异。在幼儿园教育活动中，每个幼儿常以自己的方式进行学习，“早期教育课程常被看作较少有计划性和方向性。换言之，早期教育课程似乎倾向于采用对幼儿有所帮助的活动的形式，而并不太多考虑实际要做成些什么”①。因此，在幼儿园课程中，教育活动的设计即使采用的是行为目标取向，活动目标往往也只是将“行为条件”和“行为达成程度”列为非必需的、可选择的部分。

以行为目标取向确定幼儿园教育活动的目标，使教育活动的实施成为一个具体化的和结构化的操作程序，这样做能提高幼儿园教育过程的计划性、可控性和可操作性。在设计幼儿园教育活动时，某些知识和技能的传授、行为习惯的训练，可以运用行为目标的方式表述活动的目标，以期望通过活动的过程，让全体儿童或大部分儿童都能够发生行为目标所规定的行为变化。应该看到，对于一些非高智能性的认知活动，对于一些文化传递性质的活动，对于一些养成性的习惯等，采用行为目标取向确定教育活动的目标往往能收到较直接的、理想的效果。

但是，以行为目标取向确定幼儿园教育活动的目标，也存在一些问题和缺陷。

第一，教育活动的目标是由活动设计者确定的，而迄今为止，人们对儿童的发展水平、学习规律以及他们的兴趣和需要还认识甚少，特别是儿童的富有创造性的行为在更大程度上具有不可预知性。而控制本位的“行为目标”把教育过程看成了一个可预先决定和操纵的机械过程，把目标与手段、结果与过程间的有机联系割裂开来，儿童学习的主体性和主动性可能被忽略了。相对于其他各级各类教育，幼儿园教育活动的目标应更多根据儿童发展的水平和需要加以确定，而在预设幼儿园教育活动目标的时候，行为目标比较容易成为强加于教师和儿童的东西。

第二，如若幼儿园教育活动的目标以儿童可被观察的、具体的行为变化来确定，那么教育活动就会很自然地强调那些可以用儿童行为明确识别的方面，而忽略那些难以转化为行为的方面。事实上，许多有教育价值的东西，并非都是能由可被观察和测量的行为变化标明的，更不都是能由即时的行为变化标明的，例如，儿童的情感、态度、审美情趣等是很难用外显的、可观察的行为来预先具体化的。行为目标的确立会使该目标取向忽视这些有价值的教育方面的问题表现得十分突出。

第三，按行为目标的方式确定幼儿园教育活动的目标，强调的是通过活动达成预期的目标，与儿童从其自身已有的经验出发，整体地学习知识和获得经验的学习方式之间存在差距。

2. 生成性目标取向

生成性目标是在教育过程中生成的活动目标。如果说行为目标关注的是结果，那么生成性目标关注的则是过程。生成性目标反映的是儿童经验生长的内在要求，反映的是问题

---

① Butler, A. L., et al. *Early Childhood Programs: Developmental Objectives and Their Use*. Columbus, OH: Charles E. Merrill Publishing Company, 1975, Preface 5.

解决的过程和结果，把教育活动的过程看作一种动态生成的师生互动的过程。

以生成性目标为取向的幼儿园教育活动强调儿童游戏，强调儿童发起的活动，强调活动的过程，强调儿童、教师和教育环境的交互作用，等等。

例如，在美国20世纪60年代发展起来，迄今已在全世界范围被数以千计的学前教育机构采用的海伊斯科普（High/Scope）课程（也被称为高瞻课程，幼儿认知导向课程等），只是列出了数十条关键经验作为教师在组织和实施教育活动时的提示，而没有如同行为目标一般预先设定特定的、具体的活动目标，这样做的目的就在于把教师从对工作手册和工作程序表的服从中解脱出来，在教育活动实施的过程中更好地发挥儿童和教师双方的主动性和积极性。

生成性目标并不是教育活动设计者强加于儿童的东西，儿童有权利通过自己的自主活动，去学习他们认为值得学习的东西，在自己已有的水平上去生成活动，去主动建构知识。

生成性目标在理论上似乎在理，但是这些所谓的高层次目标具有不可预测性和不可控制性，会导致教师在教育实践中不容易操作，难以被教师广泛地运用，对教育活动的评价也往往因缺乏客观标准而带有过多的主观色彩。由于关注儿童自身的兴趣和需要，关注儿童生成的活动，而儿童的兴趣和需要是动态的、变化的，儿童生成的活动是随机发生的，因此，教育活动的生成性目标取向往往会使教育活动的目标导向缺乏科学性、计划性和系统性。

3. 表现性目标取向

表现性目标原本是一种与艺术教育有关联的目标取向，在艺术领域里，预定的行为目标不适用，因此提出了表现性目标作为补充。表现性目标强调个性化，目标指向的是培养儿童的创造性，把教育活动看成儿童个性发展和创造性表现的过程。表现性目标不规定儿童在完成学习活动后应该获得的行为，而是指向每一个儿童在教育情境的种种个性化表现，它适合于表述复杂的智力活动。表现性目标追求的不是儿童反应的同质性，而是反应的多元性。

例如，“参观动物园并讨论那儿有趣的事情”这样一个表现性目标，它强调的并不是儿童在参加这些教育活动后能做些什么，而是识别儿童个性与创造性表现的形式。因此，以表现性目标为取向的评价就不是学习结果与预期目标的一一对应，而是对儿童活动及其结果的鉴赏式批评，以及依据儿童的创造性和个性对教育活动的质量评价。

与生成性目标相同，表现性目标具有不可预测性和不可控制性，在教育实践中不容易操作，难以被教师广泛地运用，对教育活动的评价也往往因缺乏客观标准而带有过多的主观色彩。在设计教育活动时，确定的活动目标会比较模糊，难以对教育活动的实施起导向作用。

各种课程目标取向各有其长处，也各有其短处。应该说，从行为目标取向发展到生成性目标取向，再发展到表现性目标取向，体现了课程编制对人的主体价值和个性解放的追求，反映了时代精神的发展方向。但是，这并不是说，后者可以取代前者，每一种目标取向都有其存在的价值。在确定教育活动目标时，特别是在将教育活动组合成课程时，可以兼容并蓄各种目标取向，以每种活动目标取向的长处弥补别种活动目标取向的短处，以达成幼儿园课程整体平衡的目的。

（二）设置幼儿园教育活动目标的原理

在设计高结构化的幼儿园教育活动时，活动设计者往往会采纳行为目标取向，这反映出这类教育活动更多关注教师教学的性质。这样的教育活动目标取向，倾向于要求全体儿童在同一时间完成同一任务，要求教师按同一方式完成同样的教学任务。

在设计低结构化的幼儿园教育活动时，活动设计者往往会采纳生成性目标取向或表现性目标取向，儿童反映出这类教育活动更多关注幼儿游戏的性质。这样的教育活动，强调的是活动的过程是否体现了活动设计者所想达成的价值和原则。

从理论上讲，在自纯游戏活动到非游戏活动（完全结构化的教学）的连续体上，可以有无数种陈述教育活动目标的方式。在从无结构的纯游戏活动到完全结构化的教学的连续体上，从无目标（纯游戏）到宽泛的、生成性的或表现性的目标，到具体化的、指向比较明确的目标，再到指向专一的目标，随着教育活动性质的变化，活动目标也发生了变化。这种变化反映了这样的趋势，那就是活动目标的陈述，随着活动结构化程度的提高而渐渐地由指向不明确转变为细化；反言之，随着活动结构化程度的降低而渐渐地由指向明确转变为泛化（见图 2－2）。大致地说，除了连续体中右边一个极端外（说明：纯游戏属于无结构活动，因此没有目标），低结构化的教育活动，活动目标强调过程，目标比较宽泛；高结构化、完全结构化的教育活动，活动目标强调结果，目标比较具体。

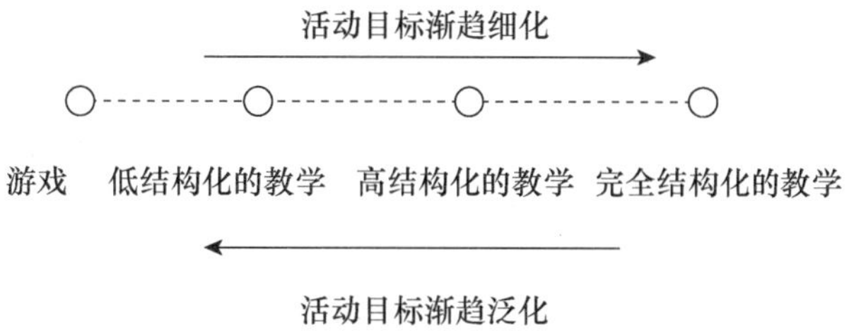

图 2－2　幼儿园教育活动目标陈述的趋向性

各种幼儿园教育活动都能在反映教育活动价值取向的连续体中找到其合适的位置。这样的活动定位，能帮助活动设计者在设置和陈述教育活动目标时，根据教育活动的性质，把握活动目标的基本趋向。

（三）幼儿园教育活动目标的设置

幼儿园教育活动目标的设置，依据的是幼儿园教育活动的性质。幼儿园教育活动的结构化程度，是反映幼儿园教育活动性质的很好指标。

在自纯游戏活动到完全结构化的教学的连续体上，有无数种不同性质的教育活动。从教育活动的结构化程度这一维度对连续体上所有的教育活动进行分类，大致可以有四类：（1）无结构的纯游戏活动；（2）低结构化的教育活动；（3）高结构化的教育活动；（4）完全结构化的教育活动。

在为高结构化、完全结构化的教育活动设置活动目标时，活动设计者必须有很强的目标意识，以幼儿教育目的和幼儿园课程目标为中心，将高层次的课程目标层层分解，将总体目标落实到每一个具体的教育活动中去。这种确定活动目标的做法，是一个自上而下的过程，是一个先目标后内容的过程（先确定目标，后选择和组织内容）。这种做法常被运用于编制高结构化的幼儿园课程。

运用这种方式设置教育活动目标，课程编制者常会根据幼儿教育目的和幼儿园课程目标，将课程划分为若干个方面（学科或领域），例如，语言、计算、常识、音乐、美术、体育等，为每个学科制定目标。然后，将每一个学科逐级划分成若干个方面，例如，根据儿童的年龄，将每一个学科分成大、中、小班的学科学习；分别制定每个学科的不同年龄阶段的目标。最后，将每一个学科每一年龄阶段的活动分解为每月、每星期或每日的教育活动，为这些教育活动确定活动目标。

下面，以幼儿园语言为例，说明运用这种设置课程目标和教育活动目标的方式，是如何以目标为中心，将目标层层分解，落实在每一个具体的教育活动中去的（见图2－3）①。

在为低结构化的教育活动设置活动目标时，活动设计者心目中应有儿童，应根据儿童的兴趣和需要，设置活动目标，并在活动过程中随时调整活动的目标。这种设置活动目标的做法，是一个先内容、后目标的过程（先有活动内容，后确定活动目标，或者先大致确定活动目标，再根据活动过程调整活动目标）。

运用这种方式设置教育活动目标，课程编制者常常只是罗列与教育活动相关的一些学习经验，或设置若干个比较宽泛又具有一定可操作性的活动目标，而将其主要关注点放置于活动内容是否与儿童的发展特点相符合，是否与儿童的生活经验相一致，是否能激发起儿童的兴趣，等等。在活动实施的过程中，教师心目中并非完全没有预设的活动目标。但是，这些目标只是提示教师关注儿童在学习中可能发生的事情，并非儿童必须做到的事情。如果在活动过程中儿童或教师生成了有意义的活动，这样的活动即使与计划不相一致，却可能被认定为是有价值的。在这样的情况下，教育活动的目标会发生转移，而活动目标是否发生变化并不重要，重要的是活动的过程和原则。

---

① 中国学前教育研究会．中华人民共和国幼儿教育重要文献汇编．北京：北京师范大学出版社，1999：184－185.

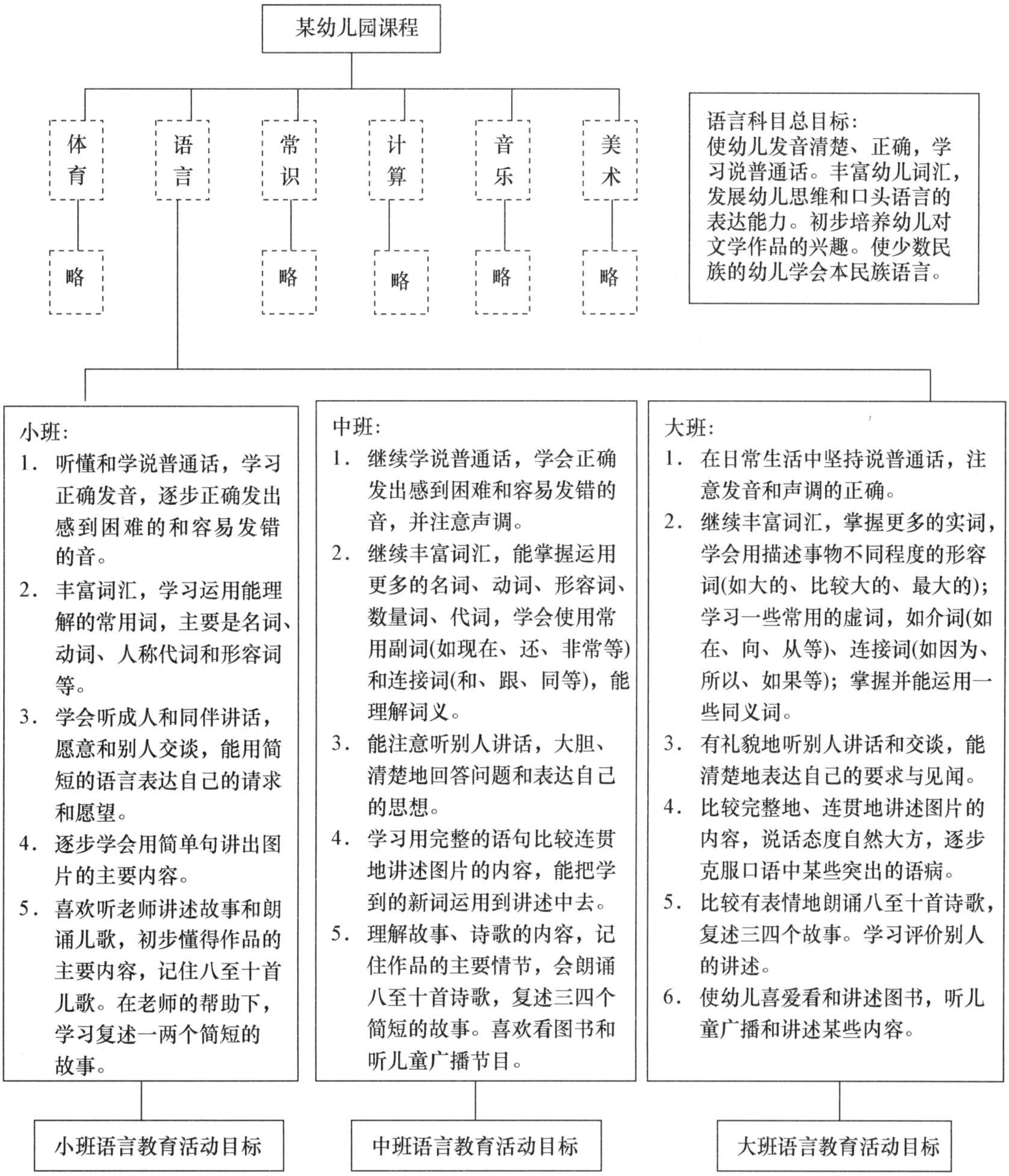

图 2－3　幼儿园语言教育活动的目标

下面以上海市《学前教育教师参考用书》为例，说明运用这种设置课程目标和教育活动目标的方式是如何关注教育活动的过程，以儿童在活动过程中获得的经验为主要取向的。允许活动目标在活动过程中发生游离，旨在使活动目标尽可能与儿童的兴趣和需要相符合。

“上海市学前教育课程”是一种低结构化的幼儿园课程。该课程在“以促进幼儿和谐发展”为取向的课程目标导向下，“将课程内容整合为共同生活、探索世界、表达表现等领域”，以20条基本经验表述课程内容，这些基本经验包括“用各种感官主动感知周围事物的特征，比较事物的异同，发现事物之间的关系”，“尝试多种途径收集信息、物品与材料，乐于交流和分享”，“了解自己的身体特征及生长中的变化和需要，比较自身与他人的不同，体验成长的快乐”①，等等。这些基本经验是教师在实施教育活动时的提示，而不是某个具体教育活动的目标。

与《上海市学前教育课程指南》配套使用的上海市《学前教育教师参考用书》通过淡化课程目标，注重活动过程，充分体现幼儿园教育活动的选择性和生成性，贯彻该课程的“以儿童发展为本”的基本理念。

该教师参考用书建议教师在选择和组织课程内容时以主题的方式进行。以大班的“学习活动”为例，共有“我是中国人”“有趣的水”“我自己”“有用的植物”“我们的城市”“春夏和秋冬”“动物大世界”“我要上小学”八个主题。以主题“我是中国人”为例，又分为“首都天安门”“欢腾的国庆节”“旅行去”“多彩的民间活动”“了不起的中国人”五个分主题（见图2-4）。

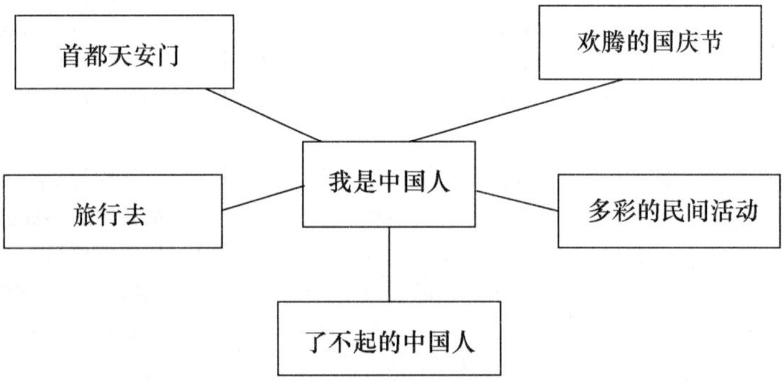

图2-4　主题：我是中国人

“了不起的中国人”是一个分主题。该教师参考用书将该分主题的具体目标定位为：了解我国许多有名的人物和他们的事迹，为自己是一个中国人而自豪。这样的目标十分宽泛，具有可变性，也具有一定的可操作性，而且并不作为课程评价的主要依据。

分主题“了不起的中国人”由“盘古开天辟地”“京剧脸谱”“齐白石画虾”“中国功夫”“航天科学家有功劳”等下一级主题组成，这些下一级主题的内容都由一系列教育活动组成。这些教育活动只是活动提示，而不是具体的、已经预设好的活动，因此没有为这些具体的活动设置活动目标。所有这些，构成了一个幼儿园课程的操作平台，在主题、各级分主题、教育活动层面上，通过教师和儿童选择和生成的过程，成为与教育情景相适合的幼儿园课程。②

---

① 上海市教育委员会．上海市学前教育课程指南（试行稿）．上海：上海教育出版社，2004：1-7.

② 上海中小学课程教材改革委员会．学前教育教师参考用书（学习活动）．上海：上海教育出版社，2002.

无结构的游戏活动是无须设置活动目标的。这就是说，当教育活动的结构化程度达到了完全自主游戏活动的状态，活动目标的不确定性和游离性已经到达了极端，即活动目标完全由幼儿自身来决定。

二、幼儿园教育活动内容的选择和组织

幼儿园教育活动的内容，组成了幼儿园课程的内容。幼儿园教育活动的内容与该活动的目标相一致，反映出教育活动设计者清晰的设计思路。

（一）幼儿园教育活动内容的取向

在幼儿园教育活动设计过程中，幼儿园教育活动内容的选择和组织首先涉及的是对教育活动内容取向的思考，随后才是教育活动的类型、结构和其他的方面。对教育活动的内容，存在三种不同的取向，据此可以以不同的方式选择和组织活动内容，形成与活动目标相一致的教育活动，用于组成幼儿园课程。

1. 教育活动的内容即教师教学的材料

将幼儿园教育活动的内容看作教师教学的材料的取向，关注的是教师的教学，特别是知识和技能的传递，而不是幼儿自主的活动。持这一取向的教育活动设计者将活动内容的重点放在教学材料之上，会较多地关注知识本身的系统性和逻辑性。

教育活动的内容即教师教学材料的取向，将活动内容主要作为预设的东西，规定了教师应该教什么，儿童应该学什么，其长处在于知识和技能的系统性和可操作性强，使教师在教育、教学过程中有据可依。由于这些长处，这一取向在幼儿园教育活动设计过程中经常被人采用。

但是，这一取向使教育活动内容成为教育活动设计者规定的幼儿必须接受的东西，而它们不一定是幼儿需要的和感兴趣的东西，也不一定是幼儿必须学的和能够学的东西。为了消除这种活动内容取向的弊端，活动设计者经常会想方设法地运用各种教学技术和技巧，对活动内容进行选择、加工和改造，试图使教学材料引起幼儿的兴趣。

2. 教育活动的内容即幼儿的学习活动

将幼儿园教育活动的内容看成学习活动的取向，把关注点放在幼儿做些什么方面，强调教育活动与社会生活的联系，强调幼儿在学习中的主动性。教育活动内容的这种取向批评了只是向幼儿呈现基本事实和方法的取向，主张要关注幼儿自己对活动过程的参与。

持这种取向的教育活动设计者会设计和安排教育活动，让幼儿在参与活动的过程中自己去探索和发现。但是，这种取向的教育活动往往是幼儿的外显活动。尽管这些活动在表面上可能是很活跃的，但是，这些活动的内容能否被幼儿同化，能否从根本上引起幼儿深层次的心理结构的变化，这是难以保证的。在活动过程中，每个幼儿都在自己原有的水平上获得经验，即使是同样的活动，对于不同的儿童而言，所获得的意义也不完全相同。教

育活动内容的这种取向没有从根本上反映出幼儿学习的这一本质。

3. 教育活动内容即幼儿的学习经验

幼儿园教育活动的内容即幼儿的学习经验这一取向认定幼儿是主动的学习者，决定学习的质和量的主要方面是幼儿而不是教材。换言之，幼儿是否能够真正理解和获得活动的内容，主要取决于幼儿已有的心理结构，取决于幼儿与环境之间的有意义的交互作用。根据这种取向，知识是幼儿自己“学”会的，而不是教师“教”会的；活动内容应由幼儿自己决定，而不是由学科专家支配。

持这种取向的教育活动设计者关注幼儿园环境的创设，关注幼儿学习经验的获得，强调幼儿在与环境交互作用中知识的建构，而不是特定知识的传递，或是一般意义上活动的组织和安排。

教育活动内容即幼儿的学习经验这一取向将幼儿在学习过程中所获得的经验作为选择和组织活动内容的出发点，这种看法有其深刻的理由。但是，幼儿的经验是幼儿自己的心理体验，这是一种主观的东西，具有不确定性，教育活动设计者和教师是难以把握的，而且在实践中，活动内容容易泛化。

教育活动内容的不同取向对活动内容的关注点各不相同，甚至存在冲突。一个教育活动的设计，在教育内容的取向上只能选取一种，而且必须与活动目标的取向相一致。但是，在编制幼儿园课程时，则可以选取不同内容取向的教育活动进行组合，从而使各种内容取向的教育活动在幼儿园课程中相互兼容、取长补短，进而达成在学科知识、学习活动和学习经验之间的平衡。

（二）幼儿园教育活动内容选择和组织的原理

在设计高结构化的幼儿园教育活动时，活动设计者往往会采纳教育活动内容即教材的取向。由于相对强调教师的作用、强调让幼儿获得知识和技能、强调教育活动的结果，教育活动设计者在选择和组织活动内容时，会以幼儿获得预设的知识和技能为优先点，活动内容往往会比较具体、固定，并强调学科逻辑。

在设计低结构化的教育活动时，活动设计者往往会采纳教育活动内容即活动，或教育活动内容即经验的取向。由于相对强调幼儿的作用、强调幼儿自身的发展、强调教育活动的过程，教育活动设计者会以幼儿在活动过程中获取经验为优先点，活动内容往往具有可变性，在操作过程中，活动内容具有选择性和生成性。

从理论上讲，在从无结构的纯游戏到完全结构化的教学的连续体上，从完全由幼儿自己选择活动内容（纯游戏）到主要以幼儿的经验选择活动内容，再到主要由活动设计者选择和组织活动内容，再到完全由活动设计者选择和组织活动内容（完全结构化的教学），随着教育活动性质的变化，选择和组织教育活动的主体也发生了变化。这种变化反映了这样的趋势，那就是活动内容的选择和组织，随着活动结构化程度的提高而逐渐地由可变和不确定转变为具体和固定不变。反言之，随着活动在结构化程度上的降低而逐渐地由固定不变转变为可变（见图 2-5）。大致地说，无结构（纯游戏）、低结构化的教学，其活动内容强调幼儿的经验，强调幼儿发起和自己生成；高结构化、完全结构化的教学，其活动内容强调教师预设的教学，强调知识和技能的习得。

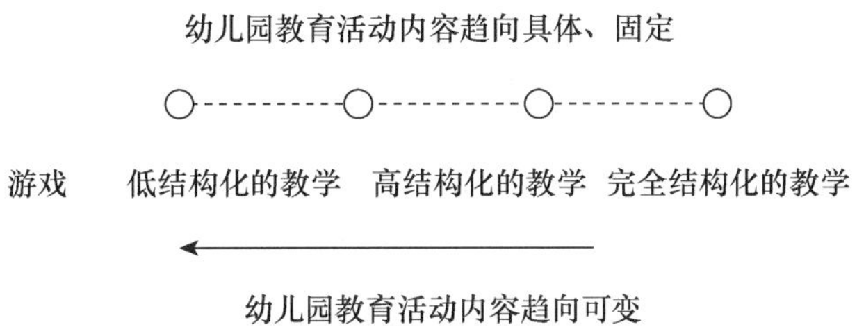

图 2-5　幼儿园教育活动内容选择和组织的基本趋向性

各种幼儿园教育活动都能在反映教育活动价值取向的连续体中找到其合适的位置。教育活动这样的定位，能帮助活动设计者在选择和组织教育活动内容时把握活动内容的基本趋向。

（三）幼儿园教育活动内容的选择和组织的依据

幼儿园教育活动内容的选择和组织，其依据是幼儿园教育活动的性质，即幼儿园教育活动的结构化程度。

在自纯游戏活动到完全结构化的教学的连续体上，大致把活动分为无结构的纯游戏活动、低结构化的教育活动、高结构化的教育活动和完全结构化的教育活动四类。

在为高结构化、完全结构化的教育活动中选择和组织活动内容时，活动设计者应有很强的目标意识，自上而下地根据教育活动的目标选择和组织活动内容。

运用这种方式选择和组织教育活动的内容，活动设计者常会仔细分析和研究教育活动的目标，以及该教育活动的目标与其他教育活动目标之间的关系，然后根据活动目标选择活动材料，组织活动过程。教育活动的内容一般包括活动材料的准备、活动步骤（活动过程或活动流程），有的还可包括活动难点、活动重点和活动的延伸等方面。

下面以幼儿园数学教育活动“小动物的新房子”为例，说明运用这种选择和组织活动内容的方式，是如何为达成活动目标而陈述教育活动内容的。

案例 2-1

小动物的新房子

活动目标：

1. 能够按顺序从“第一”数到“第六”。
2. 正确使用 1～6 序数中的任意一个序数。

活动准备：

1. 玩具：6个顶部掏空的纸盒；小公鸡、小熊猫等小动物玩具6个，事先装在一个顶部掏空的大纸盒里。

2. 1～6的数字卡片。

活动过程：

1. 复习1～6的顺数。

（1）教师请幼儿边拍手边从1数到6。

（2）教师在1～6中任意说一个数，请幼儿说出比这个数多1的数。

例如：教师说1，幼儿说2；教师说2，幼儿说3。

2. 贴房号。

（1）教师出示6个空纸盒。

教师：今天工人叔叔给小动物们盖了新房子，看新房子多漂亮呀！咱们来数一数，一共有几间房呢？

（2）教师带领幼儿按照从左到右的顺序使用数字卡片为房间编上房号（1～6），在贴房号的过程中引导幼儿说出“第一间，第二间，第三间，……”

3. 小动物搬新房。

（1）教师：房屋编好了号码，可是，谁该住哪一间呢？老师想了一个好办法来帮小动物们分一分房子。

（2）教师带领幼儿们用“抽奖”的方式逐个从纸盒里“抽”出小动物，给小动物们编上序号。例如，第一个是小公鸡，第二个是小熊猫，……

（3）教师请几名幼儿上前来将小动物按照刚才的顺序放入相应的房子内，放的时候引导幼儿一起说：“小公鸡住进了第一间房子，小熊猫住进了第二间房子，……”

（4）教师随机挑选房子，请幼儿回答出小动物的房子序号，引导幼儿正确使用1～6的任意一个序数。例如：小熊猫住在哪间房子呀？小公鸡呢？

（5）教师：今天我们一起学习了1～6的序数。数字的排列是有顺序的，2在1的后面，3在2的后面，每个数字都有自己固定的位置。

在为低结构化的教学活动选择和组织内容时，教育活动设计者心目中应有幼儿，应根据幼儿的兴趣和需要，尽可能选择与幼儿生活经验相贴近的内容作为幼儿活动的内容，还要随时回应幼儿生成的有教育意义的活动内容。这种选择和组织活动内容的做法，是一个自下而上的过程，即一个先内容、后目标的过程（先有活动内容，后确定活动目标，或者先大致确定比较宽泛的活动目标，再根据活动过程调整活动目标）。

运用这种方式选择和组织活动内容，教育活动设计者常会将其主要关注点放置于活动内容是否与幼儿的发展特点相符合，是否与幼儿的生活经验相一致，是否能激发起幼儿的兴趣，等等。他们会通过观察、记录以及与幼儿对话，了解和解读幼儿的生活和学习经验，在此基础上，设计比较宽泛且具有可变性的教育活动，供幼儿和教师选择和生成。

下面以上海市《学前教育教师参考用书》中“我是中国人”的分主题“了不起的中国人”为例，说明运用这种选择和组织教育活动内容的方式是如何关注教育活动的过程，以幼儿在活动过程中获得的经验为主要取向的。通过幼儿和教师对活动内容的选择和生成，旨在使活动过程尽可能与幼儿的兴趣和需要相符合。

案例 2－2

了不起的中国人

活动与指导：

1. 盘古开天辟地。

● 准备材料：故事插图。

● 欣赏故事《盘古开天辟地》。

● 谈论故事主要内容。

（1）传说中地和天是怎么分开的？

（2）盘古让自己呼出的气变成什么？让自己的声音变成什么？

（3）太阳和月亮又是他的什么部分变的呢？

（4）还有哪些也是盘古变的？

● 讨论。究竟有没有盘古？了解这是古代人们想象的神话故事，但是，直到现在人们还喜爱这个神话故事，把勇敢的人称作顶天立地的英雄汉。

附：故事《盘古开天辟地》

2. 京剧脸谱。

● 准备材料。

（1）京剧演员的剧照和各种京剧脸谱。

（2）椭圆形的纸。

● 观赏与讨论。

（1）观赏京剧剧照，了解剧照中有关的京剧人物和剧目。

（2）找找脸谱上的五官。比较脸谱与一般人的脸有什么不同，找出脸谱上的额头、眉眼、鼻嘴等处对称的花纹。

（3）了解脸谱颜色的意义：

红色——威武，紫色——善良，黑色——公正，棕色——正直的老年人，白色——狡猾，黄色——残暴，蓝色和绿色——勇猛，金色——神仙。

- 尝试在椭圆形的纸上为脸谱的五官化妆，并涂上表示人物特点的颜色。
- 戴上脸谱相互观赏，或进行环境布置。

附：京剧脸谱

3. 齐白石画虾。

- 准备材料：齐白石画像，齐白石的画《虾》《鹦鹉》《小鸡争食》《鱼》等数张。
- 观赏齐白石的画，了解齐白石的身世：他是我国近代最著名的国画家之一。他小的时候家里很穷，只念过半年书就不得不去当木匠养活自己。一直到他长大成人才开始学画画。他常常带着画笔和画纸出去旅行，走到哪里画到哪里。他把小鱼小鸟都当成自己的朋友，所以，他画的动物都非常活泼，就好像真的一样。
- 观赏齐白石画的"虾"，想想这些虾为什么好像都会游、会跳，浑身透明，为什么这些虾的头、须和足比真的虾还要好看。
- 欣赏齐白石画的小动物，画画我们饲养的鸟或鱼缸里的鱼虾。

附：齐白石及其作品

4. 中国功夫。

- 准备材料：中国武术的录像。
- 观看中国武术表演或录像，讨论"为什么大家喜欢中国武术？武术有什么用？"
- 交流模仿各自会做的中国武术动作。
- 学唱歌曲《中国功夫》，了解歌词大意，以进一步了解武术。唱出中国武术的气概。
- 师生共同设计，为歌曲配动作，编成自己的武术操。

附：歌曲《中国功夫》

5. 足球入门夺金牌。

- 准备材料：

(1) 彩色圆形纸片代表"足球"，每种颜色10个，每个"球"上都写有一道6以内的加/减法算式题。

(2) 墙面或展示板上画有多个足球"球门"，分别写上0～6的数字。

- 玩法一：

全班幼儿分若干组，每组取同色的"球"10个，以接力赛形式进行游戏，每人将一个"球"上标有的算式题（如2+1=　）算出得数，进入有相同数字的"球门"，即表示进球。以哪组进入球门的"球"又对又快为胜。

- 玩法二：

参加比赛的幼儿各取同色的"球"10个，在规定的时间进球，规则同上。

每次比赛结束，交换检查所进的"球"是否正确。

6. 航天科学家有功劳。

● 准备材料：神舟号飞船发射的图片、照片或录像。

● 了解我国的甘肃有一个名叫酒泉的地方，在那里建起了我们中国的航天城。许多科学家日日夜夜在这里试验，建造中国自己的火箭和飞船。

● 观察我国飞船和火箭的特征：飞船的下面是捆绑在一起的大推力的运载火箭。分辨火箭上印画着什么：上面印着鲜艳的五星红旗和“中国航天”四个大字。了解我国的神舟号飞船已经建造了好几艘，即神舟一号、二号……，一次比一次造得先进，并且要继续造下去。

● 收集各种类型火箭和飞船的图片模型，或报纸杂志上的报道，想象我们将来还能造什么样的飞船。

…………

资料来源：上海中小学课程教材改革委员会．学前教育教师参考用书（学习活动）．上海：上海教育出版社，2002.

这套低结构化课程的教育活动设计，充分体现了教育活动的可选择性和可生成性。教育活动设计者们认定，幼儿和教师对教育活动的选择和生成是教育活动能与幼儿兴趣和需要相契合的两个途径，是每一个幼儿能在自己水平上进行有意义学习的保证。可选择性表现在课程的每一个环节，如对每一个主题或下一级主题的选择，对每一个教育活动以及该活动的具体内容的选择，对课程提供的开放性问题、案例和资料的选择，等等。可生成性也表现在课程的每一个方面，如幼儿和教师可由课程提供的开放性问题、案例与分析、资料等生成教育活动，可根据课程提供的主题活动的线索以及自身的经验生成各级教育活动，甚至还可摆脱课程而生成适合自身的教育活动。

无结构的游戏活动是完全由幼儿自己选择活动内容的。这就是说，当教育活动的结构化程度达到了完全游戏活动的状态，活动内容完全由幼儿自己选择和生成。

三、幼儿园教育活动的评价

在设计教育活动时，活动评价虽然一般并不在陈述过程中呈现，但是它却对教育活动的设计、实施以及活动的改进等都起着重要的作用。

（一）幼儿园教育活动评价的取向

在对幼儿园教育活动做评价时，必然会表现出某种基本的取向，反映出教育活动评价者关注的是教育活动的哪些方面的价值。幼儿园教育活动评价的取向是对幼儿园教育活动的本质的概括，它支配着教育活动评价的实际操作。

根据不同的分类方法，幼儿园教育活动评价的取向可分成不同类型。一种常用的分类方法，是将幼儿园教育活动评价的取向分为目标取向、过程取向和主体取向。

1. 幼儿园教育活动评价的目标取向

幼儿园教育活动评价的目标取向强调的是教育活动评价的科学性和客观性，即教育活动设置的目标是否实现。

幼儿园教育活动评价的目标取向在本质上是受工具理性支配的，评价者是主体，被评价者是客体，评价者对被评价者在教育活动的设计和实施等方面都具有主导的话语权，评价的依据是活动设计者预设的活动目标。这种评价取向简单易行，便于操作，容易推广和施行。但是，这种评价取向忽略了人的主体性和创造性，将教育活动设计和实施的过程看成了一个简单化的、机械的过程。

2. 幼儿园教育活动评价的过程取向

幼儿园教育活动评价的过程取向强调的是教育活动计划和实施的全过程，包括在教育活动运行中教师与幼儿在具体的教育情景中所发生的全部情况。

过程取向的教育活动评价强调的是评价过程本身的价值。教育活动评价的过程取向在本质上是受实践理性支配的，它在意的是评价者与被评价者的交互作用，在意的是评价者对具体情景的理解，而不在意教育活动预定的目标是否达成。这种评价取向开始承认评价是一种价值判断的过程，将人在教育活动设计和实施过程中的表现作为评价的主要内容。但是，这种评价取向对人的主体性的尊重还欠彻底，评价过程的可操作性也不够强。

3. 幼儿园教育活动评价的主体取向

幼儿园教育活动评价的主体取向将教育活动评价看作评价者与被评价者、教师与幼儿等共同建构意义的过程，是一种多元的价值判断的过程。

主体取向的教育活动评价认定，在具体的教育情景中，不论是评价者还是被评价者，不论是教师还是幼儿，都是平等的主体。教育活动评价的主体取向在本质上是受解放理性支配的，它追求的是对情景的理解，是人的自由和解放，是每个主体对自身行为的反思，而不是对被评价者的控制。这种评价取向尊重差异，尊重价值多元，将个性解放放置于重要的位置。但是，这种评价取向也因为其多元性、不确定性和随意性，使活动评价在操作上有相当难度。

（二）幼儿园教育活动评价的原理

在设计高结构化的教育活动时，活动设计者往往会采纳教育活动的目标取向。由于相对强调教师的作用，强调让幼儿获得知识和技能，强调教育活动的结果，教育活动评价往往依据的是活动预设的目标是否达成。这样的活动评价，倾向于要求全体幼儿在同一时间内达成同样的目标，要求所有教师按同一标准衡量所有的幼儿。

在设计低结构化的教育活动时，活动设计者往往会采纳教育活动评价的过程取向或主体取向。由于相对强调幼儿的作用，强调幼儿自身的发展，强调教育活动的过程，教育活动评价往往具有主观性和解释性，教育活动评价十分关注特定教育情景中所发生的教育事件。这样的活动评价，倾向于运用非统一的标准评价教育过程。

从理论上讲，在从无结构的纯游戏活动到完全结构化的教学的连续体上，从无目标（纯游戏）到宽泛的、生成性的或表现性的目标，到具体化的、指向比较明确的目标，再到指向专一的目标（完全结构化的教学），随着教育活动性质的变化，活动目标发生了变化，对这些不同性质的教育活动的评价也发生了变化。这种变化，反映了这样的趋势，那就是对教育活动的评价，随着活动结构化程度的提高而渐趋明显地指向活动预设目标的达成度。反言之，随着活动结构化程度的降低而渐趋明显地指向活动是否与幼儿的发展水平、兴趣和需要相符合（见图 2－6）。大致地说，对低结构化的教育活动的评价，不强调活动目标是否达成，强调教育活动的过程对幼儿发展有意义；对高结构化的教育活动的评价，强调的则是教学结果，强调幼儿是否达成预期的教育要求。

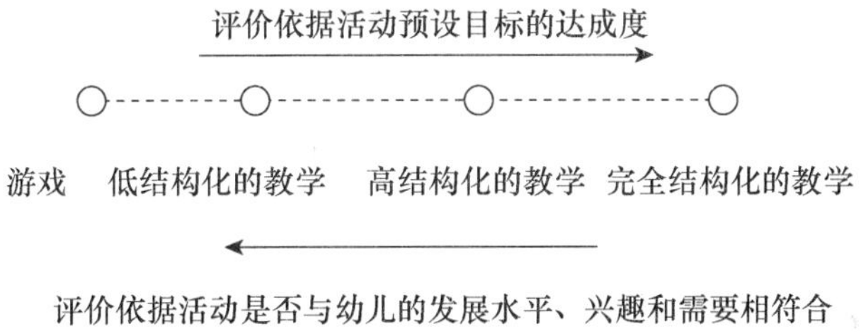

图 2－6　幼儿园教育活动评价的趋向性

各种幼儿园教育活动都能在反映教育活动价值取向的连续体中找到其合适的位置。这样的活动定位，能帮助活动设计者在对幼儿园教育活动进行评价时，根据教育活动的性质，把握活动评价的基本趋向。

（三）幼儿园教育活动评价的具体实施

幼儿园教育活动的评价，依据的是幼儿园教育活动的性质。而幼儿园教育活动的结构化程度，是反映幼儿园教育活动性质的好指标。

在对高结构化的教育活动进行评价时，活动设计者应有很强的目标意识，自上而下地根据课程编制者预设的目标和教育活动目标，去评价教育活动是否有益于达成课程目标和教育活动目标。

运用这种方式对幼儿园教育活动进行评价，活动设计者常会仔细分析和研究幼儿园课程的各级目标以及各级目标之间的关系，特别是教育活动的目标，去评价活动的过程是否达成课程目标和教育活动目标。

下面以高结构化的教育活动“黑脸小白羊”为例，说明运用这种评价方式是如何对教育活动实施评价的。

案例 2-3

黑脸小白羊（小班）

活动目标：

1. 了解故事大意，能边看书边复述故事。

2. 掌握在轮廓线内涂色的技巧。

活动准备：

各种动物（包括熊猫、斑马、奶牛、斑点狗、波斯猫、企鹅）的图片、美术用书、黑色蜡笔。

活动过程：

1. 听讲故事。

（1）教师讲述故事。

（2）讨论："小羊为什么不高兴？宝宝给小羊找来了哪些朋友？"

2. 找伙伴。

（1）教师出示各种动物的图片，请幼儿找一找哪些是小羊的伙伴。

（2）引导幼儿思考并回答：这些动物有什么共同的特征？它们身上哪些地方是黑色的，哪些地方是白色的？

3. 想一想。

（1）教师："现在，熊猫、斑马、奶牛、斑点狗、波斯猫、企鹅都来和黑脸小白羊交朋友了。"

（2）请幼儿拿出美术用书，教师演示用黑色蜡笔在轮廓线内涂熊猫的眼圈、耳朵和四肢，并教幼儿涂色技巧：先涂中间部分，待涂到轮廓线边缘部分时再慢慢地仔细涂。

4. 试一试。

（1）幼儿操作美术用书，根据图片，给小动物们涂色。

（2）教室巡回指导，并提醒幼儿：涂色时注意涂满，不涂出轮廓线外。

5. 复述故事。

鼓励幼儿边阅读涂完色的美术用书，边复述故事。

活动延伸：

引导幼儿进一步思考：还有哪些黑白皮毛的动物朋友？鼓励幼儿也来画画、涂涂，并续编故事。

附： **黑脸小白羊**

"黑脸小白羊，你为什么不高兴？"宝宝问。

小羊说："它们要么是黑的，要么是白的，为什么只有我长得有黑又有白？"

"跟我来吧！"宝宝拉住小羊的手。

宝宝说："瞧，熊猫也是黑白花的，斑马也是黑白花的，奶牛也是黑白花的，斑点狗也是黑白花的，波斯猫也是黑白花的，企鹅也是有黑又有白的。"

"哈哈哈！"小羊和宝宝一起笑了。有这么多黑白花的小伙伴，小羊再也不感到寂寞了！

活动评价：

1. 评价是否大部分幼儿都能了解故事大意，能边看书边复述故事，以判断活动设计者设计的活动是否有价值，活动实施者实施的活动是否有效。

2. 评价是否大部分幼儿都能掌握在轮廓线内涂色的技巧，以判断活动设计者设计的活动是否有价值，活动实施者实施的活动是否有效。

在对低结构化的教学活动进行评价时，教育活动设计者心目中应有幼儿，应根据幼儿的兴趣和需要，应更多关注真实教育情景中可能发生和已经发生的事情，以评价者自己持有的立场和价值观，通过与被评价者的对话，对教育活动做出评价。

运用这种方式对幼儿园教育活动进行评价，教育活动设计者常会将其主要关注点放置于活动过程是否与幼儿的生活经验相一致，是否能激发起幼儿的兴趣，幼儿是否积极、主动地参与活动，教师与幼儿之间的活动是否有价值，等等。对教育活动进行评价的过程，会是一个评价者与被评价者互动的过程，会是一个评价者与被评价者共同探讨和建构教育意义的过程，会是一个帮助教师获取教育智慧的过程。

下面以低结构化的教育活动"鸡蛋的沉与浮"为例，说明运用这种评价方式是如何对教育活动实施评价的。

案例 2-4

鸡蛋的沉与浮

观察与记录：

桌子上有两个外观并不完全一样的瓶子，瓶中都盛了水，一个瓶子里的水很清澈，另一个瓶子里的水有些混浊，还有少量白色的固态物质沉在瓶底。

两个瓶子中各有一只鸡蛋，存有清水的瓶子里的鸡蛋沉在瓶底，存有较混浊水的瓶子里的鸡蛋浮在水面上。四个幼儿围在桌子边上，看到了这两个瓶子和瓶子里的鸡蛋，就"鸡蛋的沉与浮"问题展开了讨论。

幼儿甲："一个水多，一个水少。"

幼儿乙："一个瓶子大，一个瓶子小。"

幼儿丙："一个鸡蛋轻，一个鸡蛋重。"

…………

一个孩子用手摸了一下这两只瓶子，他说："一个是热水，一个是冷水。"他的发现让所有的人都开始相信"热水会让鸡蛋浮上来，而冷水能让鸡蛋沉下去"。

忽然，一个孩子发现，在那个鸡蛋浮上来的瓶子的底部，有一些白色的东西，他的发现引发了大家的争议：

"白色的东西是冰！"

"不，是粉！"

"冰！"

"粉！"

他们各执一词，谁都不肯认同对方的观点。

"冰遇到热水会化掉的！"当一个孩子这样说时，认为白色粉末是冰的那个孩子仍然坚持着自己的观点。

这时，有个孩子将手伸进了瓶子，蘸了一点水，并舔了舔蘸在手指上的水，发现它是咸的，他大声地叫了起来："是盐！"其他的孩子也纷纷尝试，包括先前认为白色粉末是冰的孩子在内的所有人都无一例外地认识到瓶底白色的粉末是盐。

孩子们似乎放弃了他们以前所相信的"热水会让鸡蛋浮上来，而冷水能让鸡蛋沉下去"的想法。为了让另一只鸡蛋也浮上来，他们开始往那个瓶子里加盐。他们加了许多盐，鸡蛋还是没有浮上来。有个孩子着急了："如果加了一碗盐，鸡蛋还不浮上来怎么办？"

"用手摇一摇，盐就会化掉了。"在这个孩子的建议下，他们开始摇晃瓶子，想加速盐的溶解。

看到鸡蛋仍然没有浮上来，有个孩子又突然想起，鸡蛋浮起的那个瓶中的水是热的，他提议往瓶子里加热水。

他们加了热水，看到鸡蛋还是没有浮上来。孩子们有些着急了，一边使劲地摇晃杯子，一边加热水。一个孩子似乎发现盐越来越少了，她大声叫："别倒水了！"

最后鸡蛋还是没有浮上来，有的孩子说："真好玩！"而有的却说："一点也不好玩！"

活动评价：

1. "鸡蛋的沉与浮"是一个有意义的活动，因为幼儿的学习发生在关系之中，关系包括了幼儿与物体之间的关系，也包括幼儿与他人之间的关系。幼儿在比较两个瓶子里鸡蛋沉浮的现象时，发生了一系列的操作过程，如加盐、摇晃瓶子、加热水等，每个人在自己的水平上获取了经验；幼儿在小组学习的背景中与他人发生了联系，就"鸡蛋的沉与浮"而引发的一系列问题进行了交流、争议、妥协，每个人都从他人那里受到影响，同时也在影响着他人。

2. 发展幼儿的科学思维能力是幼儿科学教育的一个重要方面。如果将"鸡蛋的沉与浮”这个活动定位在让幼儿懂得“阿基米德定律”或是“溶解原理”，那么这个活动就会毫无意义。相反，将这个活动定位在发展幼儿的科学思维能力上，让幼儿在探索过程中反复“找原因”“解释现象”“动手尝试”，那么，幼儿科学思维的能力有望得到发展。

3. 尽管鸡蛋最终没有浮起来，但是在活动过程中，有些孩子似乎已在自己的经验水平上得到了一些长进。也许这就是教育“重在过程”的价值。

资料来源：上海儿童世界基金会普陀幼儿园杨丽静。

第三节　各种不同结构化程度的教育活动的设计和示例

在设计不同结构化程度的幼儿园教育活动时，由于在幼儿游戏与教师教学的比重上有所不同，活动目标的制定、活动内容的选择与组织以及活动的评价等方面都不相同。

从理论上讲，在不同结构化程度的教育活动组成的连续体上，有无数种教育活动。但是，在幼儿园教育实践中，最常见的教育活动主要有“单一科目（领域）”（简称“单一科目”）教学活动、“整合科目（领域）”（简称“整合科目”）教学活动、单元教学活动、主题教学活动、方案教学活动、区角活动以及纯游戏活动等。纯游戏活动完全是由幼儿自发、自主和自选的活动，只需为幼儿提供游戏平台，无须活动设计者设计，因此不在此讨论范围之内。

一、“单一科目”教学活动

“单一科目”教学活动又称分科教学活动，其特征主要是教师教学，由教师决定教学内容，关注单一技能或概念的传授。

（一）“单一科目”教学活动的特征

由于强调单一概念和技能的教学，幼儿园“单一科目”教学活动主要由教育活动设计者设计。这类教育活动的内容主要根据学科科目的性质由专家预定，选择和组织学科科目内容的主要依据是学科科目本身的逻辑顺序，对教育活动评价的标准是预定的目标是否达成，教育活动设计者所关注的主要问题是以知识和技能为主线的各学科目标，而不是幼儿自己的生活经验。

“单一科目”教学活动十分明显地体现了以教师为中心展开教育活动的基本特征。活动设计者可以根据自己对知识性质的认识和把握，以将知识和技能传递给幼儿为基本出发点，通过系统的教学，完成整个教育过程。教师在实施教育活动时可以根据幼儿的状况对已经设计好的教育活动做一些调整，但是，可以调整的范围较小，整个教育活动基本按照原有设计方案进行。

（二）“单一科目”教学活动的案例与分析

1. “单一科目”教学活动的案例

“单一科目”教学活动不胜枚举。这里，仅以“秋天的图画”（语言教育活动）为分析“单一科目”教学活动的性质的案例。

案例 2－5

秋天的图画（中班）

活动目标：

1. 学会“黄澄澄”“红彤彤”“金灿灿”三个词的意思。

2. 学会“……像……”句型，并会用此句型造句。

活动准备：

1.《秋天的图画》的动画。

2. 能表现“黄澄澄”“红彤彤”“金灿灿”三种颜色的色卡。

活动过程：

1. 说一说。

（1）教师：秋天来了，你们觉得秋天什么最美呢？

（2）教师：秋天很美丽，我们来看看秋天是什么样子的。

2. 秋天的颜色。

（1）教师播放《秋天的图画》的动画。

（2）教师：秋天梨树上的梨是什么颜色的？“黄澄澄”这个词还能形容什么东西？

（3）教师：秋天苹果树上的苹果是什么颜色的？“红彤彤”这个词还能形容什么东西？

（4）教师：秋天稻田里的稻子是什么颜色的？“金灿灿”这个词还能形容什么东西？

（5）教师小结：我们今天学了三个新词，即“黄澄澄”“红彤彤”“金灿灿”。说一样东西嫩嫩的黄，我们用“黄澄澄”；说一样东西很红很红，像太阳一样，我们用“红彤彤”；说一样东西是金色的，而且很亮很亮，我们用“金灿灿”。（教师边说边举起色卡）

3. 秋天的图画。

（1）教师再次播放《秋天的图画》的动画。

教师：我们再来听一遍，这次仔细听听这篇短文是怎么形容梨树、苹果、稻田的。

（2）教师：里面说梨树、苹果、稻田像什么？

（3）教师小结：这种“……像……”的说法可以帮助我们更形象地知道一个东西是什么样子的。

（4）教师请几位幼儿用“……像……”的句型造句，并给予评论。

附： **秋天的图画**

秋天来啦，秋天来啦，山野就是美丽的图画。梨树黄澄澄，像挂起了金黄的灯笼；苹果红彤彤，像红红的脸颊；稻海金灿灿，像翻起金色的波浪。谁使秋天这样美丽？看，蓝天上的大雁做出了回答，它们排成一个大大的“人”字，好像在说——勤劳的人们画出秋天的图画。

2.“单一科目”教学活动的案例分析

“秋天的图画”（语言教育活动）是“单一科目”教学活动的案例，对这个教育活动案例的分析，有益于对这类教育活动的教育价值、性质、特点以及局限性等问题的认识和理解。

“单一科目”教学活动主要关注的是活动设计者认定的幼儿应该学习的某学科科目中的知识和技能，并将这些关注点作为教育活动的目标，旨在通过活动的实施达成预定的目标，使幼儿的行为发生可以看到的变化。例如，在语言教育活动“秋天的图画”中，活动设计者认为通过这个活动要让幼儿学会“黄澄澄”“红彤彤”“金灿灿”三个词的意思，学会“……像……”句型，并会用此句型造句，这就是这个教育活动的目标，是这个教育活动的核心。这是由活动设计者预先确定的；在活动实施过程中，要求教师能够把握住这个核心。

“单一科目”教学活动在选择和组织学科内容时主要依据的是学科本身的逻辑顺序，因此，学科科目的特殊性表现得比较明显。例如，语言教育活动“秋天的图画”的学习内容（学习短文的过程）就是围绕要求幼儿学会三个形容词以及用一个简单的连词造句而选择和组织的。

在设计这类教育活动时，确定教师是教育活动的发起者。这就是说，整个活动是以教师的计划为依据展开的。在活动实施过程中，教师主要是教学者、指导者、组织者和控制者。例如，在设计语言教育活动“秋天的图画”时，“要求幼儿看动画后感受事物的不同颜色”，“要求幼儿回答这些形容词可以用来形容什么”，“要求幼儿用简单的连词造句”，等等，这些过程主要都是按照计划进行的。

（三）“单一科目”教学活动的教育价值和局限性

在幼儿园教育中，“单一科目”教学活动有其一定的价值，因为有些幼儿所需的知识和技能是难以完全通过儿童自己的经验获得的。换言之，幼儿不仅应该学习他们感兴趣的、能够学习的东西，而且应该学习能引发其兴趣并应该学习的东西。例如，幼儿应该学习如何给事物标名，幼儿应该学习如何遵守社会规则和行为规范，等等。许多幼儿是通过观察别人和被告知如何做而学会这些知识和技能的。教师可以通过这类高结构化的教学活动，指明学习知识和技能的步骤以及基本原则，帮助幼儿获得知识和技能。教师还可以通过这类高结构化的教学活动，让幼儿掌握社会文化要求幼儿懂得的，而且是可以直接传递的知识，例如，如何命名事物（颜色、动物、字母等）和如何做事情（唱歌、舞蹈、遵守交通规则等）。

“单一科目”教学活动也是有其局限性的。这主要表现在以下四个方面：

（1）这类教育活动难以满足每个幼儿的兴趣和需要。

这类教育活动以传递学科的知识和技能为主要目标，尽管在活动设计时也会顾及幼儿的年龄特征和个体差异，但是由于活动主要是由活动设计者预先设定的，不管活动的设计有多么合理和完美，都不可能适合每个幼儿的发展水平和需要。

（2）这类教育活动主要关注的是知识和技能，较少顾及情感、态度和人格等方面。

这类教育活动以传递学科的知识和技能为主要目标，教育活动的内容主要是按学科知识的逻辑体系进行组织的，因此，教育过程主要为的是完成一个预定的程序，不可能很理想地顾及幼儿自身的经验和体验，这对于幼儿情感、态度和人格的发展和成长是有欠缺的。

（3）这类教育活动以教师为中心设计教育活动，难以发挥幼儿学习的自主性、主动性。

以教师计划为主的学科教育活动的高结构化性质决定了这种教育活动的性质以及教师在实施活动时的基本策略和方法——高计划、高控制，这给幼儿自主性、主动性等品质的获得和发挥只留下很少的空间。

（4）这类教育活动难以传递有些知识和技能。

每个科目的学习都有与幼儿年龄特点紧密联系在一起的规律，有些知识和技能是难以在同一时间以同样的方式传递给每一个不同的个体的。例如，在儿童早期，数学概念的获得就较难通过这样的教育活动有效地实施。

（四）“单一科目”教学活动的设计

1. 教育活动目标的设置

在设计“单一科目”教学活动时，活动目标的设置是最为关键的。活动目标的设置，既要尊重学习该学科科目的一般规律，又要尊重幼儿学习的一般规律。

对于每一“单一科目”的系列教育活动而言，要由浅入深地设定活动目标，即将学科科目的目标层层分解（学年—学期—月—周—天），落实在一个个具体的教育活动中，使各教育活动之间的目标前后联系、环环相扣、层层递进。

2. 教育活动内容的选择和组织

先目标，再内容，是这类教育活动内容选择的常用做法。具体地说，教师在确定教育活动的目标后，按照活动目标去选择与幼儿生活经验有联系的内容，并在趣味性、游戏性等方面进行加工，以提高幼儿学习的兴趣。通常，教师在学期初就要按学科的各级目标确定每一次活动的大致内容。

这类教育活动内容的组织，主要是按照学科逻辑进行的。为保证活动目标的达成，在设计活动时，在选择和组织活动内容时，活动设计者还要设计足以吸引幼儿投入该活动的教玩具；要设计和准备活动示范、讲解、提问等环节以及对个别幼儿的直接指导方式方法；等等。

二、“整合科目”教学活动

“整合科目”教学活动的主要特征是教师教学，由教师以整合技能和概念的方式决定教学内容。

（一）“整合科目”教学活动的特征

同幼儿园“单一科目”教学活动一样，幼儿园“整合科目”教学活动也是一类高结构化的教育活动，活动由教育活动设计者设计。所不同的是，“整合科目”教学活动强调的是整合技能和概念的教学。这类教育活动的内容也主要根据学科科目的性质由专家预定，选择和组织学科科目内容的主要依据是学科科目本身的逻辑顺序，对教育活动评价的标准是预定的目标是否达成，教育活动设计者所关注的主要问题仍然是以知识和技能为主线的学科目标，而不是幼儿自己的生活经验。

（二）“整合科目”教学活动的案例与分析

1. “整合科目”教学活动的案例

“整合科目”教学活动在教育实践中也常被运用。这里，以“冬爷爷的胡子”（语言/科学教育活动）为分析“整合科目”教学活动的性质的案例。

案例 2-6

冬爷爷的胡子（中班）

活动目标：

1. 欣赏散文《冬爷爷的胡子》，从散文中感受冬季的特征。

2. 尝试仿编散文《冬爷爷的胡子》的最后一段。

活动准备：

教学挂图，《冬爷爷的胡子》录音磁带。

活动过程：

1. 欣赏散文《冬爷爷的胡子》。

（1）教师：小朋友们，你见过冬爷爷吗？想不想看看冬爷爷的胡子？

（2）教师出示教学挂图《冬爷爷的胡子》，播放《冬爷爷的胡子》录音磁带，让幼儿欣赏。

2. 讨论。

(1) 教师：冬爷爷的胡子是什么？长什么样？挂在哪里？

(2) 教师：风娃娃是怎样和冬爷爷玩的？

(3) 教师：小朋友把什么送给爷爷？送给爷爷做什么？

教师引导幼儿尝试用散文里的语言回答问题。

3. 仿编散文。

(1) 教师：除了树枝上、屋檐下，冬爷爷的胡子还会挂在哪里？（如小桥上、石头上、竹竿上等。）如果你有一根冬爷爷的胡子，你想把它送给谁？做什么？

(2) 让幼儿尝试仿编散文的后面几句话，并互相交流。

延伸活动：

教师和幼儿一起讨论冬天的景象，如冬天有什么好玩的东西，有什么有趣的景象，等等。这些问题可以让幼儿自由讨论，加深幼儿对冬天的认识。

附录： **冬爷爷的胡子**

冬爷爷的胡子，亮晶晶，硬邦邦。

挂在树枝上，挂在屋檐下。

风娃娃，很喜欢冬爷爷的胡子，吹呀吹，荡呀荡，吹得冬爷爷的胡子响叮当！

响叮当！响叮当！掉下一根粗又长，送给爷爷做拐杖……

2.“整合科目”教学活动的案例分析

与“单一科目”教学活动相同，“整合科目”教学活动主要关注的也是活动设计者认定幼儿应该学习的某些学科中的知识和技能，并将这些关注点作为教育活动的目标，旨在通过活动的实施达成预定的目标，使幼儿的行为发生可以看到的变化。与“单一科目”教学活动不同的是，这种类型的教育活动将两个或两个以上的学科的教育目标和内容整合在一个活动之中，而不是以单学科为主开展教育、教学过程。

在“冬爷爷的胡子”的教育活动中，教育活动设计者以语言和科学教育的内容为线索，让幼儿在欣赏散文、学习语言的同时能学习科学学科相关的一些内容。换言之，在这个语言教育活动中，活动设计者将科学教育的内容整合在一起了。这样的整合是很自然的，幼儿在活动中有可能同时学习两种或两种以上的学科知识和技能。

但是，要将不同的学科知识和技能有机地整合成一体是不容易的。这不仅需要教育活动设计者对学科特殊性的把握，也需要活动设计者对幼儿学习规律的把握，否则，这类教育活动的整合会流于形式，或者成为几个学科的硬性拼凑。

（三）“整合科目”教学活动的教育价值和局限性

“整合科目”教学活动除了具有与“单一科目”教学活动相同的教育价值以外，还有如下价值：可能减少“单一科目”教学活动中教学内容的重复，使各学科中具有共同性质的成分得到整合，在一定程度上提高教育、教学的效率，并与幼儿“整体的”学习方式相贴近。

但是，这种高结构化的教育活动的性质，决定了这种教育活动仍然是以教师为中心的，仍然是以结果为基本导向的。换言之，“整合科目”教学活动仍然具有“单一科目”教学活动具有的几乎所有局限性。

（四）“整合科目”教学活动的设计

“整合科目”教学活动的设计与“单一科目”教学活动的设计几近相同，所不同的只是在设计教育活动时，活动目标瞄准的是两个或两个以上的学科的关键性概念，活动内容能呈现两个或两个以上的学科“你中有我，我中有你”的状态。

不同学科的教育活动与其他学科的教育活动的可整合性是不相同的，有的学科的教育活动与其他学科有较强的可整合性，而有的学科的教育活动的可整合性则较弱。

语言教育活动是一种较容易与其他学科的教育活动整合成一体的教育活动。在活动设计中，设计者经常会将数学、社会学习、科学、动作技能等学习内容整合到语言教育活动中去，在发展幼儿语言能力的同时，完成其他学科的教学任务。

科学教育活动也是较容易与其他学科的教育活动整合成一体的一种教育活动。科学教育活动的学习内容，例如动物、植物、水、声音、机器等，较容易与语言、数学、社会、艺术、动作技能等学习内容整合成一体。此外，社会教育活动也是一个常被用作综合其他学科教育活动的一种教育活动。

社会教育活动的学习内容，例如幼儿自己的学校、社区、当地的地理特征或人文特征等，也较容易与语言、数学、科学、艺术、动作技能等学习内容整合成一体。

三、单元教学活动

（一）单元教学活动的性质

单元教学活动的主要特征是教师教学，由教师决定教学的内容，由教师根据狭窄的专题设计活动，让幼儿统一探索专题中的学习内容。

单元教学是一种幼儿园综合性课程，由一系列单元教学活动组成。单元教学活动是将各个学科科目的教学内容综合到一个被称为“单元”的专题之中。在设计单元教学活动时，由教育活动设计者设定单元教学活动的目标，并根据专题，要求幼儿统一学习和探索被综合于单元中的学习内容。在综合性课程中，单元教学是结构化程度较高的一类综合性课程。同样，组成单元教学课程的单元教学活动，也是结构化程度较高的一类教育活动。

（二）单元教学活动的案例与分析

1. 单元教学活动的案例

将一系列单元教学活动按一定的方式组合，即可成为被称为单元教学的课程，每个单元教学活动在单元教学课程中起不同的作用，为的是共同完成单元教学课程中的单元目标。因此，只有将单元教学活动放置于单元教学课程的一个专题（一个教学单元）中，将其作为该专题的一个组成部分才有意义。下面是一个名称为“球”的教学单元，可被用作分析单元教学活动性质的案例（见表2-1、表2-2）。

案例2-7

单元教学活动：球

表2-1　教学单元“球”的纲要

<table>
<tr><td colspan="2">单元名称：球</td><td>班级：小班</td><td colspan="2">人数：30</td><td>活动时间：68天</td></tr>
<tr><td>设定单元理由</td><td colspan="5">幼儿都喜欢玩球，并在日常生活中经常可以看到或接触到各种大小不同、颜色不同及软硬不同的球，他们喜欢利用球来进行抱、压、打、拍、滚、踢等游戏。本单元之设定不但可满足幼儿的球类活动兴趣，而且可启发幼儿爱好运动的习性，增加幼儿与别人共同游戏的乐趣，增进幼儿手眼的协调及大小肌肉的发展，以及使幼儿从游戏中认识球的种类及性质。</td></tr>
<tr><td>单元目标</td><td colspan="2">（一）认识球的种类及性质。
（二）接近各种不同的球，并学习运用球做各种游戏。
（三）增进大小肌肉的发展及手眼协调。
（四）乐于参加团体活动。
（五）养成爱好运动的习惯，并注意运动时的安全。
（六）认识简单的数概念。</td><td>活动纲要</td><td colspan="2">（一）介绍常见的球。
（二）从观察及触摸、抱压的操作中体验对球的软硬的感觉。
（三）通过游戏来比较球的形状与大小。
（四）配合歌曲来做球的趣味游戏。
（五）观察球在水中的沉与浮。</td></tr>
</table>

资料来源：卢素碧．幼儿教育课程理论与单元活动设计．台北：文景书局，1996：273-285.

表2-2　教学单元“球”的教育活动

<table>
<tr><td>活动主题</td><td>活动目标</td><td colspan="2">活动内容及过程</td><td>教学资源</td><td>评量</td></tr>
<tr><td rowspan="5">活动一：认识球</td><td rowspan="5">1. 能对球发生兴趣。
2. 能说出教师介绍的5种球的名称。
3. 能说出手的推动力大，球滚得快又远，推动力小，球滚得慢且近。</td><td>引起动机</td><td>以故事《小皮球遇险记》引起动机。</td><td rowspan="5">1. 故事图片。
2. 霍球两个。
3. 大型皮球6～10个。
4. 数种不同类的球。</td><td rowspan="5">以口头评量及从操作过程中观察评量。</td></tr>
<tr><td>↓ 介绍球</td><td>认识球：霍球、皮球、保龄球、气球、海滩球。</td></tr>
<tr><td>↓ 团体游戏</td><td>1. 滚霍球；
2. 滚皮球。</td></tr>
<tr><td>↓ 唱单元歌</td><td>《小皮球》</td></tr>
<tr><td>↓ 讨论和评量</td><td>讨论和口头评量。</td></tr>
</table>

续前表

活动主题	活动目标	活动内容及过程	教学资源	评量
活动二：摸一摸	1. 能分辨球的软硬。 2. 能利用软硬不同的纸来揉纸团。 3. 喜欢利用自己做的纸球参加投球游戏。 4. 能注意球类游戏时的安全。	观察球：观察各种球，并利用触、抱、压、打各种球以感受不同。 ↓ 讨　论：讨论球的特征，并让幼儿找出软的、硬的球。 ↓ 分组活动：揉纸活动：1. 报纸；2. 书画纸；3. 其他 ↓ 户外活动：拿自己揉成的球到户外做投球游戏。 ↓ 讨　论：报告感受及口述评价。	1. 数种软硬不同的球。 2. 报纸、图画纸、其他的纸每人一张。	从摸、抱、压的操作中，以口头评量，幼儿是否说出对球的感觉。 从操作中观察评量幼儿是否能用手揉纸团，并做投球游戏。 观察幼儿在游戏中是否都能保持适当距离，不撞人。
活动三：比一比	略	略	略	略
活动四：趣味竞赛	略	略	略	略
活动五：沉浮游戏	略	略	略	略
活动六：滚花游戏	略	略	略	略

附

小皮球遇险记

小皮球是小狗阿黄和阿白的好朋友，他们常常在一块玩儿。有一天，小皮球独自在家闷得慌，就自己到外边到处看看，滚着滚着，不小心滚到水沟里去了。阿黄和阿白回来找不到小皮球，他俩走到沟边一看，“哎呀！小皮球在沟里呢！”阿黄伸手去捞，捞不到，阿白用嘴去咬，咬不着，阿黄、阿白汪汪叫，惊动了邻居家的朋友，大家问：“怎么了？”阿黄、阿白说：“请你们救救小皮球吧！”大家摇头说：“我们抓不到小皮球。”小皮球在黑洞里大叫：“救命。”阿黄、阿白也大叫“救命”。玲玲、真真来了，真真用钩子往沟里钩着，烂泥都掏出来了，可是没有小皮球。玲玲拿长竹竿去通水沟，真真、阿黄、阿白、老母鸡等都用力推呀推的，沟里的烂草绳被他们推开了，水哗啦哗啦流过去了，糟了！小皮球被水冲跑了。追呀！追呀！赶快追呀！丁零！丁零！请让路，小猴开着救火车追上小皮球，长胳膊一伸，把小皮球救上来了，大家一起欢呼！阿黄、阿白向大家说：“谢谢帮忙。”小皮球也说：“谢谢大家救命！”阿黄、阿白带着小皮球去洗澡，送他上床休息，两只小狗跟小皮球说：“以后你不要自己到街上去乱逛啦！”

…………

2. 单元教学活动的案例分析

与“整合科目”教学活动相类似，单元教学活动具有一定程度的行为目标的取向，关注的主要还是学科中的知识和技能，主要是通过教育活动的实施达成预定的活动目标，使幼儿的行为发生可以看到的变化。与“整合科目”教学活动不同的是，这种类型的教育活动主要是将各种学科的教育内容综合在一个专题之中，使它们成为有一定关联的系列活动，而不是主要关注如何将各种学科的教育内容综合在一个教育活动中。

由于单元教学活动还是一类以行为目标为主要取向的幼儿园教育活动，因此，这类教育活动的结构化程度仍然是比较高的。这就是说，这类教育活动仍然是由活动设计者设计，以教师为主加以实施的教育活动。

（三）单元教学活动的教育价值和局限性

在幼儿园综合性课程中，单元教学是结构化程度比较高的一类综合性课程，单元教学活动具有相当明显的预设倾向，即在每个教学单元中，活动设计者根据单元概念，制定了单元目标和具体的活动目标，并要求全体幼儿在同一时间都达成这些预设的目标。这种主要以行为目标为取向的教育活动设计，较明显地反映了以教师计划为主的教育活动的设计倾向。因此，单元教学活动具有高结构化教育活动都具有的一些价值，包括计划性、控制性以及可操作性都比较强等。

在单元教学活动设计过程中，设计者会尽力将与幼儿生活和经验有关的内容作为活动专题；在单元教学活动实施过程中，有些预先设计的计划可以根据幼儿学习的状况做一些调整，虽然这种调整的范围较小，教育活动基本按照活动设计者预定计划和设计的方案进行。就这些而言，单元教学活动比“单一科目”教学活动和“整合科目”教学活动的结构化程度低，多少顾及了幼儿自己的生活经验和学习。

但是，单元教学活动较高结构化的性质，决定了这类教育活动不可能给幼儿自主、主动的学习留有太多的空间，也难以做到让教育活动与幼儿的兴趣和需要相符合。

（四）单元教学活动的设计

由于组成单元教学的教育活动目标和内容主要是由活动设计者预先设定的，因此，不管活动设计得如何周全，都不可能在真正意义上与每个幼儿的学习兴趣相一致。但是，如果单元教学的专题来自幼儿的实际生活，教育活动的内容尽可能与幼儿的生活经验相贴近，单元教学活动还是有可能激发幼儿的学习兴趣和学习动机，给幼儿自身发展留下一些空间的。

由于组成单元教学的一组教育活动本身会有不同的结构化程度，所以不同的单元教学活动会有不同的结构化程度。相对高结构化的单元教学活动，会体现出与“单一科目”教学活动和“整合科目”教学活动类似的性质特征；对于相对低结构化的单元教学活动，即使是幼儿参观访问、创造性活动等，由于都是活动设计者设计的，是为达成单元目标和活动目标而设计的，是要求幼儿都必须进行的，所以其结构化程度也会是比较高的。

在设计单元教学活动时，要充分考虑到活动能否吸引较多的幼儿参与，幼儿是否已对这些活动内容积累了相当的生活经验，等等。品质较好的活动，往往是围绕幼儿“已知一些又知之不多”，通过探索能够有所发现的话题展开的。

单元教学活动的设计还包括了活动环境的创设、活动材料的提供、家庭和社区的资源的利用等方面，组成单元教学的活动还常采用散步、参观、游览或其他活动的形式。

单元教学活动的设计虽然没有固定不变的程式，但是一般包括以下几个方面：

（1）引起活动动机：教师可运用问话、讲故事、唱歌曲、展示实物或图片等方法，激发幼儿活动的动机。

（2）认识基本知识或概念：教师通过教学或指导，让幼儿认识事物的基本特征。

（3）综合性活动（如观察、操作、实验、欣赏、讨论、绘画、唱歌等）。

（4）解释或评价。

四、主题教学活动

主题教学也是一种幼儿园综合性课程，由一系列主题教学活动组成。主题教学活动是将各个学科的教学内容综合到一个网络状的主题之中，围绕主题而展开的一系列教育活动。

（一）主题教学活动的特征

主题教学活动的主要特征是活动可由教师确定目标和内容，也可由幼儿根据与主题有关的学习经验发起。

与各类高结构化的教育活动相同，由于活动可由教师设计，主题教学活动应有一定的结构性，能让教师在教学中有据可依。

与各类高结构化的教育活动不同，由于活动可由幼儿根据他们自己的学习经验发起，主题教学活动就必然具有允许幼儿发起活动以及回应幼儿生成活动的机制。

主题教学课程可以因为组成该课程的全部或部分教育活动是主要由教师确定活动目标和活动内容，还是主要由幼儿根据与主题有关的学习经验发起活动，而呈现出不同的性质。具体地说，相对高结构化的主题教学课程由较多相对高结构化的主题教学活动组成，因此，这种主题教学活动往往会以教师的教学为主线，以主题为载体，将各种知识和技能融为一体。相对低结构化的主题教学课程，由较多相对低结构化的主题教学活动组成，主题教学是以幼儿自我探索的学习为主的活动组成，以主题为出发点，拓展与主题有关联的问题和概念。

因此，只有将主题教学活动放置于主题教学课程中，将其作为该主题的一个组成部分才有意义。

（二）主题教学活动的案例与分析

1. 主题教学活动的案例

主题教学活动的设计没有固定的样式，各种不同性质和类型的主题教学课程是由主题教学活动以不同的方式组成的，有的是同类的主题教学活动，有的是不同类的主题教学活动。

这里仅以一种主题教学活动为例，说明主题教学活动的性质，这种类型的主题教学活动能以集合的方式组成一种主题教学课程。下面是一个名为“萤火虫找朋友”的主题教学活动，它可被用作分析该类活动性质的案例。

案例2-8

萤火虫找朋友（中班）

语言、社会	★★★
科学、健康	★★
艺术	★

活动目标：

1. 理解故事《萤火虫找朋友》，尝试续编故事。

2. 懂得乐于帮助别人，才能与人交朋友。

活动准备：

课件“虫虫总动员”中的“萤火虫找朋友”。

活动过程：

1. 讨论：谁会是好朋友。

（1）教师播放多媒体课件“谁会是好朋友”。

教师：小朋友，你们来看看下面几个小朋友，谁和谁会是好朋友呢？为什么他们是好朋友呢？

（2）幼儿自由讨论后回答。

（3）教师小结：小朋友之间要友好相处，还要在别人有困难的时候主动提供帮助，这样你才能拥有许多好朋友。

2. 学习故事。

（1）教师：有一只萤火虫，它也在找朋友呢！我们一起来看看发生什么事了，好吗？

(2) 欣赏故事。教师播放课件“萤火虫找朋友”中的“故事欣赏”。

(3) 理解故事内容。教师分段播放课件“萤火虫找朋友”。

教师：萤火虫开始的时候找谁做朋友？蚂蚱愿意做萤火虫的朋友吗？后来萤火虫和蚂蚱成为好朋友了吗？为什么？

教师：蚂蚁和萤火虫成为好朋友了吗？为什么？

教师：萤火虫找到好朋友了吗？为什么？

教师小结：萤火虫不爱帮助别人，所以它找不到好朋友。

(4) 幼儿在教师引导下续编故事。

教师：后来会发生什么事呢？萤火虫要怎么做才能找到朋友呢？它会遇见谁？它会说些什么呢？

(5) 教师整理幼儿续编的故事。完整讲述故事。

延伸活动：

如果幼儿对萤火虫感兴趣的话，教师可以播放课件“萤火虫找朋友”“萤火虫”，让幼儿说说萤火虫有什么特征等。

附：

萤火虫找朋友

晚上，萤火虫提着蓝色的小灯笼，在草丛里飞来飞去。它在干什么呢？噢，它在找朋友。

萤火虫飞呀飞，突然听到草丛里有响声，它用小灯笼一照，哈哈，一只小蚂蚱。

小蚂蚱正急急忙忙，一直往前走。萤火虫大声叫道：“喂，小蚂蚱！”小蚂蚱吓了一跳，回头看见萤火虫，说：“你好！”萤火虫满脸笑容：“你愿意和我交朋友吗？”小蚂蚱说：“我愿意。”

萤火虫听了，高兴地说：“太好了！那你就跟我一起玩吧！”小蚂蚱为难地说：“那可不行，现在我要去找我弟弟，天都黑了，它还不回家，爸爸妈妈都急坏了，让我来找它。对了，你来得正好，帮我照照路吧，找到我的弟弟，我们再一起玩，好吗？”

萤火虫一听不高兴了，它说：“我才不给你照路呢，我要去找朋友。”说完，它提着灯笼飞走了。

萤火虫飞呀飞，听见草丛里有声音，它用灯笼一照，原来是一只小蚂蚁。小蚂蚁背着一个大口袋，一直往前走。萤火虫喊道：“喂，小蚂蚁，等一等！”小蚂蚁停下脚步，问：“干吗呀？”萤火虫笑着说：“愿意和我做朋友吗？”小蚂蚁痛快地说：“当然愿意啦！”萤火虫一听兴高采烈：“太好了，那我们就一块玩吧！”小蚂蚁摇摇头说：“现在不行，我得先把粮食送回家去。我迷路了，你可以给我照照灯，帮我回家吗？我们先找到家再一起玩好吗？”

萤火虫满脸的不高兴，气哼哼地说：“算了，不玩就不玩。我才不给你照路呢，我得去找朋友!”说完，它提着灯笼飞走了。

就这样，萤火虫提着灯笼在草丛里飞来飞去，一直在找朋友……

参考续编：萤火虫到处找朋友，可是，它一个朋友也找不到。于是，它停在树枝上，伤心地哭了。

大树公公听见了，就问萤火虫：“萤火虫，你为什么哭得这么伤心呀?”萤火虫一边哭一边说：“我要找朋友，可是，一个朋友也没找着。”说完，它便对大树公公讲起了事情的经过……

大树公公听后，对萤火虫说：“萤火虫，你不帮助人家，人家当然不会做你的朋友。”

萤火虫听后，脸红了。

2. 主题教学活动的案例分析

“萤火虫找朋友”是一个主题教学活动，它是主题“动物世界故事多”中的一个教学活动。与“萤火虫找朋友”共同组成主题的还有“五只猴子来表演”“狮王进行曲”“小狗的衣服”“小鸡出窝”“小老虎问路”等。这些教学活动之间没有密切的学科逻辑联系，由课程编制者设计，可由教师选用。在主题“动物世界故事多”下，除了这六个已有的教学活动外，也可由幼儿或教师自己根据教育情景生成新的教学活动；每个教学活动，尽管已经由活动设计者确定了活动目标，选择和组织了活动内容，但也允许甚至鼓励幼儿或教师自己根据教育情景改变原有的活动设计，生成新的教学活动内容。

“萤火虫找朋友”这个主题教学活动中，活动设计者设置了教学活动的目标：（1）理解故事《萤火虫找朋友》，尝试续编故事；（2）懂得乐于帮助别人，才能与人交朋友。这两个目标，一个与语言教育有关，一个与社会领域教育有关。如果活动中教师或幼儿去关注萤火虫发光的现象，那么活动又与科学教育有关；如果活动中教师或幼儿去关注人际交往与情绪的关系，那么活动又与健康教育有关。

由于幼儿或教师可以根据教育情景生成新的教育活动内容，活动目标实现与否并非活动设计者必须关注的问题。换言之，活动目标是允许在一定的程度下发生游离的。活动设计者只是将这样两个活动目标列为显性的目标，而没有将隐性的或其他可能的目标列出，那就是说，如果幼儿根据自己的经验发起了新的活动内容，教师认为需要根据教育情景改变活动设计，那么目标可以发生变化，而且，目标一旦发生了变化，活动过程就会随之发生变化。

在设计者设计的“萤火虫找朋友”这个活动中，目标主要落在语言和社会领域方面（活动设计者用三颗星表示。注：星数多，表示活动设计者建议重点关注这些学习领域）。但是，在教育活动实施过程中，其他方面的学习也有可能因为幼儿或教师的生成而发生（活动设计者用两颗星或一颗星表示）。

“萤火虫找朋友”这个主题教学活动有一定的结构性，操作简便，教师可以用设计者设计的活动实施教学。但是，由于这个主题教学活动具有允许幼儿发起活动以及回应幼儿生成活动的机制，所以活动的结构化程度较低。其表现为：(1) 由于这个教学活动与课程、其他教学活动之间没有很强的逻辑关系，教学活动目标只是活动设计者的建议，活动实施者可以根据具体情景修改或重新设置活动目标。(2) 活动设计者建议的目标只是相对强调某个方面或某些方面，同时也兼顾其他方面。(3) 一旦活动目标发生变化，活动的内容就会发生相应的变化。

(三) 主题教学活动的教育价值和局限性

在幼儿园综合性课程中，主题教学比单元教学的结构化程度低，反映了组成该课程的教学活动既有一定的预设取向，又有一定的生成取向。活动设计者根据主题网络，设计一系列教学活动，每个教学活动都预设了显性的和隐性的活动目标，并不要求全体幼儿在同一时间都必须达成这些预设的目标，而且目标和内容是可以根据具体教学情景而发生变化的。主题教学活动的性质决定了这类教学活动既能反映幼儿教育的一些基本要求，给予幼儿一些必需的知识和技能的学习，也能够在一定程度上顾及幼儿的兴趣和需要，激励幼儿在活动的过程中根据自己的经验和需要生成教学活动。

主题教学活动可以由幼儿根据较广的学习经验发起活动，这样会使教学活动的不确定性和可变性增加，使教育活动的可操作性降低。因此，这类教学活动对教师的要求较高，教师既要把握活动设计者的设计意图，又要准确地回应幼儿生成的活动，从而满足他们的兴趣和需要。

(四) 主题教学活动的设计

主题教学活动的设计与“整合科目”教学活动似乎相近，却在根本上是不相同的。在设计“整合科目”教学活动时，设计者心目中是“先目标，后内容”，活动目标是最为重要的，目标瞄准的是两个或两个以上的学科的关键性概念，活动是以这些目标的实现为出发点和归宿的。而在设计主题教学活动时，设计者心目中应是“先内容，后目标”，目标可以由设计者预设，也可以由幼儿生成。

“先内容，后目标”，说的是在设计教学活动时不再是先设置课程目标和教学活动目标，然后根据目标去选择和组织教学活动的内容；相反，是先根据幼儿的生活经验和主题选择活动内容，再根据内容设置活动的目标，而这些目标具有相对性和可变性。

以主题教学活动“萤火虫找朋友”为例，活动设计者为主题“动物世界故事多”寻找和选择教学活动的内容，故事《萤火虫找朋友》被活动设计者作为活动材料而选中。选择活动材料的主要依据是：(1) 该材料是否与该年龄阶段幼儿的身心发展相适合；(2) 该材料是否能给幼儿带来真、善、美的熏陶；(3) 该材料是否有挖掘多种教育价值的可能。

对于中班的幼儿来说，故事《萤火虫找朋友》具有的教育价值有：

- 理解并讲述故事《萤火虫找朋友》。
- 懂得乐于帮助别人，才能与人交朋友。
- 懂得没有朋友是不快乐的。
- 知道萤火虫在晚上会发光。

…………

上述这些，都可以作为活动目标，不管是显性目标还是隐性目标。在实施活动的过程中，可以根据活动情景调整活动目标和内容。

五、方案教学活动

（一）方案教学活动的特征

方案教学活动的主要特征是由幼儿或教师发起深层次探索活动，旨在答复幼儿提出的问题，活动以幼儿的需要和兴趣为导向。

方案教学也是一种幼儿园综合性课程，这种课程的结构化程度比一般主题教学的结构化程度更低。方案教学课程的一系列方案教学活动，组合成一个主题网络，这个主题网络的可变性和不确定性更大。围绕一个主题而展开的一系列方案教学活动，可由教师确定活动目标和活动内容，也可由幼儿根据与主题有关的学习经验发起活动，与一般主题教学活动相比，方案教学活动更多地以幼儿的兴趣为导向，以满足幼儿的需要为追求。因此，方案教学活动比一般的主题教学活动具有更低的结构性，活动更多由幼儿自己发起。

（二）方案教学活动的案例与分析

1. 方案教学活动的案例

方案教学活动的设计没有固定的样式，每个方案教学活动的性质取决于方案教学课程中主题展开的需要。因此，在介绍方案教学活动时，应是介绍一组活动，而不是介绍单个的活动。

以下是一个发生在意大利瑞吉欧安娜·弗兰克（Anna Frank）幼儿园题为“恐龙”的方案教学活动，卡洛琳·爱德华兹（C. Edwards）、莱拉·甘第尼（L. Gandini）和乔治·福尔曼（G. Forman）编著的《儿童的一百种语言》一书对此活动做了介绍。

案例 2-9

恐龙

（1）方案活动的起始。

在意大利，恐龙的形象到处都是。

教师注意到许多孩子将恐龙玩具带到幼儿园来，而且他们的游戏常与恐龙有关。教师认为，也许通过与恐龙有关的活动可以让教师更好地了解孩子。由此，教师决定与孩子一起进行深入的恐龙研究。

这个方案活动的对象是5～6岁的孩子，活动主要以小组的形式进行，历时4个月（共分44个部分）。

（2）方案活动的过程、内容和形式。

1）活动的开始：画出自己的恐龙。

方案活动开始时，有一半左右的孩子聚集在工作坊，开始画各式各样的恐龙。在绘画的过程中，孩子相互交流，一些好的想法被大家接受，有时，孩子会因别人的意见而改变自己，如“那不是恐龙，恐龙应有四条腿”。

2）集体讨论。

画完了恐龙，教师与孩子们谈论他们的作品，提出一些开放性的问题，启发孩子的讨论，如恐龙住在哪里，它们吃什么，它们怎么照顾自己的小宝宝，小恐龙是怎么诞生的，等等。

3）收集资料。

教师发起讨论，引发孩子有动机去获得更多的关于恐龙的信息和资料。孩子们到图书馆找来了一些关于恐龙的书，并带回了幼儿园。他们将自己画的恐龙与书中的画做了比较，在遇到问题的时候，他们会从书中去找答案。

4）发邀请函。

孩子们也邀请了亲朋好友来幼儿园分享他们的活动，他们热烈地书写邀请信。信函是由整个的“恐龙”小组的孩子共同完成的，每个孩子都提供自己的想法，教师记录了信函的内容。孩子们按照教师所做的原型，完成了信函，写好信封，并出了海报。

客人到来前，四个女孩利用泡沫塑料，合作做了一只霸王龙；四个男孩则用金属和金属丝做了一只恐龙。

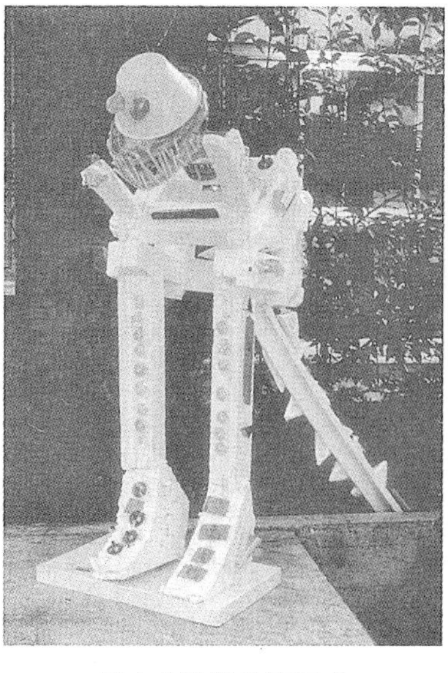

四个女孩做的霸王龙

5）测量和制作一只实体大小的恐龙。

教师在重温与孩子的对话中，留意到经常出现关于恐龙的实体大小和特征的话题，教师决定给予孩子们一个挑战，即请他们绘制一只有实体大小的恐龙，并将它挂起来。

教师集合了六个对恐龙研究热情不减的孩子，男女各半。

他们从书上找到，真的恐龙长 27 米、宽 9 米。他们从工作室里找来了米尺，但只有三把，他们没有想到连续用米尺 27 次，而是要找另外的 24 把米尺。

孩子们找不到更多的米尺，教师提议是否可以用其他的东西来替代米尺。孩子在教室里找来了塑料棒，教师和他们测量了这些棒，每根长 1 米！

教师进行提议

孩子们发现这些塑料棒的数量超过 27 根。他们把 27 根棒排成一行，又尝试两次分别用 9 根棒放在两侧，第四边已没有棒了。几分钟后，两个孩子找来了一卷卫生纸，并铺在地上，长方形做成了。

孩子们在地上铺长方形

有个孩子提议先在纸上画恐龙，再在地上画。三个女孩和一个男孩选择了方格纸。两个孩子在方格纸上粘上了一个剪下的恐龙，它的大小为27cm×9cm，正好与方格（每格1cm×1cm）相符。这样，孩子们可以通过数格子而知道恐龙的头、脖子、身子和尾巴有多大。

先在纸上画恐龙，再在地上画

六个孩子到户外，将画上的恐龙放大到草地上。男孩们铺垂直线，女孩们铺水平线。由于事先已量好恐龙各部位的长度，当他们用绳子把各个点连起来时，恐龙的轮廓就形成了。

恐龙的轮廓形成了

孩子们在探索有多少个人的长度才与一只恐龙尾巴的长度是一样的。

测一下恐龙的尾巴有多长

（3）方案活动的结束。

恐龙小组为学校筹备了一个展览会，详细地展示他们所做的方案活动。孩子们非常乐于将自己的学习心得与其他孩子一起分享，向大家报告他们的活动过程。他们为这个展览做了大量的准备。他们整理了图画和雕塑，也发了邀请函和海报。他们想了很多办法将自己的经验呈现给别人，与别人分享。当然，最快乐的事是他们向别人介绍活动的过程。

资料来源：Edwards，C.，Gandini，L. & Forman，G. *The Hundred Languages of Children*，Ablex Publishing Corporation，1998，pp. 215-237.

2. 方案教学活动的案例分析

在以“恐龙”为主题的这一方案教学活动案例中，至少可以看到以下几个方面的特点：

（1）在以“恐龙”为主题的这一方案教学活动中，活动设计者心目中并非完全没有预设的活动目标。但是，这些隐性目标只是提示教师关注幼儿在学习中可能发生的事情，并非幼儿必须做到的事情。如果在活动过程中幼儿或教师生成了有意义的活动，这样的活动可能与原有的计划不一致，教育活动的目标也会发生转移。因此，活动目标是否达成并不重要，重要的是活动的过程和原则。

（2）在以“恐龙”为主题的这一方案教学活动中，活动设计者常将其主要关注点置于活动内容是否与幼儿的生活经验相一致、是否能激发起幼儿的兴趣等，他们会通过观察、记录以及与幼儿对话，了解和解读幼儿的生活和学习经验，活动内容都可由教师或幼儿选择，还可由教师或幼儿在此基础上生成，因此活动内容具有可变性。

（3）方案教学由一些方案教学活动组成，每个方案教学活动既有相对的独立性，也有一定的关联性，而独立性与关联性的强弱，主要取决于活动实施过程中的教师和幼儿。换言之，同样的方案教学活动，在不同的教师和幼儿中实施，最后会有相当大的差别。

（4）方案教学是以幼儿的兴趣、需要为导向的教育活动。但是，教师的作用也是十分重要的，教师能引发幼儿在活动中的兴趣和需要，教师能给幼儿的学习提供及时的支持和帮助，教师还能给幼儿的活动提供适合的环境和材料。

（三）方案教学活动的教育价值和局限性

在幼儿园综合性课程中，方案教学活动的结构化程度比一般主题教学活动的结构化程度低，反映了组成该课程的教学活动有更明显的幼儿生成取向，更多地追随幼儿的兴趣和需要。方案教学活动主要是由幼儿或教师发起的深层次的探索活动，以幼儿的兴趣和需要为主要导向，积极回应幼儿提出的问题，因此，教学活动能够在不同水平上适合幼儿的学习和发展。此外，方案教学活动的学习内容具有明显的统整性，与幼儿整体学习的特征比较符合。

但是，由于方案教学活动的结构化程度低、活动目标的不确定性和游离性，它会使教育活动的设计和实施表现出比较随意的倾向。由于教学活动内容的整合性较强，知识和技能的逻辑性不强的问题也会出现。特别是，方案教学活动对幼儿园教师的要求较高，会让相当一部分的教师感到难以把握。

（四）方案教学活动的设计

与一般的主题教学活动的设计相似，方案教学活动的设计者在设计方案教学活动时，心目中也是“先内容，后目标”，活动目标可以由设计者预设，也可以由幼儿或教师生成。

方案教学活动设计没有固定的程式，即使活动设计者预设了一些教学活动的项目，真正的教学活动的开展还是依据具体的时间、地点和条件进行。

六、区角活动

区角活动是由幼儿发起的探索活动，旨在满足儿童的需要，以儿童的兴趣为导向。

区角活动也称活动区活动，在幼儿园教育中，有很长的被运用的历史，有很广泛的被运用的范围。区角活动是幼儿园教育活动中一类结构化程度相当低的、综合性的教育活动，这类教育活动的主要成分是幼儿游戏。

（一）区角活动的含义

区角活动指的是将幼儿园活动区域划分成若干部分，通过让幼儿自主选择，并与材料和人（同伴、教师和其他人员）互动的方式，组织和实施幼儿园的教育活动。

与除纯游戏以外的其他综合性教育活动相比较，幼儿园区角活动更多地立足于儿童本位，强调活动的过程，强调幼儿个别化的学习。

区角活动为幼儿的自主活动提供丰富的材料，给予幼儿与活动材料充分交互作用的机会。在各个活动区角中，活动的材料有单功能的、双功能的和多功能的，材料的陈设方式可以是单一材料的、多种类型材料的。材料的多功能性和多种材料的混合陈设有益于幼儿以更贴近其真实生活的方式进行学习，有益于幼儿以将发展的各个方面或者知识的各个领域综合成一体的方式进行学习。幼儿可以在与环境的交互作用过程中，通过自己的选择和参与，以自己生成为主的方式进行活动，在学习过程中充分发挥想象和创造力，积极探索，以及自由地表现和表达。

区角活动多以小组的或个体的活动形式开展。在各个活动区角中，幼儿有机会在与同伴、教师和其他人员的互动中合作学习、共同生活，与他人共同建构知识、人格和文化。

（二）幼儿园区角活动的设计和实施

幼儿园区角活动的设计与实施，涉及活动区角的规划、活动区角场地的安排以及材料的陈放等问题。

1. 活动区角的规划

常见的幼儿园活动区角根据材料划分，例如图书阅读区、积木建构区、科学区、美工区、音乐区、玩具操作区、休息区等。每个活动区内可以有数种材料，例如：

图书阅读区——经常调换的各种低幼读物、收录机、故事卡带、耳机、木偶或纸偶、卡片、纸和笔、订书机等。

积木建构区——质地、大小和结构不同的积木，不同形态的立体人物、动物、车辆、交通标志，废旧纸盒，玩具铁轨、高架公路，供翻阅参考的建筑杂志，等等。

科学区——（1）动植物（花、草、当季水果、蔬菜、粮食的种子和果实，可饲养的鸟类、小动物、昆虫等），物理、化学（空气、泥、沙、石、气候、光、声音、磁力、电、平衡、可溶物质以及可供幼儿烹饪的材料等）等材料。（2）供幼儿观察和实验的工具（放大镜、望远镜、捕虫网、天平、保鲜膜、海绵、镊子、轴轮、各式盛器等）。（3）供幼儿做记录的笔、纸和卡片等。

美工区——各种性质的笔、纸、颜料、水缸、陶土（或彩泥）、剪刀、刻刀、胶水或糨糊、双面胶、订书机等材料，以及自制玩具所需的废旧盒、罐，与所处环境相适应的其他材料，等等。清洁该区角的抹布、废纸筐、小型吸尘器。

音乐区——录音机、铝板琴、木琴、高低音色不同的打击乐器、装扮饰物、小舞台，乐谱等。

玩具操作区——结构积木、拼图、棋类、模拟成人活动的成品或半成品玩具、益智玩具等。

休息区——利用干扰较小的一角，放置一张屏风、一个帐篷或一个用纸箱改造成的小屋，里面放些小靠垫或音乐播放器等。

2．活动区角场地的安排

活动区角场地可按活动的动和静，利用橱柜、地毯、矮屏风或小篱笆等安排成数个相对独立又有分割的区域。如将图书阅读区、科学区放在自然角边较亮堂的地方，积木建构区的地上最好铺上几块小型地毯（或用发泡积木拼接），这样既可降低声音，也容易保护成品。

在较小的活动室内，可在地上用即时贴贴上一些走道的指示标记或鞋印，表明活动区的位置、方向或可参加的人数，使幼儿能有目的地选择自己需要去的活动区。

场地的安排可视活动的内容定期做调整，在调整前必须和幼儿共同商量，使他们了解发生了哪些变化，增减了什么，到哪里去寻找自己所需要的材料。

3．材料的陈放

材料陈放应在最大程度上与活动区角的功能相一致，即使是多功能的材料，也要尽量符合材料陈放的这个原则。

材料陈放要有序，每一个区角都应有醒目的标记，架上的玩具和放置的玩具也都应有对应的标记，使幼儿知道哪些材料该陈放在哪里。即使幼儿为一时需要从另一活动区拿了东西，用完以后也能很方便地放回原处。

每件玩具和材料的摆放都应便于幼儿取放，一般可以将物品分类放在塑料筐里面，在筐外和架上贴上对应的标记。有些材料相同的物品可以叠放起来，有些则不行。例如各色的色纸，幼儿很容易为抽取自己需要的颜色把纸张搞乱，可将其用一些颜色对应的夹子分别夹起来排列。又如拼图板，有时甚至相同的拼图板，每一片的大小都会有些许区别，那就必须在每一片拼图的背后写好该盒拼图的符号。这些做法看起来非常烦琐，可是如果一开始就做好这些准备工作，就很容易养成幼儿整洁的好习惯，以后边添置其他物品边做标记，也就不费事了。

4. 活动区角和主题的结合

有些幼儿园设置有专门的主题活动室，幼儿在那里开展主题活动。更多的幼儿园会采用在活动室的活动区角内植入与主题活动相关的内容，使区角活动与主题活动相结合。

5. 单位时间内活动区的安排

一般而言，经常被设计和运用的活动区有十余种，教师可以根据需要，轮换地安排活动区角的活动。

活动区角的数量要与幼儿的人数相匹配。例如，在一个单位时间内，为 30～35 名幼儿的班级最好能提供 5～7 个活动区角，同一区角可提供数份相同的材料，例如：儿副旅游棋、几个磨盘、儿盒画面相同的拼图板、儿盒材料相同的积木等。这样容易使幼儿得到满足，而且促进了幼儿之间的交流。

活动区角要让幼儿有充分选择活动的余地，要能满足不同兴趣幼儿的不同需要，避免在一个单位时间里只安排少量的活动内容。例如，在一个单位时间里如若只是安排和提供制作类的材料，虽然材料品种有所不同，但是所有幼儿只能长时间地端坐在那里，这样的情况可能不会满足所有幼儿的活动需求。

（三）在区角活动中教师的作用

在区角活动中，教师是活动材料的提供者、幼儿活动的玩伴、幼儿活动的观察者和记录者、幼儿活动的启发者、幼儿活动的分享者等。

区角活动是幼儿自主的、探索性学习的活动场所，教师要关注幼儿是如何在活动过程中为自己选择学习材料的，是如何通过自己的努力或与同伴间的交流合作获得新知的，是如何从发现中寻求新的目标的。教师要以开放的心态尊重每个幼儿的学习需要，满足幼儿的好奇心，激发幼儿的求知欲，提高幼儿的学习兴趣，培养幼儿在独立探索、思考的过程中发挥自己的潜能，体会成功的乐趣，并与同伴分享自己的快乐。

1. 教师是区角活动材料的提供者

教师要为幼儿创设和提供富有挑战性的活动环境和材料。在每一个区角中，都应有不同层次的材料供幼儿选择，并随着幼儿的发展不断变化，使幼儿能从材料中看到自己现在能做些什么，以后还能再做些什么，为自己的进步感到满足和自豪。这样做，需要教师关注每个幼儿在各种活动中的起点和兴趣倾向，不断地按幼儿的发展需要对环境和材料进行变换。

例如，在图书阅读区内，有的幼儿喜爱一本图画书，看了又看，把里面的细节都找出来，有的幼儿喜爱看教师刚讲过的图书，有的幼儿喜爱独自翻阅图书，有的幼儿喜欢与别人合看一本图书，有的幼儿喜欢表演，有的幼儿喜欢绘画。因此，图书阅读区材料的摆放要有分有合，书架上既应有几个星期前幼儿爱看的图书，也应有本星期刚讲过的书。在展示架上，每周还要放上将要看的新书，以及幼儿扮演故事角色的照片、绘画、记录等。当一个新的主题出现时，教师还应及时提供与主题相关的图书，并采用集中展览的方式供幼儿挑选。

2. 教师是幼儿在区角活动中的玩伴

教师要成为幼儿在区角活动中的玩伴，就必须熟悉幼儿运用的活动材料，凡是提供给幼儿使用的操作材料和玩具，教师都应事先用过或玩过，这样不仅能保证活动材料的安全性，而且能让教师体验和发现材料的难易程度，知道玩法的变化。在幼儿操作材料的时候，教师可与幼儿一起玩耍，引导幼儿交流各自的心得，鼓励他们克服困难，获得成功。

例如，但凡提供给幼儿阅读的图书，教师都要事先看过，这样才能与幼儿进行交流，或提出一些幼儿感兴趣的问题，或介入幼儿的讨论。

3. 教师是幼儿在区角活动时的观察者、记录者

有的教师误以为观察就是在一边看，或者拿出小本子做记录，或者拿架摄像机东拍西拍。其实，这样做并没有什么意义。事实上，重要的不是教师有没有去观察和记录，而是教师看见了什么，记录些什么，并能通过观察和记录，去思考幼儿在区角活动中发生了什么，自己能够帮助幼儿做些什么，等等。

教师要在研究幼儿的基础上，认真地聆听童声，解读幼儿在活动中的行为，从而反思自己的教育行为。例如，通过反思，思考在活动区角内投放的材料是否适合幼儿的学习；通过反思，解读幼儿是怎样操作材料的，他们有些什么发现，他们是怎样克服困难、解决问题的，他们是怎样与同伴合作交流的，他们还有什么问题或障碍；等等。

4. 教师是幼儿在区角活动中的启发者

在以游戏为主的区角活动中，教师最难做的工作就是如何在适当的时机、以适当的方式介入幼儿的活动，成为幼儿学习过程中的启发者和帮助者。

教师可以通过介绍，使每个幼儿都知道每个活动区角可以做什么，可以在幼儿进入活动区角前，通过询问了解每个幼儿今天想做什么，也可以帮助他们计划自己的活动。

5. 教师是幼儿区角活动的分享者

由于区角活动是以幼儿自主学习为主的活动，区角活动的过程是一个师幼共建的过程，存在许多不确定因素，因此，教师应不时关注活动的进展，与幼儿共同分享经验，推动活动的发展。

一旦教师成为幼儿活动的分享者，教师就有可能融入幼儿的活动之中，成为幼儿群体中的一员，这样的状态能使幼儿在教师帮助下的学习更有意义。

第三章

幼儿园领域教育活动的设计

幼儿园课程可以被人为地分割为若干个领域，如健康、语言、科学、数学、音乐、美术、社会等，也可以用其他方式加以划分。应该看到，幼儿园课程之所以被分割为若干个领域，主要是为了促进教师有目的、有计划的教学，换言之，主要是为了促进幼儿有目的、有计划的学习。纯游戏是没有领域分化的，换言之，“某领域不同结构化程度的教育活动”指的是含有不同游戏成分的该领域的教学活动。

第一节　幼儿园各领域教育活动的价值

幼儿园课程被人为地分割为若干个领域，每一种分割的方式都反映了幼儿园课程设计者和教育活动设计者在教育理念层面上的价值取向以及在实践层面上的运用策略。

一、幼儿园课程中学习领域的分割

各种不同结构化程度的幼儿园课程，对学习领域的分割方式是不相同的。不同的分割方式会直接影响教育活动的设计和实施。

一般而言，结构化程度越高的幼儿园课程，学习领域的分化程度就越高；相反，结构化程度越低的幼儿园课程，学习领域的分化程度就越低。

例如，分科教学（单一科目）课程属于结构化程度较高的课程，课程编制者可以相对将课程分成语言、计算、常识、音乐、美术、体育等学科，分门别类地按照学科逻辑设计教育活动（见图 3-1）。

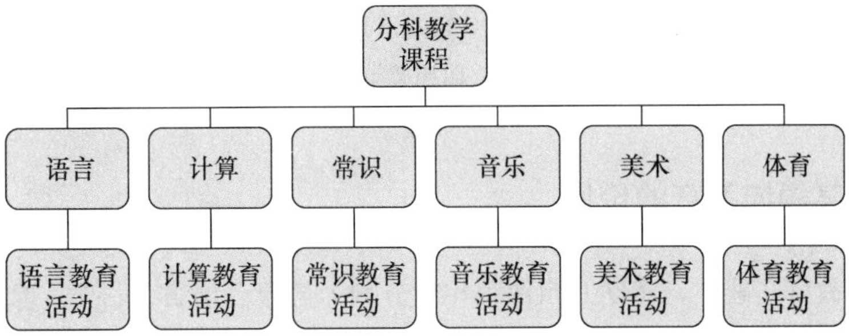

图 3－1　分科教学课程的教育活动

又如，蒙台梭利课程也属于结构化程度比较高的课程。该课程分为日常生活、感官教育、数学、语言和文化五个方面，并从这五个方面开展蒙台梭利教育活动（见图 3－2）。

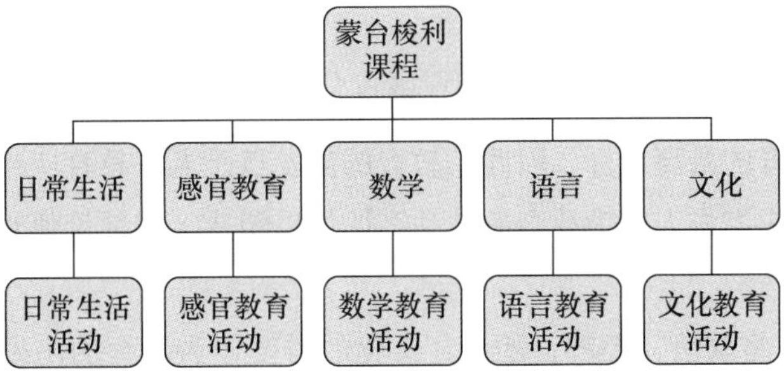

图 3－2　蒙台梭利课程的领域分割

再如，海伊斯科普课程是一种结构化程度较低的课程，它看似没有领域分割。但是，它有 58 条关键经验作为课程的支架。这 58 条关键经验反映了幼儿学习领域既有一定的分化，又没有明显分化的特点（见图 3－3）。

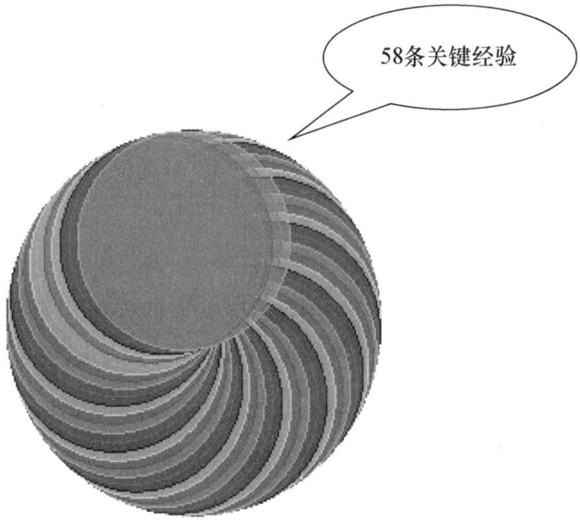

图 3－3　海伊斯科普课程的领域分割

在幼儿园课程中，有无数种分割学习领域的方式。实际上，并不存在最好的分割方式，而只存在最适合课程编制者设计理念和思路的分割方式。

二、幼儿园某领域教育的价值

在幼儿园教育实践中，将幼儿园课程相对分割为健康、语言、科学、数学、音乐、美术、社会等学习领域是一种比较常用的方式。以下按这种分割方式，阐述幼儿园各领域教育活动的设计问题。

在每一个学习领域中，都存在“教育本体论”和“教育工具论”之争。这反映了课程编制者对该领域教育价值所持有的价值取向，使得幼儿园教育活动设计者对活动有不同的设计。

“教育本体论”认定教育的直接目的是满足人的自身生存和发展的需要，促进人的自由、全面发展是教育的最高目标。因此，教育的出发点是人，教育应当将人作为社会的主体加以培养，而不应当将人作为社会的被动客体加以塑造。这种价值观也被称为理想主义教育价值观。

“教育工具论”将政治、经济、社会、文化的需要作为教育的出发点与归宿，认定这些才是教育的价值所在。这种价值观也被称为功利主义教育价值观。

“教育本体论”与“教育工具论”各有道理，也各有偏颇。理想主义教育是教育者的追求，但是左右教育实践的往往是功利主义教育。没有功利主义的充分发展，理想主义不可能最终实现；没有理想主义作为目标，功利主义有可能失去方向。“统一论”辩证地处理“教育本体论”和“教育工具论”之间存在的矛盾，常常将“教育本体论”的理想作为教育目的，将“教育工具论”的功利作为教育的手段，认定两者的相互推进才能实现教育的价值。

据此，幼儿园某领域教育的价值取向可以指向两个方面：其一是理想主义教育价值观——本体论，其二是功利主义教育价值观——工具论。

理想主义教育价值观表现为强调幼儿园通过某领域教育促进幼儿的一般意义上的发展，包括自主性、主动性、创造性以及从自己兴趣和需要出发的探索精神等。

功利主义教育价值观表现为强调幼儿园某领域教育给予幼儿该领域的概念及符号系统，强调该领域知识的客观性，重视该领域知识的传授和技能的训练。

幼儿园某领域教育的理想主义教育价值观与功利主义教育价值观的辩证统一，即根据文化、地域、条件、情景等因素，汲取两者各自的长处，去除两者各自的短处，可使该领域教育实现最大程度的价值。

三、幼儿园某领域教育活动中的关键经验与关键概念

幼儿园某领域教育活动的价值取向决定了该领域教育活动的目标导向，也决定了该领域教育活动的内容主要是围绕幼儿与该领域有关的自身经验展开，还是围绕该领域的学习概念展开。

在幼儿园教育活动中，幼儿自身的经验更多与幼儿园游戏关联，而幼儿应该学习的概念则更多与幼儿园教学关联。

在幼儿园课程与教育活动中，经常会采用“关键经验”和“关键概念”这样的词语，这是因为与幼儿学习有关的“经验”和“概念”太多、太杂，有些“经验”和“概念”对幼儿教育具有重大价值，有些“经验”和“概念”的教育价值有限，还有些“经验”和“概念”会阻碍幼儿的发展。幼儿能花费在学习上的时间有限，因此，幼儿园课程的编制者、教育活动设计者和实施者往往会通过精心筛选，抽提出适合幼儿年龄特点的、在某领域内最值得学习的内容，这些就是所谓的“关键经验”和“关键概念”。换言之，“关键经验”和“关键概念”都内含了幼儿园课程编制者、教育活动设计者和实施者所赋予的教育价值，即在这个年龄阶段幼儿能够学习的和应该学习的内容。

在幼儿园课程与教育活动中，幼儿自身的经验是十分个性化的，每个幼儿已有的经验都不相同，每个幼儿在活动中可能获取的经验也不尽相同。

在幼儿园课程与教育活动中，幼儿自身的经验也是十分模糊的。教师很难知道幼儿已有的经验是什么，教师也很难知道在一个活动中幼儿究竟获得了什么经验以及还可以获得什么经验。

经验的这些性质都给“围绕幼儿的经验展开活动”“在幼儿经验的基础上发展课程”这类编制和实施幼儿园课程的理念带来了“不易操作性”。于是，坚持“儿童本位”的教育活动设计者在编制幼儿园课程以及设计和实施教育活动中往往会运用“转换”的方式，将教师的主观要求（由成人确定的“关键经验”的获得）“转换”为“顺应”和“追随”儿童自己需要的活动。

例如，20 世纪 60 年代在美国发展而成的海伊斯科普课程提出了“认知发展的关键经验”，课程设计者强调他们的设计意图是将结构性的目标隐藏在幼儿活动的背景之中，这一做法就是实现了“以教师为主导”到“以儿童为主体”的转变。在这个课程中，课程设计者确定了将关键经验作为有效促进幼儿发展课程中的计划制定和评价的指标。例如，在“发展逻辑推理的关键经验”中，“同时注意到事物一个以上的特征（如你能找到既是红的又是木头做成的东西吗?）”“区别‘部分’和‘整体’”等都被列为关键经验。这些关键经验并非完全是现实中所有幼儿都已有的或者必须获得的经验，这些关键经验并非教师必须通过教学所要达到的目标，并非教学的日程或特定活动的“菜单”，而是教师了解幼儿活动中的知识内容和智力过程的提示物，它们只是给教师实施课程和教育活动提供一

种方式，把教师从对工作手册和工作程序表的遵从中解脱出来。

由于经验的“不可把握性”，由于幼儿对“关键经验”的获得只是基于教师对幼儿活动的解读和解释，在幼儿园教育活动的实施过程中，活动实施的有效性高度依赖于教师的专业水平。

在幼儿园课程与教育活动中，概念可以由幼儿自己通过对经验的抽象来形成，也可以通过传授性的教学来习得。概念具有普遍性、系统性和客观性，幼儿对某些事物及其关系的认识一旦上升为概念，那么他们原有的零星的、琐碎的经验就会被条理化和系统化，从而从根本上提高幼儿对事物及其关系的认识。

幼儿期是人的思维发展的关键期之一。幼儿思维的主要形式是直觉行动思维和具体形象思维，并开始向抽象逻辑思维（概念思维）过渡。尽管有些哲学流派认定儿童的概念是经过经验积累和反省而形成的，但是在事实上难以否定系统地、客观地向儿童传递现实事物和现象的知识，引导儿童理解知识的简单联系及其规律性对于幼儿思维发展的重要性。事实上，幼儿需要获得一个知识和技能体系，而这个体系与各领域有关联，这个体系主要不是幼儿通过自发的活动获得的，而是需要教师通过教学给予的。

强调教师的教学在儿童发展中作用的人，会关注儿童“关键概念”的获得。例如，苏联幼儿教育家乌索娃曾提出，在幼儿园教学大纲中应该包含两种知识：一种是比较简单的知识和技能，幼儿在日常生活和游戏中就会掌握；另一种是比较复杂的知识和技能，它们构成了系统化的知识体系，只有通过教学的过程幼儿才能掌握。苏联心理学家维果茨基则提出，把握“最近发展区”的教学能在最大程度上促进儿童的发展。

在编制幼儿园课程以及设计教育活动时，如若关注“关键概念”，不仅应该关注处于这个年龄阶段的幼儿能够学习的内容，而且更要关注这个年龄阶段的幼儿应该学习的内容，因为决定什么是幼儿园课程内容，什么是涉及课程目标和内容的关键概念时，不应只是依据儿童发展水平这一维度，还应依据政治、文化、道德优先等原则，依据什么知识和技能对幼儿而言是重要的，是应该学习的。

在幼儿园课程中既然存在教学，课程编制者和教育活动设计者就必须弄清楚“教什么”的问题，因为“一个不知道要‘教什么’的教师不会是一个好教师”，而“关键概念”就是解决教师究竟教什么的问题。在设计幼儿园以教学为主的某领域教育活动时，活动设计者要求教师把握“关键概念”的主要依据是课程标准。

四、幼儿园某领域教育活动的设计要求

在设计幼儿园某领域教育活动时，活动设计者既不可违背幼儿发展规律，也不可违背教育活动的领域特殊性。

幼儿园教育活动设计者在设计幼儿园某领域教育活动时不可违背幼儿发展规律，意味

着幼儿园各领域教育活动尽管存在领域之间的差异性，但是它们都对幼儿一般意义的发展具有作用，体现了幼儿园各领域教育的本体价值。

例如，幼儿园数学教育与幼儿园科学教育具有共性，主要表现为它们都具有相同的本体价值，即通过幼儿园数学教育与科学教育，都可以促进幼儿一般意义上的发展，包括幼儿自主性、创造性和逻辑思维的发展，以及由此而形成的探索精神，等等。在幼儿园以游戏为主要成分的教育活动中，数学和科学没有明显的学科分化，常常是“你中有我，我中有你”，教育活动的目标是比较宽泛的、可变的，教育活动的内容主要是围绕幼儿的经验展开的，课程编制者和教育活动设计者没有必要将数学与科学分得那么清楚。由此，设计幼儿园某领域教育活动要特别关注的不是数学或科学本身的知识构架和学科逻辑，而是要理解幼儿的兴趣和需要，要能围绕幼儿的“关键经验”展开教育活动。

幼儿园教育活动设计者在设计幼儿园某领域教育活动时不可违背教育活动的领域特殊性，意味着幼儿园各领域教育活动尽管都对幼儿一般意义的发展具有作用，但是它们都各自具有该领域特殊的教育价值，这是其他领域所不可替代的，体现了幼儿园各领域教育的工具价值。

例如，虽然幼儿园数学教育与幼儿园科学教育具有共性，但是幼儿园数学教育与科学教育各自有其独特的教育功能，存在自身的工具价值，存在各自的领域特殊性和不可替代性：幼儿数概念的形成是幼儿主体逻辑思维发展的结果，是幼儿对于客体之间存在的关系所进行的主观抽象，而幼儿科学概念的获得则是客观事物及其规律在幼儿头脑中的反映，是幼儿对于客体本身性质、运动等属性的把握，这两者虽有交叉，但是它们所涉及的知识范畴、性质以及学习的内容、方式和途径都有诸多不同之处，它们相互之间是不可替代的。因此，在幼儿园以教学为主要成分的教育活动中，教育活动设计者要充分体现该领域的特殊性和不可替代性，反映出各领域的教育活动之间存在的差异性，充分把握该领域本身的知识构架、学科逻辑、关键概念、要点难点、学习要领以及学习方法等。

幼儿园某领域教育活动的设计，旨在最大程度上实现该教育活动的本体价值和/或工具价值，使两者之间达成互补和平衡，这种互补和平衡可以是一个教育活动内的互补和平衡，也可以是多个教育活动之间的互补和平衡（如某些教育活动主要实现本体价值，而某些教育活动主要实现工具价值）。在设计某领域教育活动时，活动设计者在价值取向上要有明确的定位，对两者不同的价值要有所取舍，或更多偏向两者中的一个，或不偏不倚。幼儿园教育活动是幼儿园课程的组成部分，教育活动设计者在价值取向上定位的依据是幼儿园课程编制的整体需要，是活动设计者对活动实施者在实践操作中可行性的把握。

教育活动设计者所设计的教育活动，必须与该教育活动的价值取向保持一致。具体地说，在设计以实现幼儿园某领域教育本体价值为主的教育活动时，必须保证该教育活动具有相应特征，例如，活动的目的主要在于活动的本身，活动主要由幼儿发起，活动中幼儿处于主动地位，等等。同样，在设计以实现幼儿园某领域教育工具价值为主的教育活动时，必须保证该教育活动具有相应的特征，例如，活动主要由教师的教育要求决定，活动主要由教师发起，活动中教师处于主导地位，等等（见图 3－4）。

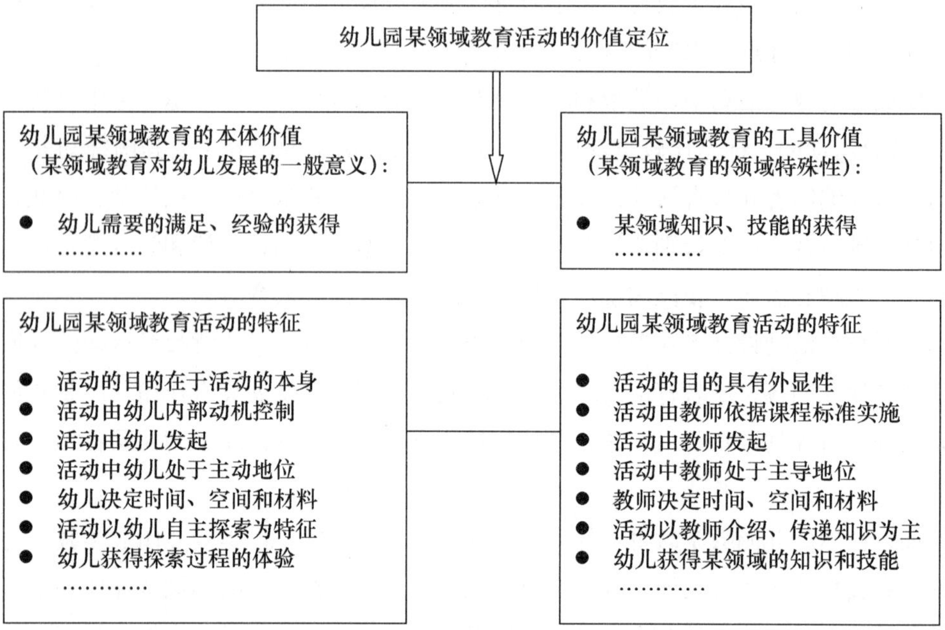

图 3－4　幼儿园某领域教育活动的价值定位

从图 3－4 中还可以看到，幼儿园某领域教育活动的价值定位决定了某个教育活动对领域特殊性的强调程度。换言之，某个教育活动越强调工具价值，它就越强调领域特殊性，就越淡化对幼儿一般意义的发展所起的作用；反之，某个教育活动越强调本体价值，它就越表现为各领域之间的相互渗透、融合，就越淡化领域本身的特殊性。

第二节　幼儿园各领域教育活动的设计

幼儿园某领域教育活动是多种多样的。它们具有不同的结构化程度、不同的价值取向，在不同程度上实现该领域教育的本体价值和工具价值。

一、幼儿园健康教育活动的设计

幼儿园是承担保育和教育双重任务的教育机构，健康教育在幼儿园课程中有特殊的地位。健康教育旨在让幼儿获得与自身、他人和社会健康有关的知识和态度，形成良好的行为和习惯。

在幼儿教育机构之间，健康教育在理念上、内容上和方法上存在的差异主要表现在是强调幼儿关于健康的情感、态度和习惯的形成还是强调有关健康的知识、技能的获取，换言之，是强调健康教育的本体价值还是强调健康教育的工具价值，以及强调的程度如何等方面。

幼儿园健康教育主要通过幼儿园各种健康教育活动得以实现。

（一）幼儿园健康教育活动价值

数十年来，人们对健康和健康教育的认识发生了根本性的变化。这样的变化影响着健康教育的理念和行动。特别是在当今，在科学技术飞速发展、生态环境发生恶化以及人们的生活方式发生嬗变的情况下，人们更加重视对幼儿进行健康教育，让幼儿认识生命、珍惜生命、尊重生命、热爱生命，学习以积极的方式保护生命以及处理自己与环境和他人之间的关系。这种变化，不仅使人们对幼儿健康教育的关注度有了很大的提高，而且使幼儿健康教育的范围有了很大的扩展。幼儿园健康教育不仅涉及科学理性，也涉及人文关怀；不仅与传统的健康教育关注的领域和内容有关，而且加入了与社会发展有关的许多新领域和新内容。

幼儿自进入幼儿教育机构起，就开始接受正规的和非正规的健康教育，既包括通过有目的、有计划的教育活动进行的，也包括在日常生活中随机发生的。对幼儿实施的健康教育，包括身体的、心理的和社会适应等方面。

幼儿园健康教育活动旨在提高幼儿对健康的认知水平，改善对待个人和群体健康的态度，培养有益于健康的行为方式和习惯，从而促进幼儿的健康。幼儿园健康教育活动是多种多样的，它们具有不同的结构化程度，分别具有不同的价值取向，在不同程度上实现理想主义的价值（本体价值）和功利主义的价值（工具价值）（见图 3－5）。

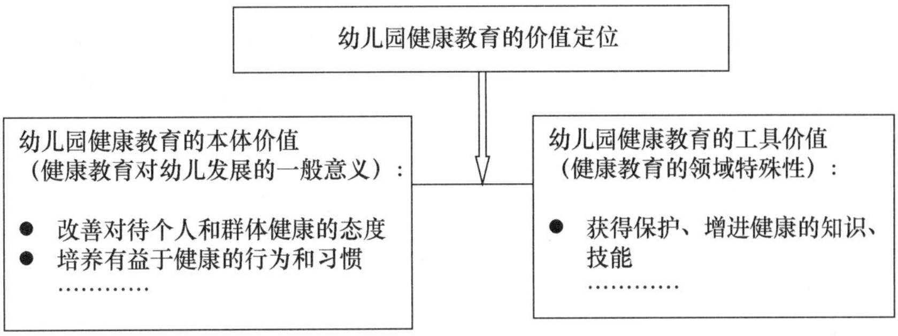

图 3－5　幼儿园健康教育的价值定位

在幼儿园健康领域教育中，虽然幼儿游戏与健康教学活动不可能截然分开，但是幼儿的健康态度、行为和习惯主要可以让幼儿通过游戏占主要成分的低结构化健康教育活动获得，围绕幼儿的经验展开；而一些与幼儿经验相贴近的健康知识、技能，则主要可以让幼儿通过教学占主要成分的高结构化健康教育活动获得，围绕教学预设的概念展开。

依据幼儿园健康教育的价值定位，与幼儿园健康教育的本体价值相一致的幼儿学习经验有许多，诸如：

（1）体验和认同与健康有关联的自身需要。

（2）体验和认同自身对维护健康的态度和责任性。

（3）体验和认同安全的行为与有危害的行为。

（4）通过尝试，保持或改进自身健康的策略和方法。

（5）培养良好的饮食习惯、个人卫生习惯、维护环境卫生习惯等。

…………

依据幼儿园健康教育的价值定位，与幼儿园健康教育的工具价值相一致的教学概念（知识、技能）有许多，诸如：

（1）学习应付紧急事件的技能。

（2）学习走、跑、跳、钻、爬、攀、投掷等基本动作，提高动作的协调性和灵活性，提高运动能力和对环境的适应能力。

（3）学习有关营养和饮食的粗浅知识。

（4）学习维护个人卫生的知识和技能。如学会自己洗脸、洗手、刷牙、穿脱衣服鞋袜、吃饭、收拾整理玩具和用品等生活自理知识和技能，学会勤洗手、勤洗头、勤洗澡、勤换衣、勤理发、勤剪指甲等卫生知识和技能，学会保持正确的坐姿、用眼卫生的知识和技能，等等。

（5）学习维护环境卫生的知识和技能，懂得保护和美化环境与增进健康的关系。如保持公共场所的清洁、不乱丢果皮纸屑、不随地吐痰。

（6）学习应对紧急事件的知识，增强应对内外心理压力的认识、评价、容忍和解决问题的能力。如正确表达情绪和情感、改善与人交往的技能、增强积极的自我意识、提升自我控制的能力等。

…………

（二）幼儿园健康教育活动设计

幼儿园不同结构化程度的健康教育活动，具有不同的教育价值取向。教学占主要成分的高结构化健康教育活动主要体现工具价值，游戏占主要成分的低结构化健康教育活动主要体现本体价值，介于二者之间的健康教育活动则兼顾工具价值和本体价值。

1. 主要体现工具价值的幼儿园健康教育活动的设计

主要体现工具价值的幼儿园健康教育活动有幼儿园单一科目教学、整合科目教学等高结构化活动。其设计的要点是：

（1）关注健康教育活动的领域特殊性；

（2）强调向幼儿介绍与其生活相贴近的保护健康的常识；

（3）活动目标要细化；

（4）活动内容聚焦于健康教育的“关键概念”；

…………

案例 3－1 是主要体现工具价值的幼儿园健康教育活动的案例。

案例 3－1

小猪运西瓜（中班）

活动目标：练习平衡、钻爬、快跑和躲闪的动作。

活动准备：

1. 平衡木两条、拱形门两个。

2. 箩筐两个，各种球（西瓜）若干，大灰狼头饰一个。

活动过程：

1. 导入部分。

教师领幼儿做热身活动。

2. 游戏活动。

（1）活动：“小猪过桥”。

教师：今天天气很好，小猪们要到外婆家去玩。外婆家很远，要走过小桥、钻过山洞才能到达。

教师指导幼儿练习“走小桥”“钻山洞”。

（2）活动：“小猪运西瓜”。

1）教师：外婆家到了。外婆看见小猪们可高兴了，说要把好吃的西瓜送给小猪们吃，请把西瓜搬回家吧。

2）讨论：回家的路很远，如果路上遇见大灰狼怎么办？（教师提示：外婆对小猪说：“你们看见大灰狼时，要立刻蹲下不动，这样它就不会发现你们。”）

3）小猪抱着西瓜钻过山洞、走过小桥，把西瓜一个一个运回家。老师扮演大灰狼，当大灰狼出现时小猪立刻蹲下不动，随便乱动的小猪将被大灰狼抓走。

4）幼儿进行游戏。

提示：教师要根据幼儿的活动情况调整游戏活动的节奏。

（3）活动：“切西瓜”。

幼儿拉手成圆圈（西瓜），请一名幼儿边走边念：“切、切、切西瓜，绿的皮，红的瓤，我把西瓜一切二，甜甜的汁水四处淌。”念儿歌的同时，用小手在两人拉手处做切的动作，念完“淌”字，全体幼儿四散跑开，切西瓜者抓住一人后，再次开始游戏，被抓者念儿歌、切西瓜。

3. 结束部分

教师领幼儿做一些放松动作，然后同幼儿一起收拾。

资料来源：大庆油田矿区服务事业部托幼管理中心龙岗总园龙东幼儿园。

对主要体现工具价值的健康教育活动案例“小猪运西瓜”的分析如下：

从思考幼儿园健康教育的角度出发，从这个题为“小猪运西瓜”的单一科目教学活动的案例中，人们至少可以得到以下的思考和启发：

（1）在这个“小猪运西瓜”的教育活动中，活动目标是“练习平衡、钻爬、快跑和躲闪的动作”。在这个教育活动中，活动目标是最为重要的，活动的内容根据活动目标进行选择和组织，活动的过程等都围绕活动目标进行。在活动过程中，要求幼儿扮演小猪，做“过小桥”“钻山洞”“搬西瓜”“切西瓜”等动作，都是为了完成这个活动目标。评价的标准也是这个目标是否达成。

这类教育活动的价值，就在于幼儿可通过活动完成预设的教育活动目标所确定的动作技能。教师在实施教育活动时可以根据幼儿的状况对已经设计好的教育活动做一些调整，但是可以调整的范围较小，整个教育活动应基本按照原有设计方案进行。

应该看到，这个目标是可以通过教师发起和组织的活动实现的。这种方式不但简单，而且对于幼儿练习这些动作技能是很有效的。在这里，游戏只是活动形式，本质则是教师的教学。

（2）这个教育活动十分明显地体现了以教师为中心展开教育活动的基本特征。教师发起活动，让幼儿根据教师的指令练习规定的动作，并不在意幼儿自己的探究和发现，也不在意幼儿能否提出不同的意见和想法。因此，在活动中，教师主要是教学者、指导者、组织者和控制者。从这个活动的设计中可以看到，幼儿参与了活动，这些活动虽由教师发起，但是这些活动有益于活动目标的达成，而且活动目标的达成对于幼儿强化动作技能是有意义的。

（3）这个教育活动表现出明显的“单一科目”倾向。这就是说，整个活动主要关注的是健康教育的问题，而不是其他学科的问题。根据健康教育的特点，这个高结构化的健康教育活动对于动作的练习是有教育价值的。

2. 主要体现本体价值的幼儿园健康教育活动的设计

主要体现本体价值的幼儿园健康教育活动有幼儿园区角活动、方案教学等低结构化活动。其设计的要点是：

（1）关注幼儿一般意义的发展；

（2）强调幼儿在活动中的兴趣与幼儿自己的探索；

（3）活动目标要泛化，具有可变性；

(4) 活动内容聚焦于健康教育的“关键经验”;

…………

案例3－2是主要体现本体价值的幼儿园健康教育活动的案例。

案例3－2

走石子路

活动要求： 利用鹅卵石铺成的路，让幼儿以各种方式进行锻炼。

活动材料与场地： 一条利用鹅卵石铺成的路。

活动内容：

● 走“鹅卵石路”：每天坚持赤足（冬天穿袜子）走鹅卵石铺就的路10～15分钟。

● 过“鹅卵石路”：各种方法通过“石路”（倒走、碎步走、下蹲走、交叉走等）。

● 运“鹅卵石子”：用脚背托、脚趾夹等方法运送“鹅卵石子”。

● 爬“鹅卵石山”：用鹅卵石堆成“小山”，让幼儿从各个方向爬上“鹅卵石山”，感受石子的滑动。

●“鹅卵石”路的一端放有几筐长毛绒玩具，代表玩具店；路的另一端放有空箩筐，代表家。听到信号，幼儿从空筐处出发走或跑到玩具店买玩具，买回后放入空筐中，反复进行。

● 在远足活动中鼓励幼儿走公园里、新村里的鹅卵石路。

活动建议：

● 活动可以以幼儿自发的活动、教师指导的活动以及教师组织的活动等多种方式进行。

● 如有幼儿在“石路”上尝试爬行，教师要提醒其戴上护膝。

● 赤足游戏进行后，用湿毛巾擦双脚，有条件的可以洗脚或沐浴。

● 赤足游戏宜在春末夏初、夏末秋初进行。

对主要体现本体价值的健康教育活动案例“走石子路”的分析如下：

从思考幼儿园健康教育的角度出发，从这个题为“走石子路”的活动中，人们至少可以得到以下启发：

(1) 培养幼儿对体育活动的兴趣，使其积极主动地参与各种形式的体育活动和户外游戏。这是幼儿园健康教育中体育活动的一个重要目标。幼儿天性好动，会凭自己的兴趣参加各种体育运动。案例“走石子路”中，教师提供了场地和材料，活动可以以幼儿自发的活动、教师指导的活动以及教师组织的活动等多种方式进行，保证了幼儿活动的生成性和教师对教育活动的计划性。由于有些活动是幼儿自己创造和发起的，幼儿会更积极主动地投入活动。

（2）在幼儿可以自发生成的体育活动中，教师的作用不是“旁观者”，而是“帮助者”“指导者”“引导者”。活动设计使教师心中“有底”，让他们知道自己能够做些什么，应该怎么去做，使他们能够在教育现场根据教育情景灵活地发挥作用。

（3）作为低结构化的教育活动，在活动区，幼儿进行的体育活动其实是涉及很多领域的整合性活动。

3. 本体价值与工具价值兼顾的幼儿园健康教育活动的设计

本体价值与工具价值兼顾的幼儿园健康教育活动有主题教学活动、单元教学活动等介于高低结构之间的健康教育活动。这类教育活动在设计上需兼顾两类活动的设计要点。

二、幼儿园语言教育活动的设计

幼儿园语言教育能为人一生的学习与发展打好基础，而缺乏早期语言教育可能导致未来学习的诸多问题。在幼儿园，幼儿能从多种渠道获取有关语言的信息，并在语言交流过程中发生着听、说、读和写的语言学习行为。

在幼儿教育机构之间，语言教育在理念上、内容上和方法上存在的差异，主要为是强调幼儿语言发展的内部自然成熟，还是强调与语言有关的环境强化，换言之，是强调语言教育的本体价值，还是强调语言教育的工具价值，以及强调的程度如何等。

幼儿园语言教育主要通过幼儿园各种语言教育活动来实现。

（一）幼儿园语言教育活动价值

对于幼儿语言的获得和幼儿园语言教育，有许多种不同的认识。

乔姆斯基相信，每个儿童都具有内部的语言能力，他的“语言获得装置”（language acquisition device，LAD）指的是语言能力的体现机制。根据乔姆斯基的理论假设，语法规则不是根据输入的语言材料归纳出来的，而是由语言获得装置中的普遍语法规则转换而来的。换言之，经由语言获得装置对语言输入材料的过滤和选择，普遍语法能转换成母语的语法。运用这些语法能实现深层结构向表层结构的转换，使有限的规则创造出无穷多的句子，使儿童能听懂和说出从来没有接触过的句子。[①]根据乔姆斯基的理论，环境只是起了促进先天语音系统成熟的作用，而不起本质的和决定的作用，因此，儿童的语言不是后天获得的。

行为主义心理学家斯金纳（B. F. Skinner）则认为，儿童的言语行为与其他行为一样，都是一系列刺激和反应的连锁活动，在此活动过程中，儿童对一个刺激做出正确的反应，就会得到成人的强化，这种强化能起到增加在类似环境中做出正确反应的可能性。

① 赵寄石．学前儿童语言学习．北京：人民教育出版社，1993：79-80.

皮亚杰将语言看成人与环境之间交互作用的结果，认为语言是一个顺应和同化的适应过程。根据他的理论，幼儿语言发展过程是由遗传、成长和经验共同产生的。

维果茨基在幼儿语言发展方面所持有的观点在许多方面都与皮亚杰有共同之处。但是，他不同意皮亚杰所认为的语言和思维是同一过程的观点，相反，他认为在幼儿的早期，语言和思维是独立发展的，两者并不对应，两条发展曲线是交叉的，可能变成直线而齐头并进，甚至有时会合并成一条直线，但是它们总是要叉开的。

不同时期人们对各种理论和研究的强调有所不同，这反映了当时人们对语言教育的认识。当今，维果茨基理论被幼儿语言教育当作一种重要的理论，维果茨基的“最近发展区”和“鹰架教学”等概念应用于幼儿语言教学中。此外，“全语言教育”也是当今西方幼儿语言教育实践关注的一个热点，它指的是学习语言的一种统合的方法，即将听、说、读、写看作整体的一部分，并运用统整的方法教授语言。它反映的是人们在认识儿童语言教育中的一种进步，同时为教师提供了一套基于阅读过程研究的语言教育方法。

当今的一些理论和研究给教师提出了建议：应在儿童早期就为其积极提供建构语言的经验，使他们最终成为有阅读能力的人，与其等待儿童成熟，不如为他们提供适合他们的教学。当然，教学要能适合儿童的语言发展水平，要有益于儿童发展口头的和书面的语言能力。

幼儿园语言教育旨在通过为幼儿提供有计划的学习活动，使其获得有关语言的各种知识、技能，发展幼儿运用语言与人沟通的能力，提高幼儿思维的水平，满足幼儿欣赏和表现语言美的需要。幼儿园语言教育活动是多种多样的，它们具有不同的结构化程度和价值取向，在不同程度上实现该语言教育活动的理想主义的价值（本体价值）和功利主义的价值（工具价值）（见图 3－6 ）。

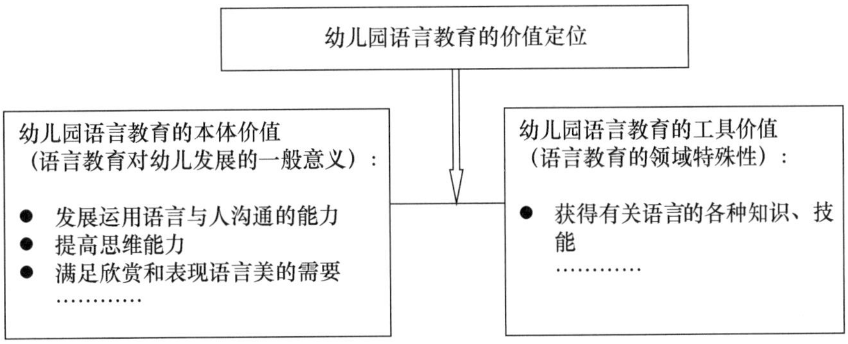

图 3－6　幼儿园语言教育的价值定位

在幼儿园语言教育中，虽然幼儿游戏与语言教学活动不可能截然分开，但是，幼儿语言表达能力和思维能力的发展主要可以让幼儿通过游戏占主要成分的低结构化语言教育活动来获得，围绕幼儿的经验展开。而一些与幼儿经验相贴近的语言知识、技能，则主要可以让幼儿通过教学占主要成分的高结构化语言教育活动来获得，围绕教学预设的概念展开。

依据幼儿园语言教育的价值定位，与幼儿园语言教育的本体价值相一致的幼儿学习经验有许多，诸如：

（1）尝试用语言与人交流，注意倾听。

（2）体验运用适当的语言表述自己的想法和感受。

（3）尝试运用日常用语，对经常出现的文字符号感兴趣。

（4）感受和欣赏儿童文学作品，并乐于聆听、阅读。

…………

依据幼儿园语言教育的价值定位，与幼儿园语言教育的工具价值相一致的教学概念（知识、技能）有许多，诸如：

（1）词语。

学习各种词语，主要是实词（名词、动词、形容词、数词、副词等），正确理解词义，并能在日常生活和活动中正确运用。

（2）口语表达。

学习口语表达的技能，提升聆听和讲述（看图讲述、生活经验讲述、情景讲述、拼图讲述、绘画讲述、续编故事、描述实物等）的能力。

（3）讲述与朗诵儿童文学作品（故事、诗歌等）。

理解儿童文学作品的内容，学习艺术语言，会复述作品中的故事，会表达自己的思想，等等。

（4）阅读。

学习阅读适宜的图书，理解图书内容的意义。

…………

（二）幼儿园语言教育活动设计

幼儿园不同结构化程度的语言教育活动，具有不同的教育价值取向，高结构化的语言教育活动主要体现工具价值，低结构化的语言教育活动主要体现本体价值，介于二者之间的语言教育活动则兼顾工具价值和本体价值。

1. 主要体现工具价值的幼儿园语言教育活动的设计

主要体现工具价值的幼儿园语言教育活动有幼儿园单一概念教学、整合科目教学等高结构化活动。其设计的要点是：

（1）关注语言教育活动的领域特殊性。

（2）强调向幼儿介绍与其生活相贴近的语言常识。

（3）活动目标要细化。

（4）活动内容聚焦于语言教育的“关键概念”。

…………

案例 3－3 是主要体现工具价值的幼儿园语言教育活动的案例。

案例 3－3

会响的小路

活动目标：

1. 欣赏并理解散文《会响的小路》。

2. 尝试模拟不同的脚步声。

活动准备：

1. 散文挂图（五幅图，一段一幅，依照内容绘制即可）、散文录音（朗诵散文，并在每只动物走过小路后，播放一小段相应的现实中的“窸窸”“踢踏”“吱嘎”声）。

2. 废旧报纸若干。

活动过程：

1. 欣赏散文。

（1）教师：你见过会发出声音的小路吗？小路是怎样发出声音的呢？

（2）出示挂图，播放散文录音。

2. 理解、演绎散文。

（1）教师：会响的小路在哪里？小路上铺满了什么？这是什么季节？

（2）回忆并模仿小刺猬、小白兔、小蚱蜢分别走过小路时发出的声音。

以小刺猬为例：

教师：小刺猬走过小路，发出了什么声音？

让一两名幼儿上前，模仿小刺猬走过小路的情景。

（3）教师：谁挡住了风儿？它对风儿说了什么？风儿是怎么跑过小路的？

让一两名幼儿上前，模仿风儿踮着脚尖轻轻跑过小路的情景。

3. 游戏：走在会响的“小路”上。

（1）教师：我们也来做一条“会响的小路”，好不好？

师生一起用揉皱的废报纸铺成一条“小路”。让幼儿们先自己在上面走走，听听声音。

（2）模仿爸爸妈妈、爷爷奶奶、小狗小猫走在“小路”上的情景。

（3）让幼儿模拟不同情景下自己会如何走过“小路”。

教师：你高兴时，会怎样走过“小路”？

你不高兴时，会怎样走过“小路”？

小宝宝在睡觉时，你会怎样走过“小路”？

大哥哥大姐姐在学习时，你会怎样走过“小路”？

附：　　　　　　　　　　　　**会响的小路**

树林里有一条小路，路上铺满了金黄色的树叶。

小刺猬走过小路，窸窸窸窸——，像在散步。

小白兔走上小路，踢踏踢踏——，像在跳舞。

小蚱蜢也跳上小路，他在树叶上摇啊摇，吱嘎吱嘎——，像躺在摇床上做着甜甜的梦。

风儿来了，小刺猬挡住风儿：“你别刮走路上的树叶，树叶的声音多好听呀！”于是风儿踮着脚尖轻轻跑过小路……

对体现工具价值的语言教育活动案例“会响的小路”的分析：

从思考幼儿园语言教育的角度出发，从这个题为“会响的小路”的单一科目教学活动的案例中，人们至少可以得到以下启发：

（1）在这个“会响的小路”的教育活动中，活动目标是：“1. 欣赏并理解散文《会响的小路》。2. 尝试模拟不同的脚步声。”在这个教育活动中，这两个活动目标是最为重要的，活动的内容根据活动目标来选择和组织，活动的过程等都围绕活动目标进行。在活动过程中，要求幼儿欣赏并理解散文，能模拟不同的脚步声，等等，都是为了完成这两个目标。评价的标准也是这两个目标是否达成。

这类教育活动的价值，就在于预设的教育活动目标所确定的知识和技能，要求幼儿通过活动获取这些知识和技能。教师在实施教育活动时可以根据幼儿的状况对已经设计好的教育活动做一些调整，但是，可以调整的范围较小，整个教育活动应基本按照原有设计方案进行。

应该看到，这两个目标都可以通过这种直接教授的方式来实现，这种方式虽然简单，但是对于幼儿习得有限的知识和技能是有效的。当然，这两个目标能否真正达成，取决于教师能否激发和调动幼儿的积极性，也取决于现场中幼儿和教师的状况，等等。

（2）这个教育活动十分明显地体现了以教师为中心展开教育活动的基本特征。教师发起活动，让幼儿欣赏、理解散文，模拟做有关的动作等，并不在意幼儿自己的探究和发现，也不在意幼儿能否提出不同的意见和想法。因此，在活动中，教师主要是教学者、指导者、组织者和控制者。从这个活动的设计中可以看到，幼儿参与了活动，这些活动虽由教师发起，但是这些活动有益于活动目标的达成，而且活动目标的达成对于幼儿习得语言是有意义的。

（3）这个教育活动表现出明显的“单一科目”倾向，这就是说，整个活动主要关注的是语言教育的问题，而不是其他学科的问题。根据语言教育的特点，这个高结构化的语言教育活动对于语言习得和练习是有一定教育价值的。

2. 主要体现本体价值的幼儿园语言教育活动的设计

主要体现本体价值的幼儿园语言教育活动有幼儿园区角活动、方案教学等低结构化活动。其设计的要点是：

（1）关注幼儿一般意义的发展；

（2）强调幼儿在活动中的兴趣与幼儿自己的探索。

（3）活动目标要泛化，具有可变性。

（4）活动内容聚焦于语言教育的“关键经验”。

…………

案例 3－4 是主要体现本体价值的幼儿园语言教育活动的案例。

案例 3－4

小马过河（中班）

在高结构化的语言教育活动中，孩子们聆听了教师讲述的《小马过河》的故事，他们都很喜爱这个故事。在活动区角里，平平和斌斌坐在一起，翻阅着《小马过河》的故事书，模仿故事中小马与老黄牛以及小马与小松鼠的对话，玲玲和雄雄在一边听他们的对话。

在模仿小马与老黄牛的对话中，扮演老黄牛的平平显然将“深、浅”搞反了，将老黄牛的话说成了“水很深”。几乎所有的孩子都说他的话说错了，平平却依然不知道错在哪里，也许他认为老黄牛大，水就应该深。这时，斌斌有点不耐烦了，他不再与平平对话，而开始与玲玲一起扮演书中的角色。

雄雄看到平平很生气，就对平平说：“我们一起玩吧。”他们也开始模仿小马与老黄牛、小松鼠的对话。

老师在一旁关注着孩子们之间所发生的事情，并建议斌斌、雄雄和玲玲各扮演一个角色，平平当故事的“穿线人”。这样，一切都很顺利，小马、老黄牛和小松鼠都讲了他们该讲的话，而平平对故事的串联也很到位。

对体现本体价值的语言教育活动案例“小马过河”的分析如下：

从思考幼儿园语言教育的角度出发，从这个关于“小马过河”的案例中，人们至少可以得到以下启发：

（1）活动区活动给幼儿语言的发展和习得提供了一个平台。在“小马过河”的案例中，幼儿喜爱教师讲的《小马过河》的故事，这是他们的自发行为，虽然没有目的，但这是他们的兴趣所在。

在这个活动中，没有明确的活动目标，语言学习的过程几乎是幼儿们自发产生的。应该看到，这样的学习，对于幼儿语言的学习虽有一定的作用，而且是自然的，但是对于幼儿语言习得的作用是有限的，一般只能起到幼儿园语言教育的辅助作用。

在这个低结构化的活动中，幼儿很投入、很主动，虽然没有明显的结果，幼儿好像没有学到什么，只是在原有的经验基础上的重复，但是在整个活动中幼儿的言行显示出他们经历了一个积极运用语言的过程。

(2) 幼儿对“深”“浅”和“不深”“不浅”这些词的理解并不容易，一般不是通过高结构化的教学就能够让所有的幼儿同时都明白的。因此，尊重每个幼儿的发展水平和学习步伐，不急于教给幼儿这些概念，而在幼儿自己的活动中给予刺激的机会，也许是比较好的教育策略。

(3) 作为低结构化的教育活动，在活动区，幼儿进行的语言学习其实是涉及很多领域的整合性活动。

3. 本体价值与工具价值兼顾的幼儿园语言教育活动的设计

本体价值与工具价值兼顾的幼儿园语言教育活动有主题教学活动、单元教学活动等介于高低结构之间的语言教育活动，这类教育活动在设计上需兼顾两类活动的设计要点。

三、幼儿园数学教育活动的设计

数学曾被看成一套技能和运算过程，对幼儿实施数学教育只是为小学数学教育打好基础。以后，这种观点发生了变化，数学被看成幼儿通过模拟、象征、推理、分析和抽象的过程去思考数量、关系和样式的一种途径。幼儿园数学教育，更多关注的是来自幼儿直接生活经验中的数学问题，关注的是将数学用于记录有意义的概念关系，也关注事物的那些可观察的特征，从而导致幼儿去学习可被概念化的几何性质和数学样式。

在幼儿教育机构之间，数学教育在理念上、内容上和方法上存在的差异，主要为是强调幼儿逻辑思维的发展还是强调数学概念、技能的传递，换言之，是强调数学教育的本体价值还是强调数学教育的工具价值，以及强调的程度如何等。

幼儿园数学教育主要通过幼儿园各种数学教育活动来实现。

(一) 幼儿园数学教育活动价值

皮亚杰的理论对幼儿园数学教育有诸多的启示。

皮亚杰认为，“教育的最高要求应该使幼儿具有逻辑推理能力以及掌握复杂抽象概念的能力”①。虽然不能将皮亚杰所强调的逻辑思维的培养简单地看作幼儿数思维的培养，

① Piaget, J. *Science of Education and Psychology of the Child*, New York: Orion Press, 1970, p. 5.

但是，幼儿数思维的培养确实与皮亚杰所谓的逻辑思维的培养有着密切的联系。皮亚杰曾告诫过教师，要懂得为什么运算对于幼儿而言是困难的，幼儿对事物之间逻辑关系的理解和掌握，不是来自教师的教，也不是来自枯燥的练习作业，而是幼儿对其生活现实进行逻辑数理化的思维的结果。在教育过程中，根据皮亚杰的理论而发展的一些数学教育活动，如通过刺激幼儿的数思维培养幼儿逻辑推理的能力等，都收到了一定的成效。

与幼儿园其他某些领域有所不同的是，幼儿园数学教育活动也许应该更多强调幼儿动手操作来建构，强调每一个幼儿在自己水平上的发展。这正是皮亚杰告诫教师的“应该懂得为什么运算对于幼儿而言是十分困难的”的内在含义。从这样的观点出发，在同一时间内，以同样的方式，让所有的幼儿习得某些数概念，这样的高结构化的教学往往是低效的，经常会导致“已经会的幼儿没有必要学，不会的幼儿还是不会”的结果。

但是，在教育实践中，在幼儿数概念的形成方面，教师教学的作用并非像皮亚杰所说的那么消极，那就是教师的作用并非主要为幼儿的学习创设环境，去刺激幼儿的数思维，教师的指导、示范、专门训练以及让幼儿开展一定量的练习也是必要的。不失时机地给予幼儿适当的数学教学，如教给幼儿一些数学学习必需的符号、记号和技能，不失时机地给予幼儿必要的练习和训练，都能有效地促进幼儿数学的学习。

在低结构化的（又称非正规的）数学活动与高结构化的（又称正规的）教学活动之间达到平衡，是幼儿园数学教育的一个关键。即使再高明的活动设计者也难以做到完全根据不同发展水平的幼儿的兴趣和需要设计数学教育活动，因此，在幼儿园数学教育中，低结构化的数学教育活动显得特别重要。教师可为幼儿自发的数学活动创设环境，特别是利用与幼儿生活经验相贴近的情景去刺激幼儿的数思维，让幼儿从中生成与自己发展水平相当的活动，从而获得数学经验，建构数学概念。另外，教师可以为幼儿提供适当的数学练习，甚至训练的机会，让幼儿获得一些直接的和表征的数学知识和经验。

幼儿园数学教育旨在通过为幼儿提供有计划的与数、量、形、时间和空间有关的学习活动，激励幼儿以自主的和与人合作的方式去获得有关事物之间关系的经验，主动建构数理知识，同时通过教师的教学和指导，习得一些有关的数学知识和技能。幼儿园数学教育活动是多种多样的，它们具有不同的结构化程度和价值取向，在不同程度上实现理想主义的价值（本体价值）和功利主义的价值（工具价值）（见图 3－7）。

在幼儿园数学领域教育中，虽然幼儿游戏与数学教学活动不可能截然分开，但是，幼儿逻辑思维、时空概念的发展主要可以通过低结构化的数学教育活动获得，这些教育活动需围绕幼儿的经验展开。而一些与幼儿经验相贴近的数学知识、技能，则主要可以让幼儿通过高结构化的数学教育活动获得，围绕教学预设的概念展开。

依据幼儿园数学教育的价值定位，与幼儿园数学教育的本体价值相一致的幼儿学习经验有许多，诸如：

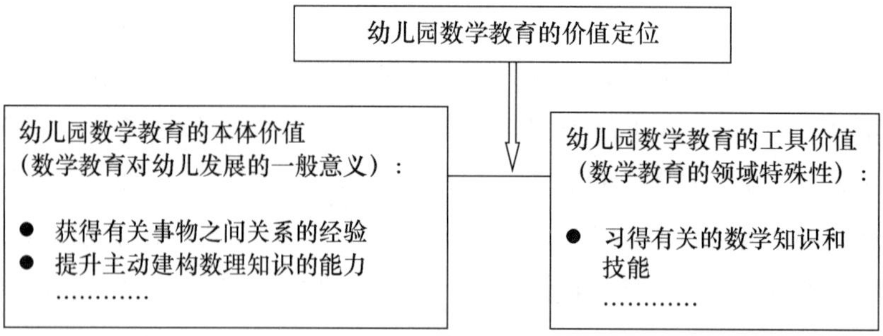

图 3-7　幼儿园数学教育的价值定位

(1) 体验数与日常生活的关系，运用已有的数经验解决日常生活中的一些问题，如：点数物体和唱数，比较多少或等数等量，用一一对应的方式比较两个数群的数量，等等。

(2) 通过动手操作尝试错误，并提出与事物数量有关的问题，如：注意并描述事物的异同，进行分类和匹配，区别“部分”和“整体”，等等。

(2) 运用自己的方式表达对数概念的理解，并在与人交流的过程中加以调整。

(3) 体验时间关系和空间关系，并尝试加以表达，如：在讲述过去和将来的事件时使用惯例的时间单位，比较并表达时间的间隔（短、长、新、旧、年轻、年老、一会儿、长时间等），描述物体的相对空间位置，等等。

…………

依据幼儿园数学教育的价值定位，与幼儿园数学教育的工具价值相一致的数学概念（知识、技能）有许多，诸如：

(1) 数和数的运算。

初步认识数 1～10 和 0 的含义，认识和会书写从 0 到 9 的阿拉伯数字，能进行 10 以内数的计数活动和加减运算等。

(2) 量、量的比较和自然测量。

初步认识日常生活中的一些常见量，如大小、长短、轻重、粗细、高矮、厚薄、宽窄、远近等，会对一些具体事物进行量的比较，能运用一些自然物（如手、臂、棒、绳等）对物体进行自然测量。

(3) 形和数形结合。

初步认识一些简单的平面几何图形，如圆形、三角形、长方形、椭圆形、梯形等和一些简单的立体几何图形，如球体、正方体、长方体、圆柱体等，能掌握一些简单的几何图形特征中的数量关系（如大小、宽窄等）。

(4) 时间和空间。

初步认识早晨、晚上、黑夜、今天、昨天、明天、星期、几点钟等时间概念，能区分上下、左右、前后等空间方位。

…………

（二）幼儿园数学教育活动设计

幼儿园不同结构化程度的数学教育活动，具有不同的教育价值取向。以教学为主要成分的高结构化数学教育活动主要体现工具价值，以游戏为主要成分的低结构化数学教育活动主要体现本体价值，介于高低结构之间的数学教育活动则兼顾工具价值和本体价值。

1. 主要体现工具价值的幼儿园数学教育活动的设计

主要体现工具价值的幼儿园数学教育活动有幼儿园集体数学教学活动（单一科学概念、科学与其他领域整合概念）、单元教学活动等高结构化活动。其设计的要点是：

（1）关注数学教育活动的领域特殊性。

（2）使幼儿学习必需的数学符号、记号和运算技能，进行必要的练习和训练。

（3）活动目标要细化。

（4）活动内容聚焦于数学教育的“关键概念”。

…………

案例 3－5 是主要体现工具价值的幼儿园数学教育活动的案例。

案例 3－5

左左右右

活动目标：

能以自身为参考点，区分左右。

活动步骤：

1. 准备书、笔、积木若干。

2. 让幼儿说一说一双手中哪只手是右手，哪只手是左手。请给右手腕戴上腕花。

3. 听口令举手。

教师说举起右手，让幼儿边举起右手边大声地叫一声“右”；教师说举起左手，幼儿就边举起左手边大声地叫一声“左”。

4. 听口令做动作。

教师发出以下口令：

- 右手拉着右耳朵；
- 右手摸着右脚；
- 左手摸着左耳朵；
- 左手摸着左脚；
- 右手拍拍左肩；

- 左手拍拍左脚；
- 左手摸着右耳朵；

…………

5. 请幼儿按要求摆放物品，如：请把书放在自己的左边，请把笔放在自己的右边，请把积木给自己右边的朋友……

6. 请幼儿按要求做大动作，如：请向右转一圈，请向左转一圈；靠在右边的小朋友身上，靠在左边的小朋友身上……

对体现工具价值的教育活动案例“左左右右”的分析如下：

从思考幼儿园数学教育的角度出发，从这个题为“左左右右”的单一科目教学活动的案例中，人们至少可以得到以下启发：

（1）在这个“左左右右”的教育活动中，活动目标是“能以自身为参考点，区分左右”。在这个教育活动中，这个活动目标是最为重要的，活动的内容根据活动目标选择和组织，活动的过程等都围绕活动目标进行。在活动过程中，要求幼儿听口令做各种动作，都为的是让幼儿“操练”自己对左右的区分。评价的标准也是这个目标是否达成。

这类教育活动的价值，就在于预设的教育活动目标所确定的知识和技能，要求幼儿通过活动获取这些知识和技能。教师在实施教育活动时可以根据幼儿的状况对已经设计好的教育活动做一些调整，但是，可以调整的范围较小，整个教育活动应基本按照原有设计方案进行。

应该看到，幼儿对数概念的认识，不是完全通过传递的方式形成的，而常常是在自己已有经验的基础上通过活动逐渐形成的。在这个“左左右右”的教育活动中，活动目标定于“能以自身为参考点，区分左右”，即通过活动，让所有的幼儿同时从不懂到懂得如何以自身为参考点来区分左右，这似乎是不可能的。换言之，幼儿认识左右方位，特别是以自身为参考点认识左右方位，是需要一个长期的过程的，不是只通过一个高结构化的数学教育活动就能完全达成的。但是，这样的教育活动至少能让不同发展水平的幼儿在自己发展水平的基础上得到一些训练，使他们各有所得。

（2）这个教育活动十分明显地体现了以教师为中心展开教育活动的基本特征。教师发起活动，围绕着幼儿以自身为参考点区分左右的问题展开活动，并不在意幼儿自己的探究和发现，也不在意幼儿能否提出不同的意见和想法。因此，在活动中，教师主要是教学者、指导者、组织者和控制者。

（3）这个教育活动表现出明显的“单一科目”倾向。这就是说，整个活动主要关注的是数学教育的问题，而不是其他学科科目的问题。

2. 主要体现本体价值的幼儿园数学教育活动的设计

主要体现本体价值的幼儿园数学教育活动有幼儿园区角活动、方案教学等低结构化活动。其设计的要点是：

(1) 关注幼儿一般意义的发展；

(2) 强调幼儿在活动中的兴趣，强调幼儿自己的探索；

(3) 活动目标要泛化，具有可变性；

(4) 活动内容聚焦于数学教育的“关键经验”；

…………

案例 3-6 是主要体现本体价值的幼儿园数学教育活动的案例。

案例 3-6

购物

活动区是一个“买卖商品”的游戏场所，“柜台和货架”上摆了一些“商品”。男孩托马索是“售货员”，男孩马可和女孩丹妮拉是“购物者”。以下是关于“购物”活动的一个记录。

购物者的钱包根据难度分成两种，即按照孩子运用数字的能力分成放有 30 元和 60 元的两个钱包。

丹妮拉在购物，她要求在购物后一次性结账（有的人喜欢买一样东西就付一次钱），她的钱包是 60 元的那一种。购买了东西，丹妮拉结束了购物，她总共需付 133 元。

丹妮拉是以一个数字一个数字地组合成 133 元的方式付钱的，即：1，2＋1＝3，2＋1＝3。托马索认为丹妮拉在开玩笑，他说：“嗨！开什么玩笑？你要付全部的钱！这是 7，不是 133。”

丹妮拉遇到难题了，不一会儿，她似乎明白了。于是，她开始累计钱币，但是钱包里只有 60 元，她向马可借，这样她有了两份钱。买卖双方都数了好几遍，共有 131 元，离 133 元还差 2 元。

托马索和马可用计数器验算。还是少 2 元。怎么办？丹妮拉说：“我还给你两颗豆子，我们就扯平了。”托马索拒绝接受，他说：“两颗豆子没有 2 元值钱。”马可和丹妮拉认为解决问题的仅有办法是归还部分商品，于是，他们将一个值 2 元的东西放还。这个做法比前一个管用。这下，托马索接受了，并将收据交给了他们。

购物活动结束了，游戏又可重新开始了。

资料来源：马拉古兹，等. 孩子的一百种语言. 台北：光佑文化事业股份有限公司，1996：163-166.

对主要体现本体价值的数学教育活动案例“购物”的分析如下：

从思考幼儿园数学教育的角度出发，从这个关于“购物”的案例中，人们至少可以得到以下启发：

（1）幼儿数概念的形成是需要经历一个艰难的历程的，活动情景中的认知冲突有益于幼儿数概念的建构。丹妮拉是以一个数字一个数字地组合成 133 元的方式付钱的，即 1，2＋1＝3，2＋1＝3，这说明丹妮拉没有个位、十位和百位数的概念，尽管托马索告诉她，“这是 7，不是 133”，但是，丹妮拉对个位、十位和百位数的概念的获得不是那么容易的，行文中述及“不一会儿，她似乎明白了”，根据前后文看，她仍然是不明白的。但是，应该看到，在活动过程中，托马索的话刺激了丹妮拉，使她遇到难题了，她不得不去应对，这样的情景会让丹妮拉以主动的方式去建构数概念。

（2）幼儿是在不同的水平上学习数的概念的。参与这个活动的三个幼儿，在数概念方面的发展水平是不同的，而且有相当的差距。很显然，两个男孩托马索和马可的数概念的发展水平较高，他们已经掌握了个位到百位数的概念、加减的运算、运用计算器的技能，以及单位（元）的概念，而丹妮拉却没有掌握这些概念。在活动区中，低结构化的活动没有共同的、明确的活动目标，三个幼儿各自在自己的水平上进行学习，获得经验，建构数概念。

（3）小组学习有益于幼儿数概念的建构。在这个活动中，很难说谁是最大的受益者，但是却可以说，每个幼儿都有可能在互动的过程中获益。购物的情景给予小组中每个幼儿不同的认知冲突，他们之间发生的冲突刺激着每个幼儿，使他们必须去应对、去解决。虽然说丹妮拉与托马索和马可之间存在不小的差距，但是比她与成人之间的差距要小得多，因此，三人之间的沟通和理解更为容易一些。

（4）作为低结构化的教育活动，在活动区，幼儿进行的数学学习其实是涉及很多领域的整合性活动。

（5）教师应该懂得不应对幼儿灌输数概念。在数学教育中，幼儿园面临着特别的挑战，因为数学教育必须“既不背叛数的概念也不背叛孩子”，不能“像消毒剂般地灌输给孩子”①。活动区活动对于幼儿数学经验的获得能起到积极的作用，能让幼儿以自己的方式和速率学习数概念。

幼儿能从幼儿园低结构化的活动中获得许多关于数学的经验。对于幼儿而言，数概念的获得是十分困难的，个体之间存在很大的差异，低结构化的（非正规的）活动能使幼儿在不同的水平上获得经验、建构知识。低结构化的数学教育活动常常是通过幼儿在活动区对材料的操作，室内、户外以及园内、园外对各种事物之间关系的探究，幼儿园与数有关的环境的创设，以及教师对幼儿进行集体的或个体的指导等方式进行的。

---

① 马拉古兹，等．孩子的一百种语言．台北：光佑文化事业股份有限公司，1996：162.

3. 本体价值与工具价值兼顾的幼儿园数学教育活动的设计

本体价值与工具价值兼顾的幼儿园数学教育活动有主题教学活动、单元教学活动等介于高低结构之间的数学教育活动。这类教育活动在设计上需兼顾两类活动的设计要点。

四、幼儿园科学教育活动的设计

科学，是较晚才进入幼儿园课程的领域之一。在最初的幼儿教育机构里，教师让幼儿培育植物、饲养动物，为幼儿讲述有关自然的故事，组织一些与自然现象有关的活动，其目的只是欣赏，让幼儿了解一些常识，而不是要求幼儿去理解这些现象发生的原因。从19世纪二十年代起，幼儿教育机构中开始出现了科学教育，那时，将教育的目标较多地放在对科学概念和方法的理解上。①

在幼儿教育机构之间，科学教育在理念上、内容上和方法上存在的差异，主要为是强调幼儿自主的探索还是强调科学概念的传递，换言之，是强调科学教育的本体价值还是强调科学教育的工具价值，以及强调的程度如何等。

幼儿园科学教育主要通过幼儿园各种科学教育活动来实现。

（一）幼儿园科学教育活动价值

维果茨基对于幼儿科学教育的价值曾做过这样的论述：直接的经验教导我们，科学概念的发展只有到学龄期才有可能②。日常概念“使科学概念有可能在教学中产生，而教学则是科学概念发展的源泉”③。日常概念是幼儿在探索和实际交往中积累起来的。

维果茨基的这个结论建立在这样一种认识的基础之上：一方面，幼儿的科学概念，特别是在学校教学过程中形成的概念，与幼儿思维发展的过程并无共同之处；另一方面，从心理学观点看，解决任何教学问题时都试图将日常概念的发展规律转用于学校教学。④维果茨基所谓的真正意义的科学概念的发展只有到学龄期才有可能，并不意味着学龄前期对幼儿实施的科学教育没有价值，正如维果茨基所言，“幼儿头脑里产生的高级类型的科学概念正是来自以前存在的较初级的和基本的概括类型，绝不是由外部植入幼儿意识的”⑤。

基于这样的认识，在幼儿园科学教育中，教师不应急于将由科学家们发现的科学现象和原理按成人理解的方式传递给幼儿，要求幼儿像成人一样去理解这些科学道理。应该看

① Spodek, B. Teaching in the Early Years. Englewood Cliffs: Prentice-Hall, Inc. 1985, p. 94.

② 维果茨基. 维果茨基论著选. 北京：人民教育出版社，1994：204.

③ 同②230-231.

④ 同②202.

⑤ 同②.

到，幼儿期的科学教育可以培养幼儿的科学思维，为幼儿今后接受系统的科学教学，从而有效地获得科学概念打好基础。

在幼儿园科学教育中，虽然与科学领域有关的幼儿游戏和教学活动不可能截然分开，但是，维果茨基所谓的“日常概念”，主要可以让幼儿通过低结构化的（非正规的）探究活动获得。而一些与幼儿生活经验相贴近的科学常识，则主要可以让幼儿通过高结构化的（正规的）科学教育活动获得，在设计这类活动时，首先应该强调的是“是什么”，而不是“为什么”。

幼儿园科学教育旨在激发幼儿对周边事物的好奇心，提高幼儿探索事物的兴趣和能力，发展幼儿的科学思维，帮助幼儿获取与生活经验相贴近的科学常识，为学龄期科学概念的学习打下基础。幼儿园科学教育活动是多种多样的，它们具有不同的结构化程度和价值取向，在不同程度上实现理想主义的价值（本体价值）和功利主义的价值（工具价值）（见图3－8）。

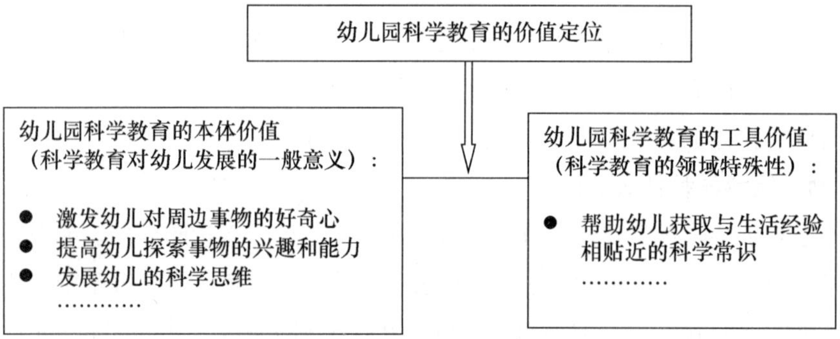

图3－8　幼儿园科学教育的价值定位

在幼儿园科学领域教育中，虽然幼儿游戏与科学教学活动不可能截然分开，但是，幼儿科学思维的发展、探索事物的精神等主要可以让幼儿通过游戏占主要成分的低结构化的科学教育活动获得，围绕幼儿的经验展开。而一些与幼儿经验相贴近的科学知识、技能，则主要可以让幼儿通过教学占主要成分的高结构化的科学教育活动获得，围绕教学预设的概念展开。

依据幼儿园科学教育的价值定位，与幼儿园科学教育的本体价值相一致的幼儿学习经验有许多，诸如：

（1）尝试运用多种感官感知周围事物的特征，比较事物的异同，探究它们之间的关系，如感知物体的形状、色彩、高矮、软硬，发现沉与浮、斜坡与速度、空气与燃烧、植物与阳光、水与温度的关系，等等。

（2）尝试多种途径收集信息、物品和材料，并与他人交流和分享，如通过咨询、访问、参观、调查以及各种媒体开展自主探索活动。

（3）体验自己身体的特征及生长中的变化和需要，比较自身与他人的不同，如感受自己的性别、身高、体重、年龄、换牙的特点及与他人的不同，感受自己生长的变化，等等。

（4）观察、探索周围事物的现象和变化，感受人与自然的关系，如风、雨、雷、闪电、季节、天气等自然现象及其变化，蚕、蝌蚪、果树等动植物及其变化，等等。

…………

依据幼儿园科学教育的价值定位，与幼儿园科学教育的工具价值相一致的教学概念（知识、技能）有许多，诸如：

（1）自然资源，特别是动植物。

认识某些动植物，特别是与幼儿生活相近的、能引起幼儿兴趣的动植物的名称、外形特征和主要结构；了解这些动植物的生活与环境的联系以及它们对人类的作用；懂得保护包括动植物在内的自然资源的重要性；等等。

（2）日常生活中常见的自然现象。

了解某些自然现象，特别是与幼儿生活相近的，或者是能引起幼儿兴趣的自然现象，如雷、风、雨、云、雪、光、声、影子、影像、冷热、四季特征和变化等，以及这些自然现象与人们生活的关系，等等。

（3）日常生活中接触到的科技产品。

认识和运用日常生活中经常使用的科技产品，如手机、传真机、电视机、收录机等，认识它们与人们生活之间的联系，等等。

…………

（二）幼儿园科学教育活动设计

幼儿园不同结构化程度的科学教育活动，具有不同的教育价值取向。高结构化的科学教育活动主要体现工具价值，低结构化的科学教育活动主要体现本体价值，介于高低结构之间的科学教育活动则兼顾工具价值和本体价值。

1. 主要体现工具价值的幼儿园科学教育活动的设计

主要体现工具价值的幼儿园科学教育活动有幼儿园集体科学教学活动（单一科学概念、科学与其他领域整合概念）等高结构化活动。其设计的要点是：

（1）关注科学教育活动的领域特殊性。

（2）强调向幼儿介绍与其生活相贴近的科学常识。

（3）活动目标要细化。

（4）活动内容聚焦于科学教育的“关键概念”。

…………

案例 3-7 是主要体现工具价值的幼儿园科学教育活动的案例。

案例 3-7

保温（中班）

活动目标：

1. 了解保温现象。

2. 知道不同物品有不同的保温效果。

活动准备：

防寒服（夹棉）、毛衣、棉毛衫、衬衣（的确良）、有盖的玻璃杯、毛巾（或布、纱巾等）等。

活动内容：

1. 衣服的保暖。

教师向幼儿展示不同质地的衣服：防寒服（夹棉）、毛衣、棉毛衫、衬衣（的确良）。

引导幼儿观察、触摸，重点说出触摸后的感觉及各种质地的不同之处。

提问：这些衣服有什么不一样？在各种季节，人们穿什么衣服？

2. 保暖杯。

（1）教师在有盖的玻璃杯中倒入热水，其中一个杯子用毛巾（或布、纱巾）包住，另一个杯子不包。请幼儿用手摸摸杯子，说说分别有什么感觉和发现，让幼儿记录自己的感觉和发现。

（2）在两个杯子里，分别放入冰块，其中一个杯子用毛巾（或布、纱巾）包住，另一个杯子不包。请幼儿用手摸摸杯子，说说分别有什么感觉和发现，请幼儿记录自己的感觉和发现。

（3）大约 20 分钟以后，教师把用毛巾（或布、纱巾）包住的、倒入热水的玻璃杯外的包裹物取走，请幼儿分别摸摸倒入热水的两个玻璃杯，比较哪个玻璃杯更热，并做记录。

（4）大约 20 分钟以后，教师把用毛巾（或布、纱巾）包住的、放入冰块的玻璃杯外的包裹物取走，请幼儿分别摸摸放入冰块的两个玻璃杯，比较哪个玻璃杯更热，并做记录。

（5）说说保温杯。

教师：请说说保温杯起了什么作用（保暖和保冷）。

3. 怎样保暖。

教师：冬天穿哪些衣服比较暖和？衬衣在什么时候穿，为什么？怎样使热的东西不变冷，冷的东西不变热？

记录表（热√，冷×）

热水杯子	热还是冷？	20分钟以后热还是冷？
用毛巾（或布、纱巾）包住的杯子		
没有用毛巾（或布、纱巾）包住的杯子		

装冰块的杯子	热还是冷？	20分钟以后热还是冷？
用毛巾（或布、纱巾）包住的杯子		
没有用毛巾（或布、纱巾）包住的杯子		

对主要体现工具价值的科学教育活动案例“保温”的分析如下：

从思考幼儿园科学教育的角度出发，从这个题为“保温”的单一科目教学活动的案例中，人们至少可以得到以下启发：

（1）在这个“保温”的教育活动中，活动目标是：“1. 了解保温现象。2. 知道不同物品有不同的保温效果。”在这个教育活动中，这两个活动目标是最为重要的，活动的内容根据活动目标选择和组织，活动的过程等都围绕活动目标进行。在活动过程中，要求幼儿用手分别摸摸倒了热水的和放了冰块的杯子，有的包裹了毛巾，有的没有包裹毛巾，让幼儿说说分别有什么感觉和发现，并加以记录，区分是否包裹了毛巾与冷热的关系，都是为了达成这些教育目标。评价的标准也是这两个目标是否达成。

这类教育活动的价值，就在于预设的教育活动目标所确定的知识和技能，要求幼儿通过活动获取这些知识和技能。教师在实施教育活动时可以根据幼儿的状况对已经设计好的教育活动做一些调整，但是，可以调整的范围较小，整个教育活动应基本按照原有设计方案进行。

应该看到，幼儿对“保温”等科学常识的获得，是可以通过传递的方式进行的，这种直接传递和教授的方式虽然简单，但是对于幼儿获取这些简单的知识而言却是有效的。

（2）这个教育活动十分明显地体现了以教师为中心展开教育活动的基本特征。教师发起活动，围绕着如何让幼儿认识毛巾、衣服等能用于保温的问题展开活动，并不在意幼儿能否提出不同的意见和想法。因此，在活动中，教师主要是教学者、指导者、组织者和控制者。这个活动设计的目标是能达成的，而且目标的达成对于幼儿学得科学常识是有意义的。

（3）这个教育活动表现出明显的“单一科目”倾向，这就是说，整个活动主要关注的是科学教育的问题，而不是其他学科科目的问题。根据科学教育的特点，这个高结构化的科学教育活动对于传递一些简单的科学常识是有教育价值的。

2. 主要体现本体价值的幼儿园科学教育活动的设计

主要体现本体价值的幼儿园科学教育活动有幼儿园区角活动、方案教学等低结构化活动。其设计的要点是：

(1) 关注幼儿一般意义的发展；

(2) 强调幼儿在活动中的兴趣与幼儿自己的探索；

(3) 活动目标要泛化，具有可变性；

(4) 活动内容聚焦于科学教育的“关键经验”；

…………

案例 3-8 是主要体现本体价值的幼儿园科学教育活动的案例。

案例 3-8

菜死了（片段）

教师引言（背景介绍）：

关于“菜死了”这一话题，是因我带孩子们去参观蔬菜大棚而引起的。

孩子们一进入蔬菜大棚，就被里边的各种各样的蔬菜吸引了。他们兴奋地说着各种蔬菜的名字，不时这里看看，那里摸摸，有时还凑上去用鼻子嗅嗅。

几个孩子在辣椒边上争论着：

“快看！辣椒叶子上有好多小洞洞。”

“辣椒生病了。”

“不对。这些小洞洞是虫子咬的。”

“你看，我捉到了一只虫子。这些小洞洞肯定就是它咬的。”

在另一边，几个孩子正在争论番茄树有多高。

“我想，我爸爸会有这么高。”

“不会有这样高的。”

“我爸爸就有这么高！”

“不可能！不相信！叫你爸爸来比试一下。”

这时，一个孩子说：“快来，快来！死了，死了！”

大家不知道什么死了，都好奇地围了过去。

…………

观察记录的聚焦点（一）：

“你们看，这株西红柿死了。”

“不是死了，是蔫了。”

“蔫了就是死了。”

“这株西红柿还没有死。你看，这里还是活的。”

“哪里还是活的?”

“这里。我爸爸说，里边干了才是死了。这里是湿的，就是没有死。”

“一定是死了，要不放到这里干什么?”

“我知道了。这一株西红柿的叶子已经死了，因为它的叶子已经蔫了。但是它的茎还没有死，因为这里边还没有干。”

“这么说，它既是死的又是活的?”

“它是有点死了。”

孩子们对蔬菜是在什么时候死的问题很感兴趣。有的说，蔫了就是死了；有的说，黄了就是死了；有的说，没有在地里就是死了；有的说，干了才是死了；还有的说，腐烂了才是死了。他们去问管理蔬菜大棚的老爷爷，老爷爷也被难倒了。他们又去问老师，老师说回去查查资料。

观察记录的聚焦点（二）：

“你看，这里有一个掉到地上的西红柿。我想它也死了。”

“它还是活的。它里边有水。”

“它没在树上就是死了。”

“是活的。烂了才是死了。”

“这个西红柿还可以吃，没有烂。”

“如果你吃它，你就是在吃活的东西。”

…………

资料来源：山东省青岛经济技术开发区黄岛幼儿园。

对主要体现本体价值的教育活动案例“菜死了”的分析如下：

从思考幼儿园科学教育的角度出发，从这个关于“菜死了”的案例中，人们至少可以得到以下启发：

（1）一株西红柿是“死”还是“活”，即便对于一个生物学专业的大学生来说，也不是一个简单的问题。让人感到吃惊的是，幼儿居然能如此富有哲理地讨论这个不容易解答的问题：蔫了就是死了，黄了就是死了，没有在地里就是死了，干了就是死了，腐烂了就是死了，掉到地上就是死了，没在树上就是死了，烂了就是死了……

在这个结构化程度相当低的活动中，没有明确的活动目标，科学探究的过程几乎是幼儿们自发产生的。当幼儿们看到蔬菜发生的生死现象，就开始用自己已有的经验进行解释，不同的解释导致他们去争议、去动手尝试、去猜测和假设、去推理和证实，并去协调自己与别人的不同看法。虽然他们最终没能科学地解释蔬菜生死的问题，但是这个学习过程对于幼儿来说是非常有意义的。

这个活动的真正价值在于鼓励幼儿去探索世界，对千变万化的现象感到好奇，在此过程中发展科学思维的能力。活动表明，幼儿探索世界的能力出乎人们的意料。

在这个低结构化的活动中，幼儿很投入、很主动，虽然没有结果，幼儿好像没有学到什么，但是在整个活动中幼儿的言行显示出他们经历了一个积极有效的科学思维过程。

（2）幼儿对事物的认识，常常依据自己已有的经验，当他们的思维没有受到限制时，他们会创造自己的“理论”，例如：“是活的。烂了才是死了。”“这个西红柿还可以吃，没有烂。”“如果你吃它，你就是在吃活的东西。”幼儿的“理论”是非正式的直觉“理论”，起初非常简单，以后逐渐复杂。幼儿的“理论”虽然不如科学理论那么精确和连贯，却与科学理论有相似之处，如都需经受检验和修正。幼儿认知的发展就是一系列“朴素理论”的发展和形成的过程。

（3）就“蔬菜的生死”引发的一系列问题进行交流、争议、妥协，每个幼儿都受到他人的影响，同时在影响着他人。在活动中，争执与妥协常常不是一件坏事，它们是幼儿对话的重要方式，是一种有意义的学习。

在任何有意义的相互交流的过程中，对于事实，即使有不同的解释，也常常会有较一致的意见。虽然幼儿会出现从自己的立场出发，拒绝他人有价值的见解的情况，但是这种相互交流的早期活动毕竟是幼儿采用社会立场和合作解决问题的源头，幼儿也常会接受同伴的不一致且又是他应该修正的意见。

（4）作为低结构化的教育活动，幼儿进行的科学学习其实是涉及很多领域的整合性活动。幼儿除了进行科学探究外，在数学、语言等领域，特别是社会领域方面都可获取学习经验。例如，幼儿与他人交流自己的发现，解释和辩护自己的想法以及考虑他人的主张和想法等，这个过程是学习与人交往、沟通、协商和分享的社会学习过程，这些经验的获得，有益于幼儿知识和社会能力的建构。

总之，幼儿能从幼儿园低结构化的活动中获得许多关于科学学习的经验。对于幼儿而言，让他们获得系统的科学概念是不可能的，然而幼儿期科学思维的发展有益于儿童在学龄期获得科学概念。低结构化的（非正规的）活动能使幼儿在不同的水平上获得经验、建构知识。低结构化的科学教育活动常常是通过幼儿在活动区对材料的操作，室内、户外以及园内、园外对各种事物之间关系的探究，幼儿园与科学有关的环境的创设，以及教师对幼儿进行集体的或个体的指导等方式进行的。

3. 本体价值与工具价值兼顾的幼儿园科学教育活动的设计

本体价值与工具价值兼顾的幼儿园科学教育活动有主题教学活动、单元教学活动等介于高低结构之间的科学教育活动。这类教育活动在设计上需兼顾两类活动的设计要点。

五、幼儿园美术教育活动的设计

在幼儿园教育中，将美术放置于重要地位的传统从福禄贝尔的幼儿园就开始了。在福禄贝尔的幼儿园里，儿童编织、在纸上剪图形，或折叠纸做装饰品，都是一些与美术有关联的活动。有些幼儿教育机构也有将美术教育作为培养幼儿审美情趣、审美能力以及表现美的知识、技能的重要途径。

在幼儿教育机构之间，美术教育在理念上、内容上和方法上存在的差异，主要为是强调幼儿的自由表现、表达还是强调美术知识、技能的传递，换言之，是强调美术教育的本体价值还是强调美术教育的工具价值，以及强调的程度如何等。

幼儿园美术教育主要通过幼儿园各种美术教育活动来实现。

（一）幼儿园美术教育活动价值

与儿童美术有关的理论有许多种，各种理论从不同的角度解释儿童美术的性质，并影响着幼儿园美术教育活动的设计。其中最主要的是以罗恩菲尔德（V. Lowenfeld）为代表的本体价值取向的理论，以及以艾斯纳（E. W. Eisner）为代表的工具价值取向的理论。

罗恩菲尔德将艺术看成游戏的一种形式。他认为在美术这样一种游戏中，儿童内在的需求能得到真正的满足，他反对在美术教育中让儿童去抄袭和模仿，认为这样的做法只会有害于儿童的成长。罗恩菲尔德认为，美术教育的目的是促进儿童的发展，是通过美术发展儿童的一般创造力，美术教育应该注重过程而不是美术作品。

艾斯纳强调的是以学科为中心，主张实现美术学科自身的价值。他认为，美术教育最主要的价值在于能增加儿童对世界的了解和特殊经验，即视觉形象的审美思考，因此，美术教育应以美术自身独特的价值为基础。以艾斯纳为代表的美术教育工具论是以审美为其主要目的的。围绕着这个目的而确立的教育目标是：（1）帮助儿童创造有美感和表现力的作品；（2）培养儿童对视觉对象进行审美判断的能力；（3）使儿童了解美术在文化发展中所具有的地位。教师有目的、有计划的美术教学，能使儿童不仅在现实生活的层面上，而且在对美的追求的层面上逐渐感受真善美，在对可见、可触的外观的把握中追求秩序、追求形式美，从而使儿童引起情感律动，得到美的享受，并使其情趣得到陶冶。

幼儿美术教育不同价值观之间的争论持续了数十年，让人们认识到幼儿美术教育不仅应该顺应儿童发展，还应有效地促进其发展。

因此，对幼儿实施的美术教育，既要安排丰富的环境，刺激幼儿充分发挥想象力和创造性，运用自身创造的符号系统自由、自主地表现和表达，又要通过教学，带给幼儿以美学原则修正过的理想化的现实，使幼儿能够在教师指导下学习开展美术活动所必需的技能和方法。在设计幼儿园美术教育活动时，幼儿美术教育的这两个方面应根据幼儿的年龄、师资状况和环境条件等因素权衡得失，使之达到平衡。

幼儿园美术教育旨在通过为幼儿提供有计划的美术学习活动，满足幼儿表现、表达和创造的需要，陶冶幼儿审美的情趣，培育幼儿表现美和欣赏美的能力。幼儿园美术教育活动是多种多样的，它们具有不同的结构化程度和价值取向，在不同程度上实现理想主义的价值（本体价值）和功利主义的价值（工具价值）（见图 3-9）。

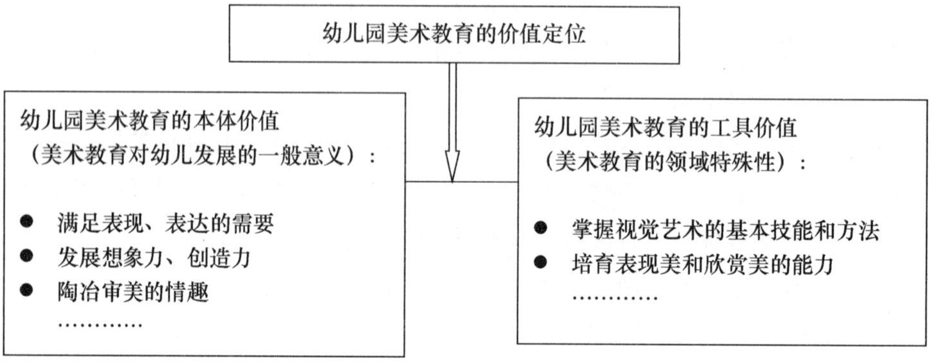

图 3-9 幼儿园美术教育的价值定位

在幼儿园美术领域教育中，虽然幼儿游戏与美术教学活动不可能截然分开，但是幼儿表现力、创造力的充分发展主要可以让幼儿通过游戏占主要成分的低结构化美术教育活动获得，围绕幼儿的经验展开。而一些与幼儿发展水平相贴近的美术知识、技能，则主要可以让幼儿通过教学占主要成分的高结构化美术教育活动获得，围绕教学预设的概念展开。

依据幼儿园美术教育的价值定位，与幼儿园美术教育的本体价值相一致的幼儿学习经验有许多，诸如：

（1）尝试以自己喜欢和理解的方式自由地表现和表达自己的所思、所想和所感。

（2）体验美术活动的形式美和次序美，如线条、性状、色彩、质地及其组合。

（3）尝试运用各种象征性符号，运用各种美术媒介，创造各种形象。

（4）感受并喜爱生活和艺术中的美。

…………

依据幼儿园美术教育的价值定位，与幼儿园美术教育的工具价值相一致的教师教学的概念（知识、技能）有许多。诸如：

（1）绘画。

学习运用各种绘画工具和材料（如蜡笔、油画棒、彩色水笔、彩色铅笔、毛笔、水粉笔、墨水、水粉颜料、油彩、纸、布、绢等），通过线条、形状、构图、色彩等美术语言，表现各种视觉形象。

（2）手工。

学习运用各种手工工具和材料（如剪刀、笔、刀、尺、订书机、胶水、糨糊、胶带、纸、面团、泥、橡皮泥、石、木、布、棉花、毛线、羽毛、豆类、果壳、谷类等），通过剪、撕、折、贴、刻、织、串、卷、塑等方法，表现各种视觉形象。

（3）美术欣赏。

学习欣赏美术作品、自然景物和生活中的美好事物，理解形式美和内容美，提升审美能力。

…………

（二）幼儿园美术教育活动设计

幼儿园不同结构化程度的美术教育活动，具有不同的教育价值取向。高结构化的美术教育活动主要体现工具价值，低结构化的美术教育活动主要体现本体价值，介于高低结构之间的美术教育活动则兼顾工具价值和本体价值。

1. 主要体现工具价值的幼儿园美术教育活动的设计

主要体现工具价值的幼儿园美术教育活动有幼儿园单一概念教学、整合科目教学等高结构化活动。其设计的要点是：

（1）关注美术教育活动的领域特殊性。

（2）让幼儿学习必需的美术符号、记号和运算技能，进行必要的练习和训练。

（3）活动目标要细化。

（4）活动内容聚焦于美术教育的"关键概念"。

…………

案例3-9是主要体现工具价值的幼儿园美术教育活动的案例。

案例3-9

川剧脸谱（大班）

活动目标：

1. 感受川剧脸谱的美感。

2. 了解并尝试川剧脸谱的构图方法。

活动过程：

1. 教师、幼儿收集有关川剧脸谱的资料。

2. 说说对不同的脸谱的感受。

3. 制作脸谱。

（1）教师介绍川剧人物及其脸谱，请幼儿观察脸谱上有些什么颜色以及脸谱有些什么特点（例如，在川剧脸谱中，偏红色的脸谱代表忠诚正义，偏黑暗色的脸谱代表奸猾凶恶）。

（2）说明脸谱构图的方法，了解川剧里不同角色的脸谱构图方法和色彩的特点。

（3）提供空白脸谱、颜料、毛笔、彩色笔等，让幼儿自己动手制作脸谱。

（4）将幼儿制作的脸谱放置在表演区供表演用。

相关资料：

川剧脸谱

对主要体现工具价值的美术教育活动案例“川剧脸谱”的分析如下：

从思考幼儿园美术教育的角度出发，从这个题为“川剧脸谱”的“单一科目”教学活动的案例中，人们至少可以得到以下启发：

（1）在这个“川剧脸谱”的教育活动中，活动目标是：“1. 感受川剧脸谱的美感。2. 了解并尝试川剧脸谱的构图方法。”在这个教育活动中，这两个活动目标是最重要的，活动的内容根据活动目标选择和组织，活动的过程等都围绕活动目标进行。在活动过程中，要求幼儿学习川剧脸谱的特征，会用所接受的知识、技能制作川剧脸谱等，都是为了能完成活动目标。评价的标准也是这两个目标是否达成。

这类教育活动的价值，就在于预设的教育活动目标所确定的知识和技能，要求幼儿通过活动获取这些知识和技能。教师在实施教育活动时可以根据幼儿的状况对已经设计好的教育活动做一些调整，但是可以调整的范围较小，整个教育活动应基本按照原有设计方案进行。

（2）这个教育活动十分明显地体现了以教师为中心展开教育活动的基本特征。教师发起活动，围绕着如何让幼儿习得制作川剧脸谱开展活动，对活动的评价依据仍然是能否基本制作出川剧脸谱。因此，在活动中，教师主要是教学者、指导者、组织者和控制者。这样的活动虽由教师发起，但是有益于活动目标的达成，而且目标的达成对于幼儿学习美术技能是有意义的。

（3）这个教育活动表现出明显的“单一科目”倾向。这就是说，整个活动主要关注的是美术教育的问题，而不是其他学科科目的问题。根据美术教育的特点，这个高结构化的美术教育活动对于美术常识和技能的习得和练习是有一定的教育价值的。

2. 主要体现本体价值的幼儿园美术教育活动的设计

主要体现本体价值的幼儿园美术教育活动有幼儿园区角活动、方案教学等低结构化活动。其设计的要点是：

（1）关注幼儿一般意义的发展；

（2）强调幼儿在活动中的兴趣，强调幼儿自己的探索；

（3）活动目标要泛化，具有可变性；

（4）活动内容聚焦于美术教育的“关键经验”；

…………

案例 3－10 是主要体现本体价值的幼儿园美术教育活动的案例。

案例 3－10

鸡妈妈与小鸡

活动背景：

我带了小班的孩子去大班观看美术活动。刚一走进教室，小班的孩子们便围到了哥哥姐姐的旁边，他们被哥哥姐姐的画吸引住了，有的孩子情不自禁地伸出了小手拿起了笔在纸上画了起来。大班的孩子表现了相当友好的态度，即使平日里很调皮的孩子，也能很好地控制自己的行为，像个哥哥姐姐的样子。

看到大班和小班的孩子们的表现，我萌发了让大班和小班的孩子一起进行美术活动的想法，尝试着让他们围绕着一定的主题完成美术作品。

关于图画主题的选择，我着实费了一些脑筋。大班和小班孩子的发展水平还是存在很大差异的。什么样的主题才能既让小班的孩子感兴趣，又不会让大班的孩子失去挑战性？经过一些尝试，我把着眼点放在了童话故事和孩子喜闻乐见的动植物上。围绕着这样的主题，孩子们完成了“鸡妈妈与小鸡”等主题合作画。现在，这种活动形式已经成为我园艺术教育的一种特色活动，在日常教育活动中每个月安排 1～2 次。

在这种类型的艺术活动中，我真切地感受到了孩子之间的交往、合作，感受到了孩子们在与他人的“关系”中所进行的学习。为了能够共同完成一幅作品，大孩子必须给予小孩子许多帮助和引导。除此之外，他们还必须很宽容，因为弟弟妹妹随时可能破坏他们已经完成的作品或打乱他们的所思所想。

然而，任何事物之间的关系都是相互的。在付出的同时，他们得到了许多，例如作为活动主导者的自信的感觉、与别人合作而产生的快乐，还有弟弟妹妹不经意的幼稚行为偶尔会点燃他们智慧的火花。

活动的观察和记录：

陈心仪在纸的中央画了一只母鸡，这只母鸡委实漂亮：红红的鸡冠、鸡头和尾巴，绿绿和蓝蓝的身体，在头部和身体以及身体和尾部之间镶上了黄色。母鸡的身体底下还有几个它生的蛋，母鸡和鸡蛋都在草窝上。在一边的金佳俊看到了陈心仪画的这个母鸡，不由地也拿起了一支笔，想在这张纸上画些什么。

如果金佳俊不那么小，也许陈心仪不会让他这么做，因为这是他自己在画画。但是，金佳俊只是小班的孩子，而陈心仪则是快要上小学的大孩子了。面对小弟弟，陈心仪看起来十分有耐心。

“你来画小鸡吧!”陈心仪显然不愿金佳俊在他画的母鸡上再画些什么，他建议金佳俊在母鸡边上画一些小鸡。

金佳俊高兴极了，连忙在母鸡的上上下下画了许多只小鸡。同母鸡一样，这些小鸡都有一只眼睛，都有一个翅膀，它们的嘴巴都与母鸡朝同一个方向。金佳俊画得那么认真，着实让陈心仪感动。他用黄色的蜡笔，帮助金佳俊在小鸡的身体上涂色。

也许金佳俊想画更多的小鸡，他想起了老师曾经教过的“海绵画”。他在教室的一角拿来了一小块海绵，蘸了一些染料，用学过的方法在纸上涂了起来。

画龙容易点睛难。显然，陈心仪生怕金佳俊把小鸡画砸了，不经商量地拿起了笔，为每个小鸡添上了黑黑的脚和眼睛、红红的嘴巴，有的小鸡的嘴边还有小虫。经陈心仪这么一点缀，小鸡全都“活”了起来：有的小鸡在抓小虫，有的小鸡在与朋友说话，还有的小鸡在睡觉。

陈心仪很满意，金佳俊却不高兴了，他也想画小鸡的眼睛和嘴巴。陈心仪想了一想，留了两个小鸡让金佳俊“画龙点睛”。金佳俊确实辜负了陈心仪的期望，把眼睛画得大得出奇，嘴巴也画得不像个样。陈心仪终于着急了，他又强行地为其中的一个小鸡添上了一双脚。

在纸的左下角，陈心仪在一个正在“睡觉”的小鸡旁边画了一个破裂的鸡蛋壳。他对金佳俊说，这是一只刚出生的小鸡，它正在睡觉。金佳俊也想画刚从鸡蛋里孵出的小鸡，他也许并不明白陈心仪画的那个刚出壳的小鸡是什么样的。他说，刚出生的小鸡肚子很饿，它们想吃东西。他拿起了陈心仪画鸡蛋的那支色笔，给几个还没有涂色的小鸡涂上了鸡蛋色（后来，陈心仪又帮助他涂得更均匀了些），他边涂边说：“这是刚刚生出来的小鸡。”

后来，在陈心仪的建议下，金佳俊在母鸡和小鸡的四周画满了青青的小草。

鸡妈妈与小鸡

资料来源：上海市七色花幼儿园。

对主要体现本体价值的美术教育活动案例“鸡妈妈与小鸡”的分析如下：

从思考幼儿园美术教育的角度出发，从这个关于“鸡妈妈与小鸡”的活动案例中，人们至少可以得到以下启发：

（1）在活动区活动中，幼儿在所做的意愿画的绘画过程中几近处于游戏状态，以他们自己已有的经验，表现表达自己的所思所想。

（2）幼儿合作绘画，使他们的美术活动发生在“关系”之中，他们在互动关系中合作学习、共同建构，这样的学习更富有意义。

当大班的幼儿和小班的幼儿共同完成一幅作品时，这种富有意义的学习便发生了。大班的幼儿变得自信、懂事、宽容，小班的幼儿体会到了一种他们更能接受的指导和帮助。在以“关系”为基础的教育中，大小班的幼儿们所出现的“交互作用”是如此积极，让人感到不可思议。

大班和小班的幼儿在认知和技能上都存在很大的差异，他们在相互沟通中会有问题。但是，由于这是一种哥哥姐姐和弟弟妹妹式的关系，这种沟通就变得容易起来了。这种沟通，让幼儿学习了如何与不同年龄的人交往，并从他人那里学习；这种沟通，也让不同年龄的幼儿之间存在的问题得到解决，例如，两个幼儿用不同的方式表现他们各自对“刚出生的小鸡”的理解……

（3）《鸡妈妈与小鸡》这幅画构图合理、用色协调、富有表现力，这与通过高结构化的教育活动让幼儿习得绘画知识和技能有关。不同年龄的幼儿在绘画知识和技能上存在明显的差异，例如，陈心仪（大班）在画母鸡和小鸡时，画的鸡与真实的鸡比较相像，能较好地控制画笔，把事物的位置、大小画得较为准确，认为小鸡是鸡蛋里孵出来的，而且小鸡要睡觉等，而金佳俊（小班）在画母鸡和小鸡时，画的鸡比较符号化，尚不能很好地控制画笔（如：将眼睛画得很大等），小鸡是“会走路的鸡蛋”等，分别表现为不同的认知和技能水平。这些现象都表明，高结构化的美术教学与低结构化的美术活动如能达成协调和平衡，则既能让幼儿自由表现表达，充分发挥想象力和创造力，也能提升幼儿的审美情趣与能力。

（4）作为低结构化的教育活动，在活动区，幼儿进行的美术学习其实是涉及很多领域的整合性活动。

从这个活动中可以看到，幼儿除了进行绘画外，在科学、语言等领域，特别是社会领域方面都可获取学习经验。例如，幼儿在与他人合作绘画中相互学习、共同建构，使美术活动发生在“关系”之中，这个过程是学习经验的交流、共同协商和达成共识的社会学习过程，这些经验的获得有益于幼儿知识和社会能力的建构。

3. 本体价值与工具价值兼顾的幼儿园美术教育活动的设计

本体价值与工具价值兼顾的幼儿园美术教育活动有主题教学活动、单元教学等介于高低结构之间的美术教育活动。这类教育活动在设计上需兼顾两类活动的设计要点。

六、幼儿园音乐教育活动的设计

在早期，发展幼儿理解和创造音乐的潜力是十分重要的。早在福禄贝尔的幼儿园中，福禄贝尔向幼儿提供恩物的同时，为幼儿提供了音乐。每一个幼儿从出生的那一刻起就已经表现出以音调和韵律的样式进行思维的直觉倾向，因此，幼儿园的音乐活动被很多教师用作创造性表现和表达的途径，以促进幼儿个性和创造性的发展。幼儿对音乐的敏感，也使幼儿园音乐教育成为培养幼儿音乐欣赏、音乐表现能力的重要途径。

在幼儿教育机构之间，音乐教育在理念上、内容上和方法上存在的差异，主要为是强调幼儿自由表现、表达，满足自身兴趣、需要，还是强调音乐知识、技能的获取、审美能力的培养，换言之，是强调音乐教育的本体价值，还是强调音乐教育的工具价值，以及强调的程度如何等。

幼儿园音乐教育主要通过幼儿园各种音乐教育活动来实现。

（一）幼儿园音乐教育活动价值

各种与儿童音乐和音乐教育有关的理论和思想从不同的角度解释儿童音乐的性质，强调儿童音乐教育对于儿童发展的诸多教育意义，从而影响幼儿园音乐教育活动的设计。

奥尔夫是德国的音乐家和教育家。他认为，音乐教育始于动作，应从儿童的身体反应和动作开始。他提出了一种自发的、想象的教授音乐的方法。奥尔夫认为，节奏是儿童游戏的本能，因此，他强调运用人类本能的、自然的音乐表现方式——节奏，如简单的拍手、拍腿、跺脚、捻指、敲打乐器等方式，激发儿童潜在的音乐天赋，唤起儿童对音乐的自发要求。奥尔夫主张运用集体教学和综合教学的方法实施教育，因为儿童以小组活动形式参与的集体教学能给予儿童一个自由、宽松的音乐学习环境。而综合教学的特点主要体现为歌、舞、乐三位一体，创作、表演和欣赏三位一体。奥尔夫注重发挥儿童的即兴能力和想象力，鼓励儿童在此基础上进行创造。

柯达伊是匈牙利著名民族音乐家和音乐教育家。柯达伊主张，音乐教育要从幼儿园开始，幼儿园能为幼儿提供集体创造音乐的环境，而音乐教育从幼儿园开始，才能成功地发展人的音乐听觉。柯达伊将民间歌曲和游戏歌曲作为幼儿园的主要音乐教材，让幼儿在唱歌游戏中和着歌曲踏步、拍手、敲打简单的乐器，教他们认识高低音之间的差别，向他们介绍高音和低音、快拍和慢拍等概念，使其分辨相似的曲调。随着幼儿的成长和进步，教师应不断让他们练习拍手和手势的节律，以及根据节律有规则地数数。柯达伊对儿童音乐教育的一个重要贡献是创编了富有特色的教材。他为儿童提供的教材来自三个方面：(1) 真正的儿童游戏和儿歌；(2) 真正的民间音乐；(3) 由名作家创作的优秀音乐。他认为前两者对儿童尤为适宜。

达尔克洛兹是瑞士著名的音乐家。达尔克洛兹的音乐教育体系由三个因素组成，即韵律体操、视唱练耳和即兴创作。他认为，这三种因素是相互依赖、相互联系的，以培养和发展儿童的听觉、运动觉和创造性表现能力。

综合音乐感教育是 20 世纪 60 年代产生于美国的音乐教育流派，指的是对儿童进行音高（不定音高及相对音高的听辨）、力度（声音强弱的听辨）、音色（具有音色表现方面的选择能力）、节奏（拍率）等方面素质的综合培养。综合音乐感教育是让儿童对音乐有正确的理解，并能把所理解和感受的东西充分地表现出来；是为了发掘儿童的创造力，以儿童为主体，去探索、去发现。

所有这些音乐教育思想和实践都影响着幼儿园的音乐教育，特别是这些教育思想和教育实践中共同具有的一些有价值、有内涵的成分，如音乐教育应起始于学龄前期，音乐教育应与幼儿每天的生活经验相结合，要注重幼儿创造性能力的发展，音乐教育要适合个体儿童的需要和水平，等等。

幼儿园音乐教育旨在通过为幼儿提供有目的、有计划的音乐教育活动，满足幼儿表现、表达和创造美的需要，陶冶幼儿审美的情趣，培育幼儿表现美和欣赏美的能力。幼儿园音乐教育活动是多种多样的，它们具有不同的结构化程度和价值取向，在不同程度上实现理想主义的价值（本体价值）和功利主义的价值（工具价值）（见图 3－10）。

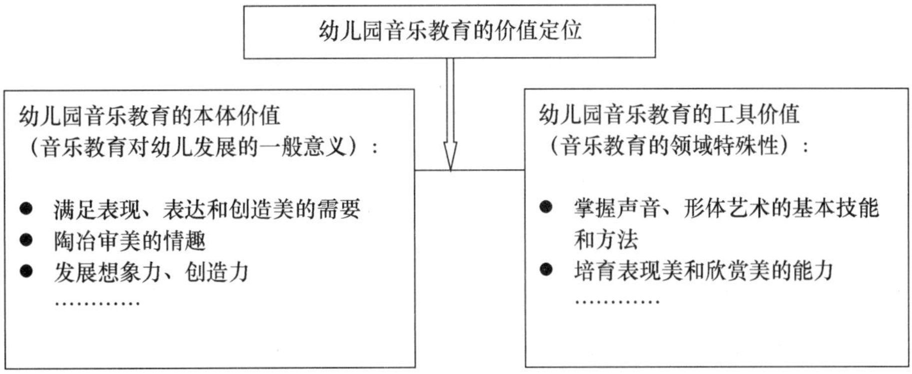

图 3－10　幼儿园音乐教育的价值定位

在幼儿园音乐领域教育中，虽然幼儿游戏与音乐教学活动不可能截然分开，但是，幼儿表现力、创造力的充分发展主要可以让幼儿通过游戏占主要成分的低结构化音乐教育活动获得，围绕幼儿的经验展开。而一些与幼儿发展水平相贴近的音乐常识，则主要可以让幼儿通过教学占主要成分的高结构化音乐教育活动获得，围绕教学预设的概念展开。

依据幼儿园音乐教育的价值定位，与幼儿园音乐教育的本体价值相一致的幼儿学习经验有许多，诸如：

（1）尝试以自己喜欢和理解的方式自由地表现和表达自己的所思、所想和所感。

（2）体验音乐、舞蹈活动的韵律美、节奏美和形体美。

（3）尝试运用各种音乐、舞蹈媒介，创造各种声音形象。

（4）感受并喜爱生活和艺术中的美。

…………

依据幼儿园音乐教育的价值定位，与幼儿园音乐教育的工具价值相一致的教师教学的概念（知识、技能）有许多，诸如：

（1）唱歌。

学习、理解歌曲内容，学习必需的音乐符号、记号，学唱不同性质的歌曲。

（2）舞蹈。

学习按照音乐的节律，完成模仿动作和舞蹈的基本动作，并能与他人合作。

（3）音乐欣赏。

学习欣赏音乐、舞蹈作品，理解音乐、舞蹈作品的美，提升审美能力。

（4）打击乐器。

学习打击乐器，能伴奏乐曲。

…………

（二）幼儿园音乐教育活动设计

幼儿园不同结构化程度的音乐教育活动，具有不同的教育价值取向。高结构化的音乐教育活动主要体现工具价值，低结构化的音乐教育活动主要体现本体价值，介于高低结构之间的音乐教育活动则兼顾工具价值和本体价值。

1. 主要体现工具价值的幼儿园音乐教育活动的设计

主要体现工具价值的幼儿园音乐教育活动有幼儿园单一概念教学、整合科目教学等高结构化的教育活动。其设计的要点是：

（1）关注音乐教育活动的领域特殊性；

（2）使幼儿学习必需的音乐符号、记号和运算技能，进行必要的练习和训练；

（3）活动目标要细化；

（4）活动内容聚焦于音乐教育的“关键概念”；

…………

案例 3－11 是主要体现工具价值的幼儿园音乐教育活动的案例。

案例 3－11

大鼓和小铃（小班）

活动目标：

1. 感受大鼓和小铃的不同声音，尝试用声音的轻重不同分别表现大鼓和小铃。

2. 尝试用不同的动作幅度来表现大鼓和小铃的声音特点。

活动准备：

1. 录音磁带：歌曲《大鼓和小铃》。

2. 座位排成“音乐小火车”（双排马蹄形）。

3. 大鼓一面、小铃一对、铃鼓一面。

活动过程：

1. 认识大鼓和小铃。

（1）教师出示大鼓和小铃，请幼儿观察。

教师：这是什么？它（们）是什么样子的？

（2）教师敲击大鼓和小铃，幼儿欣赏。

教师：敲击的时候，它们会发出什么声音？（幼儿模仿）

（3）请幼儿敲击大鼓和小铃，感受它们的不同声音。

2. 学唱歌曲《大鼓和小铃》。

（1）教师播放歌曲《大鼓和小铃》，幼儿欣赏。

教师：歌里唱了些什么？大鼓和小铃的声音有什么不同？

（2）教师再次播放歌曲，引导幼儿感受小铃和大鼓声音轻重的不同。

（3）幼儿跟随教师一同演唱歌曲，并尝试用轻重不同的声音表现大鼓和小铃。

3. 动作探索。

（1）教师播放歌曲，根据音乐敲大鼓和敲小铃，幼儿观察。

教师：敲大鼓和敲小铃的动作有什么不同？

（2）教师引导幼儿用两只拳头有节奏地交替敲击大腿表示敲大鼓，用两只拳头轻轻相碰表示敲小铃。前者动作幅度大，后者动作幅度小。

（3）教师与幼儿一起进行歌曲表演。用拳头敲大腿表示大鼓“咚咚”，两只拳头轻轻相碰表示小铃“叮叮叮”。

（4）教师引导幼儿尝试用其他动作表示大鼓和小铃，如用力跺脚表示大鼓“咚咚”，小手轻拍表示小铃“叮叮叮”等，并进行歌曲表演。

附：

大鼓和小铃

1=C $\frac{4}{4}$

［日］小木纯一　词

［日］中田喜直　曲

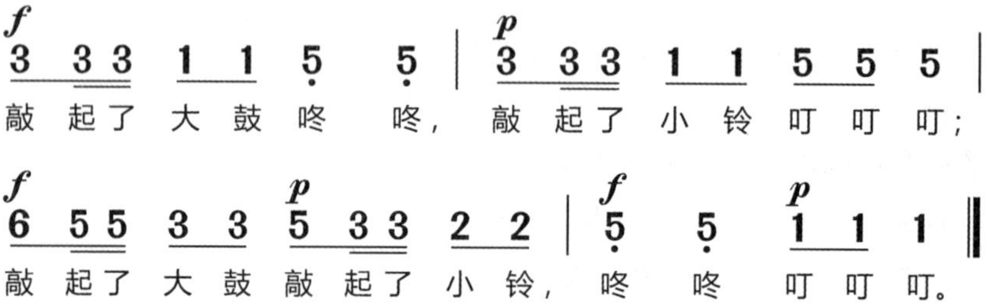

对主要体现工具价值的音乐教育活动案例“大鼓和小铃”的分析如下：

从思考幼儿园音乐教育的角度出发，从这个题为“大鼓和小铃”的单一科目教学活动的案例中，人们至少可以得到以下启发：

（1）在这个“大鼓和小铃”的教育活动中，活动目标是：“1. 感受大鼓和小铃的不同声音，尝试用声音的轻重不同分别表现大鼓和小铃。2. 尝试用不同的动作幅度来表现大鼓和小铃的声音特点。”在这个教育活动中，这两个活动目标是最为重要的，活动的内容根据活动目标选择和组织，活动的过程等都围绕活动目标进行。评价的标准也是这两个目标是否达成。

这类教育活动的价值，就在于预设的教育活动目标所确定的知识和技能，要求幼儿通过活动获取这些知识和技能。教师在实施教育活动时可以根据幼儿的状况对已经设计好的教育活动做一些调整，但是，可以调整的范围较小，整个教育活动应基本按照原有设计方案进行。

（2）这个教育活动十分明显地体现了以教师为中心展开教育活动的基本特征。教师发起活动，围绕着如何让幼儿理解图片，并记忆歌词，会演唱和表演这个歌曲等问题展开活动，并不在意幼儿自己的探究和发现，也不在意幼儿能否自由表现和表达。因此，在活动中，教师主要是教学者、指导者、组织者和控制者。从这个活动的设计中可以看到，幼儿参与了情景表演等活动，这样的活动虽由教师发起，但是这样的活动有益于活动目标（修改后的目标）的达成，而且目标的达成对于幼儿学习音乐是有意义的。

（3）这个教育活动表现出明显的“单一科目”倾向。这就是说，整个活动主要关注的是音乐教育的问题，而不是其他学科科目的问题。根据音乐教育的特点，这个高结构化的音乐教育活动对于音乐常识和技能的习得和练习是有教育价值的。

2. 主要体现本体价值的幼儿园音乐教育活动的设计

主要体现本体价值的幼儿园音乐教育活动有幼儿园区角活动、方案教学等低结构化的活动。其设计的要点是：

(1) 关注幼儿一般意义的发展；

(2) 强调幼儿在活动中的兴趣，强调幼儿自己的探索；

(3) 活动目标要泛化，具有可变性；

(4) 活动内容聚焦于音乐教育的"关键经验"；

…………

案例 3-12 是主要体现本体价值的幼儿园音乐教育活动的案例。

案例 3-12

学跳维吾尔族舞（大班）

活动区内，几个幼儿身穿维吾尔族服装，手里拿着铃鼓和其他乐器，围着一台电视机，并在电视机传出的维吾尔族乐曲的伴随下，模仿着电视屏幕上舞者的舞步，跳着舞。

欣欣："你跳得不像，青青比你强多了。"

明明："我看到我家中的录像，维吾尔族人就是像我这样跳舞的。"

丁丁："我爸爸去过新疆，我看到他在家里也是这样跳的。"

欣欣："但是我喜欢电视机里的那种跳法。"

芩芩："我也喜欢电视机里的那种跳法。"

欣欣："我们就照着电视机里的那种跳法跳吧。"

芩芩："好。"

欣欣和芩芩开始学着电视机里的维吾尔族人的那种跳法跳舞。不一会儿，又有两个女孩跟着跳起来了。最后，明明和丁丁也加入了他们的队伍。电视机中的舞者和音乐带动着六个孩子跳着舞，就在教室的一角，很是热闹。

对主要体现本体价值的音乐教育活动案例"学跳维吾尔族舞"的分析如下：

从思考幼儿园音乐教育的角度出发，从这个关于"学跳维吾尔族舞"的活动案例中，人们至少可以得到以下启发：

(1) 在活动区，幼儿的音乐活动几近处于游戏状态，以他们自己已有的经验，表现表达自己的所思、所想和所感。

在围绕什么样的舞更像维吾尔族舞的讨论中，幼儿往往根据自身已有的经验进行表现表达。音乐能给幼儿带来轻松、快乐和满足感。

(2) 在活动区的音乐活动中，幼儿处在自由的、与他人交往的过程之中，这样的活动情景是幼儿合作建构知识、技能和人际关系的平台。

3. 本体价值与工具价值兼顾的幼儿园音乐教育活动的设计

本体价值与工具价值兼顾的幼儿园音乐教育活动有主题教学活动、单元教学活动等介于高低结构之间的音乐教育活动。这类教育活动在设计上需兼顾两类活动的设计要点。

七、幼儿园社会教育活动的设计

幼儿园社会教育是幼儿在幼儿园中对于社会政治、经济、文化和环境等方面知识进行学习。幼儿园社会教育能给予幼儿作为社会一员的概念，能让幼儿初步理解其所处世界的复杂性，能给他们成为未来社会的成员打下基础。

在幼儿教育机构之间，社会教育在理念上、内容上和方法上存在的差异，主要为是强调幼儿社会性的发展还是强调社会常识的获取，换言之，是强调社会教育的本体价值，还是强调社会教育的工具价值，以及强调的程度如何等。

幼儿园社会教育主要通过各种社会教育活动来实现。

（一）幼儿园社会教育活动价值

早年，人们将社会当作课程的一个领域，认定其目标是培养社会公民，其内容来自社会学科及其他学科，能反映儿童个体、社会和文化的经验。①社会领域教育能提供来自人类学、考古学、经济学、地理学、历史学、哲学、政治学、心理学、宗教学、社会学等人文科学及数学和自然科学的协调和系统的学习。②儿童通过学习历史，认识人类的过去；通过学习人类学和社会学，懂得自己所隶属的社会和团体；通过学习地理，明白自己所生活的地方以及自己与环境之间的联系；通过学习政治，知道自己如何影响他人，以及他人如何影响自己；通过学习经济，学习如何满足自己的基本需求……

当然，在设计社会教育活动时，不仅会涉及多学科、多领域的学习问题，而且必然会涉及如何认识幼儿思维发展过程和社会学习过程等问题。在社会教育中，幼儿的社会性发展与幼儿社会教育领域有关概念的形成存在密切的关系，这样的认识使社会领域教育与幼儿的生活经验产生了联系。

当今，在幼儿园课程中，社会教育更关注学习的整合性，因为它是不可能与任何其他领域相分割的，幼儿的社会领域学习深深地扎根其所在的文化背景，并与其发展水平相符，与其个人的经验相关。例如，幼儿进行社会概念的学习，一定会运用听、说、读、写等语言方式，会运用数学或科学概念，会通过美术、音乐和运动等手段。

幼儿园社会教育旨在通过为幼儿提供有计划的社会学习活动，促进他们自我意识的形成，发展他们与人交往、合作的能力，使其获取必要的社会常识，增进对社会和世界的理解。幼儿园社会教育活动是多种多样的，它们具有不同的结构化程度和价值取向，

---

① The National Council for the Social Studies. *Definition of the Social Studies*. Washington, D. C.: National Council for the Social Studies, 1983, p. 1.

② The National Council for the Social Studies. *Curriculum Standards for Social Studies: Expectations of Excellence*. Washington, D. C.: Author, 1998, p. 1.

在不同程度上实现理想主义的价值（本体价值）和功利主义的价值（工具价值）（见图3－11）。

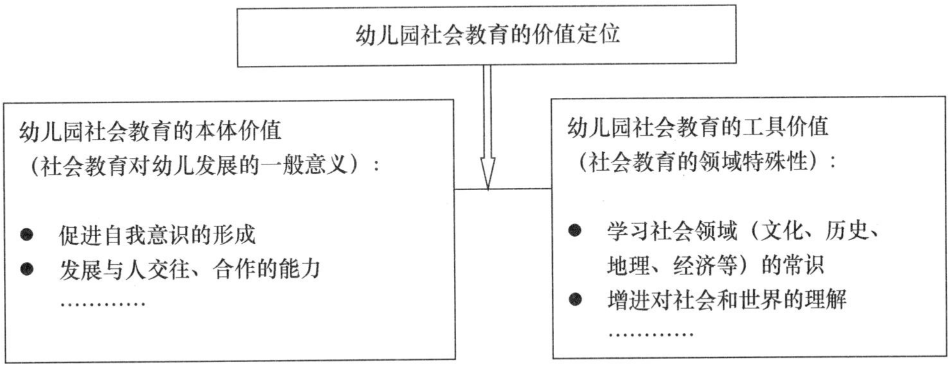

图3－11　幼儿园社会教育的价值定位

在幼儿园社会领域教育中，虽然幼儿游戏与社会领域教育的教学活动不可能截然分开，但是，幼儿社会性的充分发展主要可以让幼儿通过游戏占主要成分的低结构化社会教育活动获得，围绕幼儿的经验展开。而一些与幼儿生活经验相贴近的社会领域常识，则主要可以让幼儿通过教学占主要成分的高结构化社会教育活动获得，围绕教学预设的概念展开。

依据幼儿园社会教育的价值定位，与幼儿园社会教育的本体价值相一致的幼儿学习经验有许多，诸如：

（1）体验与人交往、合作、商量和分享，逐渐认同自我，逐步建立自尊、自信。

（2）感受和体验人与人之间的差异性，发展尊重这种差异性的能力。

（3）自我价值观的形成以及社会态度和情感的培养不是通过简单说教所能达成的，而是一个漫长的积累过程。

（4）幼儿会理解并遵守日常生活中基本的社会行为规范。

…………

依据幼儿园社会领域教育的价值定位，与幼儿园社会领域教育的工具价值相一致的教学概念（知识、技能）有许多，诸如：

（1）历史。

了解过去发生的事情，包括时间（过去、现在、事件的周期性或连续性等）、变化、人类的生存和繁衍、历史研究的方法（认识问题，观察、分析以及根据资料进行推理，得出结论等）等。

（2）政治与社会。

学习国家标志，如国旗、国歌、国徽、国庆节；学习与生活有关的指示标志，如警示标志、禁止标志；学习社会规则，如公共场所中的交通规则、交往规则、爱护公物和公共环境的规则；等等。

（3）文化。

了解祖国文化的丰富性，萌发初步的爱家乡、爱祖国的情感；了解多元民族文化，多种民族传统、风俗和节日活动；了解国际上不同国家和不同的人种、语言和节日；等等。

（4）地理。

了解人类生活的环境（地球、地球上的生物和非生物、家庭、邻居、社区、家乡、中国、外国等）、陆地和水、空间（物体间的相互关系等）、资源的保护等；了解人文景观，如本地、本市及全国的著名景观等。

（5）经济。

初步认识供求关系（资源的有限性、需求的合理性、资源合理利用的决策等）、消费（认识钱币、钱币的功用、计数钱币等）、职业生涯（各种职业人员及其功用、未来职业选择等）等。

…………

（二）幼儿园社会教育活动设计

幼儿园不同结构化程度的社会领域教育活动，具有不同的教育价值取向。高结构化的社会领域教育活动主要体现工具价值，低结构化的社会领域教育活动主要体现本体价值，介于高低结构之间的社会教育活动则兼顾工具价值和本体价值。

1. 主要体现工具价值的幼儿园社会教育活动的设计

主要体现工具价值的幼儿园社会教育活动有幼儿园集体科学教学活动（单一科学概念、科学与其他领域整合概念）等高结构化活动。其设计的要点是：

（1）关注社会教育活动的领域特殊性；

（2）强调向幼儿介绍与其生活相贴近的社会常识；

（3）活动目标要细化；

（4）活动内容聚焦于社会教育的“关键概念”；

…………

案例 3－13 是主要体现工具价值的幼儿园社会教育活动的案例。

案例 3－13

好吃一条街

活动目标：

1. 品尝家乡的小吃，初步了解家乡的饮食特点。
2. 了解家乡外的一些小吃。

活动过程：

1. 活动准备。

（1）激发幼儿了解家乡小吃的欲望。

教师告诉幼儿：我们要让爸爸妈妈带你们去品尝一下家乡的小吃，记住它们的名字，并将吃的东西拍个照片发给老师。

（2）教师整理家长或孩子发来的照片。

2. 讨论“好吃一条街”的品种。

在浏览本地小吃的照片、资料的基础上，教师与幼儿讨论家乡风味的“好吃一条街”内有哪些小吃。讨论家乡小吃的一些特点。

3. 布置“好吃一条街”。

（1）让幼儿用各种材料在活动室内布置各种风味的小吃摊，组成“小吃一条街”，如挂上小吃招牌（如龙抄手、钟水饺、赖汤圆等）、用各种材料“制作小吃”，营造温馨热闹的气氛。

（2）让幼儿扮演不同角色。

4. 教师介绍其他一些地方的知名小吃。

对主要体现工具价值的社会教育活动案例“好吃一条街”的分析如下：

从思考幼儿园社会教育的角度出发，从这个题为“好吃一条街”的单一科目教学活动的案例中，人们至少可以得到以下启发：

（1）在这个“好吃一条街”的教育活动中，活动目标是：“1. 品尝家乡的小吃，初步了解家乡的饮食特点。2. 了解家乡外的一些小吃。”在这个教育活动中，这些活动目标是最为重要的，活动的内容根据活动目标选择和组织，活动的过程等都围绕活动目标进行。在活动过程中，要求幼儿讨论“好吃一条街”的品种，收集本地小吃的图片、资料，布置“好吃一条街”等，活动的价值都在于预设的教育活动目标所确定的知识，要求幼儿通过活动获取这些常识。教师在实施教育活动时可以根据幼儿的状况对已经设计好的教育活动做一些调整，但是，可以调整的范围较小，整个教育活动应基本按照原有设计方案进行。

（2）这个教育活动明显地体现了以教师为中心展开教育活动的基本特征。教师发起活动，围绕着如何让幼儿知道有关小吃的常识展开活动，尽管活动中有一些幼儿自己动手的环节和成分，如幼儿参与收集各种风味的小吃，布置“好吃一条街”等活动，但是这些活动是为了完成计划好了的目标而设计的，并不在意幼儿自己的探究和发现，也不在意幼儿能否提出不同的意见和想法。因此，在活动中，教师主要是教学者、指导者、组织者和控制者。

（3）这个教育活动表现出比较明显的“单一科目”倾向。这就是说，整个活动主要关注的是社会领域教育的问题，而不是其他学科科目的问题。

2. 主要体现本体价值的幼儿园社会教育活动的设计

主要体现本体价值的幼儿园社会教育活动有幼儿园区角活动、方案教学等低结构化活动。其设计的要点是：

（1）关注幼儿一般意义的发展；

（2）强调幼儿在活动中的兴趣与幼儿自己的探索；

（3）活动目标要泛化，具有可变性；

（4）活动内容聚焦于社会教育的“关键经验”；

…………

案例3－14是主要体现本体价值的幼儿园社会教育活动的案例。

案例3－14

上海老街

一天，教师带领幼儿参观了“上海老街”，让幼儿看到了“上海老街”的风土人情，尝到了“上海老街”的小吃，访问了各种商店。

教师：“我们去城隍庙‘上海老街’玩过了，你们觉得哪家商店最好玩?”

幼儿1：“泥娃娃店最好玩。”

幼儿2：“剪纸店很好玩。”

幼儿3：“钟表店里的钟表很漂亮。”

幼儿4：“老师，我们想做‘上海老街’的游戏。”

教师：“好啊，那我们来商量一下怎么做‘上海老街’的游戏。”

教师与幼儿通过商量，一起在活动区规划了小商店。

开商店首先要有商品，于是幼儿们把在平时艺术活动中完成的各种作品先搬进商店，如小挂件、泥工小娃娃、刺绣作品等，幼儿们发现商品不够，便又加紧制作。

教师为泥屋提供了白胚的陶瓷花瓶、盆子、蛋糕盒子，为画室提供了布条、雨伞（一种色彩）、白色的扇面，为用品店提供了本色的汗衫、手帕，为玩具店提供了各种废旧材料。教师还发动幼儿共同收集各种材料。

在“苗苗钟表店”里，幼儿们自己设计各种手表、钟。用什么材料做手表的表面呢?有的用汽水瓶盖子做表盘，有的用药瓶盖、雪花片做表盘，用笔在其表盘画上数字记号。有几个幼儿一起商量，用一次性盘子做表盘，用筷子拼成表带，制作一个特大的手表，挂在商店门口。有个小男孩用盒子、塑料管做成机器人钟，机器人眼睛一大一小，似睁非睁，非常有趣。

在“仔仔玩具城”里……

资料来源：上海市教委教研室．幼儿园探索型主题活动实施与案例．上海：上海科技教育出版社，2001：79-80.

对主要体现本体价值的社会教育活动案例“上海老街”的分析如下：

从思考幼儿园社会领域教育的角度出发，从这个关于“上海老街”的活动案例中，人们至少可以得到以下启发：

(1) 增进对社会的理解，是幼儿园社会领域教育的一个重要方面。活动区活动“上海老街”是基于幼儿参观“上海老街”的经验而产生的。活动过程虽然有教师的参与，但是，教师的角色主要是活动材料的提供者，而不是指导者，更不是教学者。在这个低结构化的活动中，没有明确的活动目标，幼儿活动的过程主要是幼儿们自发产生的，幼儿对“上海老街”和商店的理解，只是基于他们自身的经验，商店内的商品更多的是与他们的生活经验联系在一起的，如泥工小娃娃、自己设计的钟表等。教师并没有要求幼儿去认识和理解“上海老街”的文化意义和传统特色，尽管“上海老街”有许多富有上海特色的小吃和工艺品，在创设活动区时，活动依然聚焦在“哪家商店最好玩”上。就此而言，活动区“上海老街”活动的性质是“由幼儿发起深层次探索活动，旨在满足幼儿的需要，以幼儿的兴趣为导向”。在这个活动中，幼儿很投入、很主动，虽然是一个几近纯游戏的过程，幼儿好像没有学到什么知识，但是在整个活动中幼儿重演了他们自身的经验，从他们自身的立场理解“上海老街”，满足了他们自由探索和表现表达的需要。

(2) 在活动区“上海老街”中，幼儿从商店布局到商品制作，整个过程是幼儿与物和与人互动的过程。在此过程中，幼儿获得经验，建构知识，与人沟通，协调关系，逐渐发展和形成自我意识。幼儿园社会领域教育的重要途径之一，就是这样一类的非正规教育活动。

(3) 作为低结构化的教育活动，在活动区，幼儿进行的社会学习其实是涉及很多领域的整合性活动。

3. 本体价值与工具价值兼顾的幼儿园社会教育活动的设计

本体价值与工具价值兼顾的幼儿园社会教育活动有主题教学活动、单元教学活动等介于高低结构之间的社会教育活动。这类教育活动在设计上需兼顾两类活动的设计要点。

第三节　幼儿园教育活动设计中各领域的分与合

在幼儿园教育活动设计中，各学习领域的分割与整合是个永恒的话题，分久必合，合久必分，这是常态。其原因是幼儿园教育实践经常会在“儿童为中心”与“教师为中心”之间摇摆，并寻找平衡点；会在幼儿游戏与教师教学之间进行权衡，并努力使两者实现最优化结合。

一、领域一般性与领域特殊性

领域一般性（domain-general）和领域特殊性（domain-specific）是认知心理学的

术语。

领域一般性是指人类在发展过程中逐渐形成了一组一般的认知能力，适用于各种认知任务而不管任务的具体内容是什么。根据这种取向的理论，幼儿园教育活动的设计应该强调各学习领域的整合，因为各学习领域的学习为的都是形成一般的能力，分领域的学习可能发生重叠，而整合各学习领域的学习则可以提升学习的效率。

领域特殊性是指人类不可能以某种纯粹独立于领域内容的方式形成认识，人的认知具有领域特点，不同认知能力适用于不同认知任务。根据这种取向的理论，幼儿园教育活动的设计应该强调各学习领域的分割，因为各学习领域（学科）的学习都具有领域特殊性，为的都是形成不同的能力，分领域的学习可以有效地达成不同学习领域的学习所要达成的目的。

幼儿园教育活动的设计，应该基于领域一般性还是应该基于领域特殊性的思考，是活动设计倾向于各学习领域整合还是倾向于各学习领域（学科）分割的依据之一。

其实，人的认知究竟是具有领域一般性还是具有领域特殊性，是一个颇具争议、没有定论的问题。

例如，皮亚杰的认知发展理论具有领域一般性的倾向。20 世纪 60 年代，在教育领域过度强调分科教学的情况下，他的理论被用于纠正这种倾向。但是，到了 20 世纪七八十年代，围绕皮亚杰认知发展的普遍性理论的贡献和局限性曾发生了激烈的争论。一些持领域特殊性取向的研究者认为，虽然皮亚杰在他那个年代对儿童智力发展做了详尽和深入的研究，但是他几乎将所有注意力都集中在逻辑数理方面，而不顾及艺术等其他方面；他没能提出一些重要的问题，包括发展的变化产生的机制、个体之间的差异以及教育影响发展的方式等。

加德纳和费尔德门（D. Feldman）在他们各自研究的基础上批评了皮亚杰的这种每个儿童的智能都以同样方式发展的理论。

费尔德门在 1980 年出版的《超越智能发展的普遍性》一书对“智力会在所有儿童身上得到发展，不论其背景和经验如何”的观点提出了挑战。他认为，认知发展不是自发产生的，认知结构在每一个领域中会逐渐地和互相独立地建立，而这一过程需要提供支持性的工作和良好的环境条件。根据他的理论，能表征发展成就的这些领域，是一个从“普遍的”（universal）再到“泛文化的”（panculture），到“文化的”（culture），到“训练为基础的”（discipline based），到“特殊的”（idiosyncratic），再到“唯一的”（unique）连续体。

加德纳在 1983 年出版的《智能的结构：多元智力理论》对传统的心理学关于智力的理论提出了挑战。在这本书中，他提出每一个人都有至少七个方面的相互独立的智能，它们是语言智能、逻辑数学智能、音乐智能、空间智能、身体智能、人际交往智能和反省智能（加德纳在 1998 年又提出了第八种智能，即自然智能），每种智能都有其自身的符号系统和解决问题的方式。

强调领域特殊性的认知心理学发展新动向也已经开始影响幼儿园课程的编制和实施。近年来，一些认知心理学家和学前教育家们正在将他们的注意力集中在领域特殊性方面，强调各领域中儿童知识形成的特殊性和差异性，这些研究对当今幼儿园课程中的语言教育、数学教育和科学教育等领域正在产生越来越大的影响。

应该看到，领域特殊性和领域一般性不是二元对立的关系，它们应保持一定的张力。同时应该看到，领域一般性和领域特殊性对心理机制的解释都有一定的局限性。

二、幼儿园教育活动设计中各领域教育分与合的利弊

在一个幼儿园教育活动设计中，各领域教育的分与合，不是非此即彼的，而是存在非常复杂关系的。

迄今为止，还没有证据可以说明，在一个幼儿园教育活动中，究竟是分科好，还是整合好。换言之，分领域的幼儿园教育活动既有利处也有弊端，整合性的幼儿园教育活动亦然。

（一）幼儿园分领域教育活动的长处和弊端

分领域教育活动，就是关注某个教育活动的领域特殊性，在一个教育活动中强调一个领域的教育。

一般而言，一个分领域幼儿园教育活动具有以下一些主要特征：

（1）分领域教育活动能为教师的教学和幼儿的学习提供该领域中的关键概念。

每个领域都有不同于其他领域的特殊性，每个领域都有其特有的关键概念，对这些关键概念的把握，有益于提升教师教学的有效性，有益于帮助幼儿认识世界。分领域教育活动将本领域的关键概念作为教育活动的核心，由此展开的活动能让幼儿把握人类文化和知识的精华，获得与此领域相关的特殊能力。

（2）分领域教育活动有较强的可操作性。

与其他类型的教育相比较，分领域教育活动具有较强的可操作性，即使教师没有太多的教育、教学经验，也可在教师参考用书和教材的指导下分门别类地实施教育、教学；比较容易把握教育、教学的进程；比较容易对教育、教学效果进行评价。

（3）分领域教育活动已有相当长的运用历史。

与其他类型的教育活动相比，分领域教育活动早已被人们运用，已有数百年的运用历史。人们在长期的运用过程中积累了不少经验，创造了许多有关的材料和方法。

但是，分领域教育活动存在诸多的不足之处，特别是对幼儿实施的教育活动所存在的问题会表现得更为突出。

虽然分领域教育活动强调知识和技能的分门别类，强调为设计和组织知识与技能提供

系统，强调为理解社会和世界提供关键概念、探索的工具以及认识的方法，但是，这一切的获得常常是以较少顾及幼儿的兴趣和需要、较少顾及幼儿在不同水平上的发展为代价的。

（二）幼儿园整合性教育活动的长处与弊端

整合性教育活动，就是淡化教育活动的领域特殊性，将数个领域的教育整合在一个教育活动之中。

一般而言，幼儿园整合性教育活动具有以下一些主要特征，这些都是整合性教育活动的长处：

（1）整合性教育活动是与幼儿生活密切关联的活动。

对幼儿而言，学习应该是与其生活有密切关联的，学习应该是以前经验的延续，并对以后的生活具有价值。整合性教育活动以解决幼儿真实生活中的问题为出发点，对幼儿提出了挑战，使幼儿能在参与活动的过程中面对冲突、获取经验。

（2）整合性教育活动能促进主动的学习。

幼儿主动的和个性化的学习常是最有意义的学习。整合性教育活动能激励幼儿主动地去参与，在与材料和他人的交互作用的过程中获得经验，而不是被动地去接受或旁观客观事实。

（3）整合性教育活动能同时顾及幼儿多方面的发展。

整合性教育活动不只是强调幼儿一个领域的学习，而是能够顾及幼儿多方面的学习和发展，能改变各领域之间的相互隔离状态，使幼儿认知、情感和身体各个方面的发展相互支持、相互增强，从整体上去获得经验和知识。

但是，整合性教育活动也存在很多需要解决的问题。

整合性教育活动主要基于幼儿自身的经验，而不是概念，而教师对幼儿经验，特别是有教育意义的关键经验的把握是有难度的。因此，教育活动的可操作性较弱，活动效果的评价也较困难。

三、幼儿园教育活动设计中各领域教育的分合之道

在幼儿园教育活动设计中，各领域教育是分还是合，分与合的程度如何，都取决于教育活动的价值定位，取决于幼儿园课程编制者选择和组织教育活动的需要，还取决于教育实践的各种条件、情景等，特别是幼儿园教师的专业水平，而并不取决于分与合孰是孰非，或者哪个好，哪个不好。

幼儿园教育活动设计中各领域教育的分合之道，就是在领域一般性与领域特殊性之间求得平衡，扬两者之所长，避两者之所短，以使幼儿园教育活动在实施中取得有效性。

第四章

幼儿园教育活动的选择和组合

幼儿园课程由课程编制者选择的各种类型的幼儿园教育活动组合而成。一系列经由选择的同质的或异质的幼儿园教育活动，基于某种或某些教育理念，以某种方式，可以组合成某种幼儿园课程。组成某一课程的各种教育活动的性质的总和，决定着该幼儿园课程的教育价值和性质。

广义地说，幼儿园教育活动包括在幼儿园内所发生的一切活动。狭义地说，幼儿园教育活动主要有游戏和教学两大类。

依据不同的分类方式，可以人为地将幼儿园教育活动分成各种类别；为了编制幼儿园课程，可以对以不同方式被分成类别的幼儿园教育活动进行选择和组合。

第一节　各种不同分类方式下幼儿园教育活动的选择和组合

按教育活动的结构化程度分类、按教育活动的学习领域性质分类，是常见的幼儿园教育活动的分类方式。将幼儿园教育活动以不同方式分类，为的是让幼儿园课程的编制者能够按照活动分类的逻辑选择和组合幼儿园教育活动。

一、幼儿园各种不同结构化程度的教育活动的选择和组合

在编制幼儿园课程时，从幼儿园教育活动结构化程度的视角讨论教育活动的选择和组合，拟解决的主要问题是幼儿园各种结构化程度的教育活动之间如何达成平衡。

（一）幼儿园各种结构化程度的教育活动之间的平衡

狭义地说，幼儿园教育活动主要有游戏和教学两大类；按幼儿园教育活动的结构化程

度，可以相对将幼儿园教育活动分成无结构化教育活动、低结构化教育活动、高结构化教育活动以及完全结构化教育活动。按照这种分类方法，游戏活动是无结构化教育活动，完全由教师预设的教学是完全结构化教育活动，游戏活动占主要成分的教育活动是低结构化教育活动，而教学活动占主要成分的教育活动是高结构化教育活动。

在每日教育活动、每周教育活动以及每学期和每年度教育活动的选择和组合中，都有让各种不同结构化程度的幼儿园教育活动之间取得协调和平衡的问题。换言之，每一种幼儿园课程尽管从理念到实践都可以有其区别于其他课程的特点，但是让各种不同结构化程度的幼儿园教育活动的选择和组合与其理念相一致，在实践中有益于操作，从而使整个教育活动的组合达成平衡状态，这一点是共同的。

具体地说，在选择和组合每日、每周以及每学期和每年度教育活动时，在不同的层面上都有协调和平衡诸如教育活动的教育、教学目标主要由谁确定，活动主要由谁发起，活动的动机是什么，活动中教师的角色是什么，以及强调活动的过程还是结果等方面的问题，从而使每日、每周以及每学期和每年度教育活动都能在“目标导向与过程导向”“学科逻辑与儿童经验”“教师发起与儿童生成”“目标评价与过程评价”等方面总体反映课程编制者和教育活动设计者的教育理念，也能便于教育活动实施者运用和操作。

在每日、每周以及每学期和每年度幼儿园教育活动的选择和组合中，让各种不同结构化程度的教育活动之间取得协调和平衡的问题，就是在不同的层面上处理好游戏与教学之间的关系问题，即处理好教师预设与儿童生成之间的关系问题。换言之，协调和平衡的每日、每周以及每学期和每年度幼儿园教育活动组合，是幼儿园游戏与教学实现优化组合的结果。

（二）幼儿园各种结构化程度的教育活动的选择和组合

在编制不同类型的幼儿园课程时，幼儿园课程的编制者和教育活动的设计者会采用一定的选择和组合方式，力求使幼儿园各种结构化程度的教育活动在不同层面上（每日、每周以及每学期和每年度）达成平衡。

1. 幼儿园每日教育活动在结构化程度上的平衡

在不同类型的幼儿园课程中，幼儿园课程的编制者和教育活动的设计者需要处理好游戏与教学之间的关系，在每日教育、教学活动的选择和组合上，使不同结构化程度的教育、教学活动达成平衡，从而使幼儿园课程既能顺应幼儿的自然发展，又能有效地将幼儿的发展纳入社会所需要的轨道。

幼儿园一日活动的组合和安排，应符合幼儿园每日教育、保育的基本要求。从狭义的意义上述及幼儿园教育活动，在幼儿园每日活动中应有游戏和教学两类教育活动，并要根据课程的性质确定这两类教育活动在时间上的比例、在组合上的形式以及它们之间的关系。

选择和组合幼儿园不同结构化程度教育活动的方式不计其数，不只是因为教育活动的种类在不同结构化程度教育活动的连续体上是不计其数的，而且是因为选择和组合这些不计其数的教育活动的方式也是不计其数的。

一般而言，无结构化教育活动主要是幼儿自发、自主、自由的游戏；低结构化教育活动包括活动区活动、方案教学活动、探索性主题活动等；介于高低结构教育活动之间的活动包括主题活动、单元教学活动等；高结构化教育活动包括学科教育活动等。以幼儿的户外运动为例，幼儿自由的身体运动是无结构化教育活动；幼儿有较大自由度的体育活动是低结构化教育活动；幼儿主要依据教师的指令或活动规则进行的体育活动，如幼儿集体操和其他动作操练等是高结构化教育活动。在一日活动的选择和组合时，可以根据以上各种类型的教育、教学活动的结构化程度，选择各种教育活动进行组合。

在组合这些经过选择的教育活动时，时间的多少是一个重要因素。具体地说，在幼儿园一日的游戏和教学活动中，幼儿游戏的时间和教师教学的时间之比，是反映课程编制者和教育活动设计者教育理念的一个重要指标。它能在本质上反映课程的性质，尽管游戏时间和教学活动时间之比是以非常复杂的方式存在的。

在组合这些经过选择的教育活动时，教学活动的性质也是一个重要因素。具体地说，在幼儿园一日的教学活动中，教师教学的领域、目标、内容、广度、难度，以及教学与游戏结合的方式等，也是反映课程编制者和教育活动设计者教育理念的一个重要指标。它也能在本质上反映课程的性质，尽管教学的内涵和形态以及教学与游戏相结合的方式等是以非常复杂的方式存在的。

在狭义上选择和组合幼儿园的一日活动，首先就是根据课程理念确定幼儿园教育、教学活动中游戏与教学的关系问题，包括幼儿游戏的时间和教师教学的时间之比问题、教学活动的性质问题等，并对所选择的教育活动进行组合，使一日活动在幼儿学习和教师教学之间达成平衡，获取课程编制者和教育活动实施者所期望达成的教育价值。

在选择和组合教育活动时，有两个主要的维度：其一是在各种不同教育活动的连续体上教育活动的位置，反映的是教育活动的结构化程度；其二是该类性质的教育活动所占据的时间。在选择和组合教育活动时，不同结构化程度的幼儿园课程，在这两个维度上是不相同的。图 4－1、图 4－2 和图 4－3 是三个模式图，大致反映的是在无数种教育活动选择和组合方式中可能存在的三种方式。从这三个模式图中大致可以看出这些课程编制者的教育理念，以及他们是如何通过教育活动的选择和组合达成他们的教育理念，从而使幼儿园一日活动在结构化程度上达成平衡的。

图 4－1 反映的是一种结构化程度较低的幼儿园课程的教育活动选择和组合方式，在一日活动中，主要是幼儿自由的游戏和活动区活动，配以一定比例的探索性主题活动，只有少量的集体仪式或操练活动；图 4－2 反映的是一种结构化程度中等的幼儿园课程的教

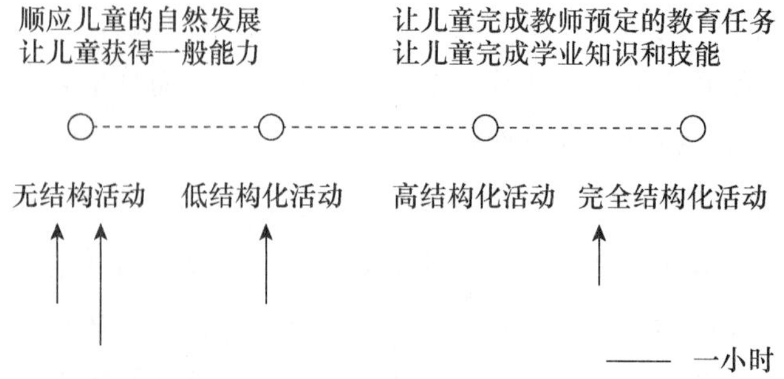

图 4-1 幼儿园一日教育活动在结构化程度上的平衡（一）

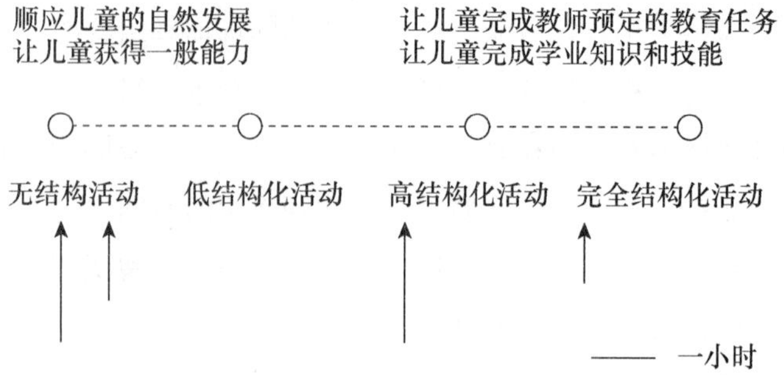

图 4-2 幼儿园一日教育活动在结构化程度上的平衡（二）

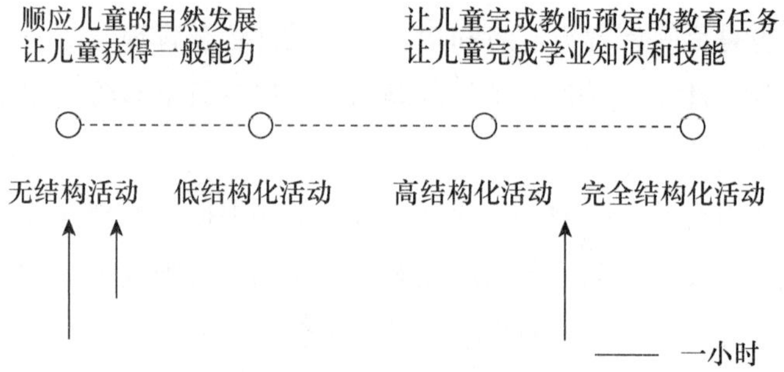

图 4-3 幼儿园一日教育活动在结构化程度上的平衡（三）

育活动选择和组合方式，在一日活动中，主要是主题式教学活动和幼儿自由活动，辅之以活动区活动和集体教学活动；图 4-3 反映的是一种结构化程度较高的幼儿园课程的教育活动选择和组合方式，在一日活动中，主要是集体教学活动和幼儿自由活动，辅之以活动区活动。

2. 幼儿园每周、每学期或每学年教育活动在结构化程度上的平衡

在不同类型的幼儿园课程中，幼儿园课程编制者和教育活动设计者需要处理好游戏与教学之间的关系，在每周、每学期或每学年教育、教学活动的选择和组合上，使不同结构化程度的教育、教学活动达成平衡。

幼儿园每周、每学期或每学年活动的组合和安排，应符合幼儿园每周、每学期或每学

年教育、保育的基本要求。从狭义上述及幼儿园教育活动，幼儿园每周、每学期或每学年的活动要根据课程的性质等，在一日活动选择和组合的基础上做适当的调整，确定游戏和教学这两类教育活动在时间上的比例、在组合上的形式以及它们之间的关系。

幼儿在一周内机能活动的能力是不相同的。一般而言，周一的上午，特别是前一段时间不可能有较高的机能活动能力，因此，应加大无结构化教育活动和低结构化教育活动的比例，减轻体力和脑力活动的负担。幼儿机能活动的能力在周二开始升高，周三和周四可达高峰，因此可适当增加结构化程度较高的教育活动的比例。幼儿机能活动的能力在周五开始下降，因此，应再次加大无结构化教育活动和低结构化教育活动的比例。

幼儿在一学期或一学年内机能活动的能力也是不相同的。一般而言，学期或学年的开始，幼儿不可能有较高的机能活动能力，因此，应加大无结构化教育活动和低结构化教育活动的比例，减轻体力和脑力活动的负担。幼儿机能活动的能力在学期或学年开始几周后逐渐升高，因此可适当增加结构化程度较高的教育活动的比例。学期或学年将结束前，幼儿机能活动的能力已经下降，因此，应再次加大无结构化教育活动和低结构化教育活动的比例。

二、幼儿园各学习领域教育活动的选择和组合

讨论幼儿园各学习领域教育活动的选择和组合，拟从狭义的幼儿园教育活动定义以及按幼儿园教育活动的学习领域性质进行分类的方式入手，拟解决的主要是幼儿园各学习领域性质之间如何达成平衡的问题。

（一）幼儿园各学习领域之间的平衡

按幼儿园教育活动的学习领域性质，可以相对将幼儿园教育活动分成语言教育活动、计算教育活动、科学教育活动、音乐教育活动、美术教育活动、体育活动，或者分成健康教育活动、语言教育活动、科学教育活动、社会教育活动、艺术教育活动等，在各种现有的学习领域的划分上尽管存在差异，但是，这种差异只是大同中的小异。

将幼儿园教育活动划分为与幼儿园教育相匹配的各学习领域，是因为这些学习领域是与幼儿的身心发展特征以及学习特点相一致的，也是因为这些学习领域是与将幼儿培养成为能适应社会的人相一致的。例如，对幼儿而言，幼儿园美术教育活动既有耕耘他们感性、鼓励他们表现表达、促进他们相互合作以及发展他们创造力等一般发展的意义，又有让他们感受真善美、追求秩序和形式美、使他们的情趣得到陶冶的美学教育意义，这是幼儿园教育阶段所不可或缺的，是其他任何学习领域或学科科目不可替代的。幼儿园教育活动的这种分类方法，是编制幼儿园课程以及选择和组织幼儿园教育活动的一种常用分类方法，也是思考和陈述幼儿园各种教育活动的价值和实施教育活动的一种常用分类方法。

一个较理想的按学习领域性质分类的方式，其包含的各学习领域教育活动，会涵盖幼儿园课程应该包含的主要教育、教学内容，会反映出该课程所要达成的基本目标。反之，一个幼儿园课程如若缺失了某一学习领域的教育活动，或者某些学习领域的教育活动过多过强，而另一些学习领域的教育活动过少过弱，或者某些学习领域的教育活动在选择和组合中有所不当，都会导致该课程的失衡，成为该课程的缺憾。

不论是哪种类型的幼儿园课程，在编制课程以及选择和组合教育活动时，都会在不同程度上思考和处理幼儿园各教育、教学学习领域之间的关系，从而保证幼儿园课程在整体上达到协调和平衡。

（二）幼儿园各学习领域教育活动选择和组合的方式

在编制不同类型的幼儿园课程时，幼儿园课程的编制者和教育活动的设计者会采用不同的选择和组合方式，力求使幼儿园教育各学习领域之间达成平衡。这些方式包括分门别类、相互渗透或整合。

1. 分门别类地选择和组织幼儿园各科目教育活动

幼儿园学科课程以分门别类的方式选择和组合幼儿园各教育、教学科目教育活动，力求达成各教育、教学科目之间的平衡。

以分门别类的方式选择和组合幼儿园各科目教育活动的学科课程已经有相当长的历史了。当今幼儿园课程经常采用的学科科目，它们的发展也已经有数百年的历史了。

尽管美国早期儿童教育协会（NAEYC）的发言人极力提倡学前教育课程的综合化，但是，他们也不得不承认“学科课程的存在有其理由。学科课程将知识分成类别，为设计和组织知识提供了系统，为理解社会、物质世界和生物学世界提供了关键经验、探索的工具以及认识的方法”①。

（1）分门别类地选择和组合幼儿园各科目教育活动的利弊。

各种幼儿园学科课程在结构化程度上可以有所不同，但是，这类幼儿园课程在大体上都反映了以教师为中心、以课程的行为目标为导向、以结果为评价标准的课程特征。在这种课程中，幼儿园教育活动以学科所具有的特点为教育活动设计的重要依据，教育活动以学科特有的方式展开，即使有些教育活动的设计多少反映了对幼儿兴趣和需要的关注，力求使教育活动贴近幼儿的生活经验，这类教育活动的基本取向依然不变。

以分门别类的方式选择和组合各科目教育活动，在达成幼儿园课程内容的结构化和平衡等方面有其长处：

1）以分门别类的方式选择和组合各科目教育活动，使学科课程能保持一定的内在逻辑结构。

---

① Bredekamp, S. & Rosegrant, T. *Reaching Potentials: Transforming Early Childhood Curriculum and Assessment*, Vol. 2, NAEYC, 1995, p. 2.

对幼儿而言，如果学习内容的内部存在逻辑结构，他们能够循序渐进地学习，那么，他们的学习效率也许会有所提高，他们就有可能在较短的时间内较系统地获得人类许多年积累的知识和经验。

学科课程一般是有内在逻辑结构的课程，每一学科科目自成体系。这种主要依据学科内部的结构展开的课程，能使幼儿按学科逻辑系统地把握知识和技能。

2）以分门别类的方式选择和组合各科目教育活动，使学科课程能为幼儿提供各学科中的关键概念。

每个学科都有不同于其他学科的特殊性，每个学科都有其特有的关键概念，对这些关键概念的把握，有益于幼儿对整个世界的认识。学科课程将本学科的关键概念作为学科的核心，由此而展开的课程和教育活动，能让幼儿把握人类文化和知识的精华，获得与此学科有关的特殊能力。

3）以分门别类的方式选择和组合各科目教育活动，使各学科科目形成平行关系，容易使不同学科科目之间达成平衡。

在处理各事物之间的关系时，平行关系往往是比较清晰的，因为这种关系能使人将事物放置于简单的关系中去比较。学科课程平行地处理各学科科目之间的关系，能让课程编制者和教育活动设计者在比较中处理和达成各学科科目之间的协调和平衡。

4）以分门别类的方式选择和组合各科目教育活动，不但使课程编制和教育活动设计简易化，而且使教育活动具有较强的可操作性。

与其他课程相比较，学科课程具有较强的可操作性，即使教师没有太多的教育、教学经验，也可在教师参考用书和教材的指导下分门别类地实施教育、教学活动，比较容易把握教育、教学的进程，比较容易对教育、教学效果进行评价。

以分门别类的方式选择和组合各科目教育活动，也存在诸多的不足之处。特别是对幼儿实施的教育，这种方式存在的问题会表现得更为突出。

由于注重学科科目，强调知识和技能的分门别类，强调为设计和组织知识和技能提供系统，强调为理解社会和世界提供关键概念、探索的工具以及认识的方法，所以会较少顾及幼儿的兴趣和需要，较少顾及幼儿在不同水平上的发展，较少顾及情感、态度等方面的教育内容。

(2) 分门别类地选择和组合幼儿园各科目教育活动的原则。

以分门别类的方式选择和组织幼儿园各科目教育、教学活动，应遵循以下一些原则：

1）所选择和组合的教育活动应尽可能与幼儿的发展水平和发展程序相一致。

在选择和组合教育活动时，预设的教育活动与幼儿的发展水平相符合，使之保持在维果茨基所谓的“最近发展区”内，也就是使所计划的教育活动的深度与儿童发展的水平尽可能相接近。这是一种比较理想的状态。同样，在所选择和组合的教育活动上，预设的教育活动应尽可能与儿童发展程序相近，不仅要顾及幼儿的发展程序，而且要顾及各学科本身的逻辑结构和学习学科的规律，而这两者往往是不一致的，甚至是相互矛盾的。因此，教育活动次序与儿童发展的程序之间尽可能相接近就显得特别重要。要做到这一点是不容易的，既要把握儿童发展的规律，又要把握学科内在的教学规律，并权衡利弊得失，在充分顾及学科特点的情况下，使教育活动的次序与儿童发展的程序尽可能相接近。

2）所选择和组合的教育活动应尽可能与个体和群体儿童的需要相符合。

在选择和组合教育活动时，教育活动可以以大组、小组和个体活动等不同的形式进行。因为以预设为主的学科教育活动难以与个体儿童的需要相符合，与小组儿童或全体儿童的需要相符合则更为困难，但是，仍应通过努力，使为个体和群体儿童选择和组合的学科教育活动尽可能与个体和群体儿童的需要相接近。

2. 相互渗透或整合式地选择和组织幼儿园各学习领域教育活动

幼儿园综合性课程以相互渗透或整合的方式选择和组合幼儿园各学习领域教育活动，力求达成各学习领域之间的平衡。所谓综合性课程，就是将课程的各种因素，特别是各教育、教学科目综合成一体的课程。

各学习领域教育活动的相互渗透，指的是某学习领域教育活动中包含了其他学习领域教育活动的目标和内容，表现为该教育活动的学科界限不再十分清晰，而是“你中有我，我中有你”。各学习领域教育活动的相互整合，指的是某些教育活动已经分不清究竟是哪个学科科目的教育活动，而是“你就是我，我就是你”。

(1）学习领域的界限与相互渗透、整合。

与其他各级各类课程相比较，幼儿园课程更多采用相互渗透，特别是整合式地选择和组织幼儿园各学习领域教育活动的方式，这是由幼儿学习的特点所决定的。

一般而言，以相互整合的方式选择和组合教育活动所形成的课程，会比以相互渗透的方式所形成的课程的结构化程度低。换言之，以相互渗透的方式选择和组合教育活动所形成的课程，往往是结构化程度较高的幼儿园课程。

以相互整合的方式选择和组合教育活动所形成的幼儿园课程可以是一些结构化程度较高的课程，如单元教学等，也可以是一些结构化程度较低的课程，如主题教学、方案教学等。

以相互整合的方式选择和组合教育活动所形成的结构化程度较高的课程，各学习领域的界限比较清晰；以相互整合的方式选择和组合教育活动所形成的结构化程度较低的课程，各学习领域的界限比较模糊。

(2）幼儿园综合性课程。

在选择和组合教育活动时，幼儿园综合性课程的编制者往往会采用使各学习领域相互渗透或整合的方式，力求使各学习领域之间达成平衡。在幼儿园课程中，除了分科教学课程外，其他常见的课程都可以称作以相互渗透或整合的方式选择和组合幼儿园各学习领域教育活动的综合性课程，它们之间的差异主要体现在相互渗透或整合的程度上，例如，方案教学的整合程度比单元教学的整合程度要高。

以相互渗透或整合的方式选择和组合幼儿园各学习领域教育活动的综合性课程也不是一个新的概念或名词。以儿童为中心组织学前教育课程，早就为不少教育的先驱所倡导。20 世纪初，杜威就已经提出应将知识综合化，使之结合在由儿童发起的和自我指导的活动中。杜威的同时代人克伯屈（W. H. Kilpatrick）提出，课程应由教师和儿童共同设计。他提出的设计教学法，主张通过主题的方式让儿童进行学习，将现实生活结合到儿童的活动中去。20 世纪 50 年代以后，受皮亚杰理论的影响，幼儿园综合性课程再度受到重视，在世界各地，综合性课程被广泛运用，以适合不同发展水平和不同文化背景的学龄前儿童。

美国早期儿童教育协会的发言人将综合性课程称作“使课程内容对早期儿童更具意义的一种策略”①。他们认为，“将课程综合化的最主要目的是使课程对早期儿童更有价值”②。由是，他们将综合性课程定义为：“在儿童的经验范围内提供有组织的主题或概念，允许儿童在从一个或多个科目中抽提出教育目标的学习活动中去探索、去理解和去参与。”③

（3）相互渗透或整合式地选择和组合幼儿园各学习领域教育活动的利弊。

沃瑟姆（S. C. Wortham）认为，综合性课程具有以下四个方面的特征，这些都是综合性课程的长处：

1）综合性课程是有关联的课程。

对儿童而言，学习应该是有关联和有意义的，学习应该是以前经验的延续，并对以后的生活具有价值。综合性课程以解决儿童真实生活中的问题为出发点，对儿童提出了挑战，使儿童能在参与活动的过程中面对冲突、建构概念。

2）综合性课程能促进主动的学习。

儿童主动的和个性化的学习常是最有意义的学习。综合性课程能为儿童提供活动，让儿童主动地去参与，在与材料和他人的交互作用的过程中获得经验，而不是被动地去接受或旁观客观事实。

3）综合性课程由儿童参与设计，并能符合儿童的兴趣和需要。

在综合性课程中，儿童积极参与教师设计课程的过程。教师充分考虑到每个儿童的文化背景、发展潜能和兴趣，运用多种方式提供适合不同儿童的各种活动。而儿童则不断地为教师提供各种信息，使教师能够根据儿童的个体化状况设计和调整课程计划。

---

①②③ Bredekamp, S. & Rosegrant, T. *Reaching Potentials: Transforming Early Childhood Curriculum and Assessment*, Vol. 2, NAEYC, 1995, p. 168.

4）综合性课程能使儿童发展与知识结合成一体。

综合性课程不只是关注儿童认知的发展，而是充分顾及儿童多方面的发展，使儿童认知、情感和身体各个方面的发展相互支持、相互增强，从而在综合性的活动中去获得经验和知识。①

美国早期儿童教育协会的发言人也认为，综合性课程至少在以下六个方面能促进儿童的学习：能为儿童的经验提供关联性，并对意义的建构起作用；能让儿童看到每一课程领域对整个知识体系所起的作用；能改变各科目之间的相互隔离状态；能减少儿童活动转换的困难；能帮助儿童将大量必须学习的信息组织成有意义的概念；能有益于儿童像各种学科专家一样从各个领域出发学习知识。

但是，综合性课程并不是完美无缺的，相反，这种课程也存在很多需要解决而且是难以解决的问题。

虽然美国早期儿童教育协会的发言人极力主张幼儿园课程的综合化，但是，他们也认为“综合性课程不可能达到知识完整性的要求，除非它完完全全建立在不同学科的知识基础之上，而这些学科的发展已有数百年的历史了”②。他们认为，“只有教育工作者能根本上理解各学科科目之间的共同之处和差异，理解综合能够实现的价值和所起的作用，综合性课程的计划才有可能实现。没有各种学科科目的基础，学前教育综合性课程很快会蜕变为快乐而无意义的活动或琐碎的东西”③。他们提出了综合性课程在实施中的两大风险，“风险之一是，综合性课程失却了每个学科科目的独特性，因此也就看不到学科科目让人学习知识的方法以及这些科目表述知识的方式。另一个风险是，综合性课程往往使早期儿童失去足够的参与时间，而在分科课程中，早期儿童参与的时间是充分的”④。

（4）相互渗透或整合式地选择和组合幼儿园各学习领域教育活动的原则。

以相互渗透或整合式的方式选择和组织幼儿园各学习领域教育活动，应遵循以下一些原则：

1）要充分理解各学科科目之间的共同之处和差异。

在课程编制中，分科课程的弊端之一是难以避免因为各学科科目的共同之处而造成的简单重复，而综合性课程如果能理解各学习领域之间的共同之处和差异，通过渗透或整合的方式，则有可能解决这一弊端。

具体地说，在编制分科课程时，由于需要分门别类，因此不得不重复地选择和组合各科目教育活动中共同的内容。此外，有些原本可以同时进行的、具有教育意义的但却属于其他科目的内容也会多少被排斥在教育活动之外，还需要另行选择和组织教育活动的内

① Wortham, S. C. *The Integrated Classroom*, Merrill, 1996, pp. 329-330.

②③④ Bredekamp, S. & Rosegrant, T. *Reaching Potentials: Transforming Early Childhood Curriculum and Assessment*, Vol. 2, NAEYC, 1995, p. 2.

容，从而会花费较多的时间和资源。以渗透或整合的方式选择或组合教育活动，多少可以减少这种简单的重复，提高每单位教育活动内容呈现的效率。

2）能充分理解“综合”所能实现的价值和所起的作用。

综合性课程是试图围绕儿童的经验展开的课程，在这种类型的课程中，教育活动试图与每一个儿童的发展特点相符合。儿童之间存在的差异，包括发展水平和文化背景的差异等方面，高结构化的、以目标为导向的课程和教育活动难以适合儿童之间存在的这些差异。综合性课程能为儿童提供多种机会，允许儿童以不同的方式主动地与环境进行交互作用，允许儿童自主选择和主动生成，使他们在不同的水平上得到发展。

以渗透或整合的方式选择和组合教育活动，为的是实现综合性课程所具有的以上这些价值，这样做，有时是需要以牺牲学科逻辑的严密性等为代价的。换言之，如果在综合性课程中过分强调学科逻辑的严密性、各学科科目的完整性，以及各学科科目教育目标和教育内容之间的平衡性，那么不仅会使以渗透或整合的方式选择和组合教育活动陷入困境，而且难以实现综合性课程应该具有的价值。

3）能充分理解渗透或整合常会导致每个学科科目独特性的淡化。

在编制分科课程时，在选择和组合各学科科目教育活动中会注重和保持学科科目的独特性，并要求教师在实施教育活动时能以与该学科教育、教学的独特性相一致的教学方法实施教育、教学活动。

以渗透或整合的方式选择和组合各学习领域教育活动，则会自然地淡化各学科科目的独特性，从而加大教师以与各学科教育、教学的独特性相一致的教学方法实施教育、教学活动的难度。这就是美国早期儿童教育协会的发言人所谓的“没有各种学科科目的基础，学前教育综合性课程很快会蜕变为快乐而无意义的活动或琐碎的东西”的道理，这就是“连学科教学都不行的教师是无法把握综合性教育、教学活动”的道理。

要充分理解渗透或整合常会导致每个学科科目独特性淡化的道理，并认识到由此带来的问题，那就是对教育活动实施者把握各学科科目独特性的要求不是降低了，而是提高了，即要求活动实施者能灵活地运用与各学科独特性相一致的方式方法实施活动，并能使这些不同的方法协调成一体。

4）能充分认识到渗透或整合常会导致一些学科教育活动时间减少。

在分科课程中，儿童参与的各种学科科目教育活动的时间是充分的、专门的。以渗透或整合的方式选择和组合各学习领域教育活动，则会自然地淡化各学科科目之间的界限，使原本专门用于某科目教育活动的时间不复存在。

要充分认识到渗透或整合常会导致专门的学科教育活动时间减少所带来的利弊，认清哪些是有意义的教育活动内容，哪些是可有可无的甚至是没有意义的活动内容。权衡组成每个教育活动的各种成分（各学科内容）的教育价值，强化有意义的教育活动内容，减少可有可无的甚至是没有意义的活动内容所花费的时间，在一定程度上能够缓解选择和组合各学科科目教育活动的方式带来的问题。

第二节 幼儿园一日活动的组织和安排

幼儿园一日活动是幼儿园课程的组成单元。幼儿园课程编制和实施，依据的是一系列有计划的幼儿园一日活动。

讨论幼儿园一日活动的组织和安排，拟从广义的幼儿园教育活动的定义以及按组织形式进行分类的方式入手，拟解决的主要问题是幼儿园日常教育计划的编制以及具体的教育活动的组织和安排等。

一、幼儿园一日活动的组成

广义地说，幼儿园教育活动包括在幼儿园内所发生的一切活动，包括游戏活动、教学活动、生活活动、运动等，对幼儿而言，这些活动之间的界限往往是不清晰的，经常是“你中有我，我中有你”的。按幼儿园教育活动的组织形式分类，幼儿园教育活动可以分成大组活动（如班级活动等）、小组活动和个别活动。

1. *游戏活动和教学活动*

游戏活动是幼儿自发、自主、自由的活动，教学活动是教育计划中预定的、教师为主导进行的活动。游戏活动和教学活动常以不同的比例和方式结合成一体，反映出活动具有不同的结构化程度。这些活动可以以大组活动（如班级活动等）、小组活动和个别活动的方式进行。

2. *生活活动*

生活活动包括进餐、午睡、盥洗、如厕、入园离园等，这些活动可以以大组活动（如班级活动等）、小组活动和个别活动的方式进行。

从生活活动的内涵看，这类活动包括“生活自理、交往礼仪、自我保护、环境卫生、生活规则等方面的活动”①。例如：让幼儿自觉遵守幼儿园有规则的作息制度，养成良好的日常起居、进餐、盥洗、如厕、使用和整理日常用品等习惯；让幼儿学习自理简单的个人生活和简单的劳动，包括自己进餐、穿脱衣服、盥洗、如厕等以及参与打扫卫生、整理物品、种植、值日等活动；让幼儿懂得一些简单的健康和安全常识，包括饮食卫生、营养卫生、睡眠卫生、起居卫生、心理卫生、疾病和安全事故预防等；让幼儿适应集体生活，

---

① 上海市教育委员会. 上海市学前教育课程指南（试行稿）. 上海：上海教育出版社，2004：4.

维护公共卫生和集体生活规则；等等。

幼儿园的生活活动是一种养成性的教育活动，主要是由幼儿在幼儿园的饮食、睡眠、盥洗、如厕、入园离园、清洁卫生等日常生活中进行的。幼儿园的生活活动也可以是专门的、正式的或非正式的教育活动，例如，幼儿园健康教育领域的教育活动可以是专门的、正式的生活活动，渗透在其他各领域教育活动内的生活活动可以是非正式的教育活动。

3. *运动*

在幼儿园，运动主要包括户内、户外开展的体操、器械运动以及利用自然因素进行锻炼等活动，这些活动可以以大组活动（如班级活动等）、小组活动和个别活动的方式进行。

从运动的内涵看，这类活动为的是提高幼儿的身体素质、动作协调能力以及适应环境的能力。例如，要求幼儿体验和练习走、跑、跳、踢、转、抛、投、接、拍、推、拉、滚、钻、攀、爬、平衡等各种身体的基本动作，获取各种身体运动的经验；要求幼儿通过玩沙、玩水、游泳、负重、远足、爬山、溜冰等各种运动，增强体质，提高运动能力。

在幼儿园，应有专门的时间安排幼儿的运动，特别是户外的运动。此外，幼儿园的运动也可以渗透在其他各领域的教育活动内。

4. *其他活动*

除了游戏活动、教学活动、生活活动和运动外，幼儿园的活动还有仪式活动、转换活动、亲子活动等。

二、幼儿园一日活动如何组合与安排

幼儿园一日活动的组合和安排，应符合幼儿园教育、保育的一系列基本要求，要成为幼儿园实施教育、保育的日常制度。

（一）幼儿园一日活动组合和安排的教育、保育要求

在选择、组合和安排幼儿园各种类型的教育活动，使之成为一个整体，发挥其综合的教育、保育功能时，应尽力使幼儿园一日活动的组合和安排符合幼儿园教育、保育的以下基本要求：

1. *要充分发挥各种类型的教育活动的功能，并使之达成平衡*

幼儿园游戏活动、教学活动、运动、生活活动以及其他各种活动，对于幼儿园教育、保育，都具有不同的功能。要认清和把握各种类型的教育、保育活动的功能和特点，在选择、组合和安排幼儿园一日活动时，使各种类型的教育、保育活动既能充分发挥其自身的功能，又能对其他活动起到相互补充、相辅相成的作用，使之达成总体的平衡，使幼儿园一日活动成为一个有机的整体，发挥总体的功能。

幼儿的生活、学习、游戏和其他的活动是不分化的，或分化不明显的。幼儿生活、学习和游戏等的这种特点，决定了幼儿园的游戏活动、教学活动、运动、生活活动以及其他

各种活动也是不分化的，或分化不明显的。认清和把握各种类型的教育、保育活动的功能和特点，就是要首先认清和把握幼儿园活动的这一特点，确立“保中有教，教中有保，保教结合”以及“玩就是学，学就是玩，在玩中学”的理念，让幼儿园各种类型的教育活动能够做到真正意义上的相互融合、相互渗透、相得益彰。

2. 要具有多样性，要动静结合

由于幼儿主动注意力的时间较短，幼儿不可能较长时间将注意力集中在单一的活动之上。具有多样性的活动内容和活动方式，以使幼儿避免单一的刺激，减少疲劳，增加活动的兴趣，提高活动的效能。

在活动选择和安排中，动静交替、动静结合是丰富活动内容和活动方式，是为幼儿提供具有多样性特征的活动的好办法。决定幼儿活动负荷，导致幼儿产生疲劳的因素是多方面的，而且是相互影响、相互作用的。在选择和安排幼儿园一日活动时，要充分考虑到影响幼儿疲劳程度的各种因素，以及这些因素相互作用后所产生的整体效应，做到有张有弛、体脑并用、动静交替、劳逸结合，以使幼儿在活动中获取高的效能。

3. 既要制度化，又要富有弹性

幼儿园一日活动的制度化，指的是将幼儿园主要活动的程序在时间上相对固定下来，形成制度，不轻易改变。幼儿园如若没有一日活动制度，或者一日活动制度不合理，或者一日活动制度受到破坏，都有可能导致幼儿园教育、保育工作的混乱和低效，都有可能导致幼儿活动效能的降低。

但是，幼儿园一日活动制度的固定只是相对的，它是富有弹性的和灵活可变的。一些有价值的、没有预先计划好的活动以及一些特殊的事件都可以而且应该成为幼儿园一日活动的组成部分。当然，这种可变性应有一定的限度，不以损害幼儿已经形成的习惯为底线，而且变化不可太频繁，幅度也不宜过大。

4. 要顾及各种生态条件

幼儿园一日活动的选择和安排，还应考虑各种与一日活动制度有关的生态条件，并做出安排和调整。

例如，在一学年中，幼儿园的一日活动制度应根据季节的变化做出适当的调整：在夏季，昼长夜短，幼儿入园的时间可以适当提前，中午可延长午睡的时间；在冬季，昼短夜长，幼儿入园的时间可以适当推迟，中午也可相应缩短午睡的时间。

又如，在一周中，应根据幼儿机能活动能力和情绪变化规律安排一日活动。一般而言，在周一，特别是周一上午的前一段时间，幼儿的机能活动能力较低，幼儿的情绪也不稳定，幼儿的机能活动能力周二开始升高，周三和周四可望达到高峰，以后又开始下降，同时，幼儿的情绪会出现相应的变化。根据幼儿机能活动能力和情绪变化的特点，幼儿园一日活动的选择和安排，在活动的性质和强度等方面也应有所不同。

（二）幼儿园一日活动组合和安排的制度化

幼儿园一日活动，每天要以一定的时间和程序相对地固定下来，成为一日活动制度。良好的一日活动制度，能使幼儿在活动与休息、室内活动与户外活动、活动量大的活动与活动量小的活动之间达成总体上的平衡，促使幼儿身心两个方面的潜力得到充分的发挥。

幼儿年龄越小，所需要的睡眠时间就越多。一般而言，3～5 岁的幼儿，每天需要 12～14小时的睡眠，5～7 岁的幼儿，每天需要 12～13 小时的睡眠。午餐以后，要安排幼儿午睡。午睡的时间在夏季和冬季以及不同年龄的幼儿之间应有差别，一般为 2～3 小时。

食物在幼儿胃内排空所需要的时间为 3～4 小时，幼儿园安排幼儿进餐的时间应与幼儿的这一生理特点相一致。幼儿园宜实现三餐两点制（如果幼儿园供应早餐和晚餐），在早餐、午餐和晚餐之间安排两次吃点心。

幼儿年龄越小，新陈代谢越旺盛，但是其呼吸潜力差，因此要求生活环境中的空气新鲜，以保证氧的供应。幼儿园应保证安排两个小时的户外活动，让幼儿呼吸新鲜空气、沐浴阳光、运动身体，即使在气候寒冷的季节，也要安排幼儿到户外进行短时的活动。

幼儿的如厕，应根据幼儿的即时需要做出安排。

在幼儿园，幼儿应有足够的自由游戏的时间，还要安排一定量的教学活动，各种游戏和教学活动要动静结合，不同活动量的活动在时间安排上要交替进行；还要安排适当的时间以保证幼儿从一种活动到另一种活动的转换，活动转换的时间长短不仅要考虑到活动位置的变化以及准备工作和结束工作的需要，还要考虑到幼儿体力和情绪变化的需要。幼儿年龄越小，主动注意的时间就越短。因此，个别活动和小组活动比较适合幼儿。而大组活动，特别是集体教学的时间不宜过长。一般而言，小班每天不超过一次，每次最初 5～10 分钟，以后逐渐增加到 10～20 分钟；中班每天不超过两次，每次最初 15 分钟，以后逐渐增加到 20～25 分钟；大班每天不超过两次，每次最初 20 分钟，以后逐渐增加到 25～30 分钟。

在制定幼儿园一日活动制度时需要考虑诸多因素，而各个幼儿园之间的实际情况又是千差万别的。事实上，并不存在一种最好的一日活动制度，而不同的一日活动制度有可能较理想地适合不同具体情况和条件的幼儿园。

第五章

中外有影响力的课程中教育活动的设计

在学前教育领域中，课程种类繁多，组成课程的教育活动五花八门，活动内容更是层出不穷，表现为课程和教育活动的设计和实施各不相同、各具特点。对中外有影响力的学前教育课程中的教育活动设计做一陈述，不只是为了展现形形色色的、纷繁复杂的教育活动，更是为了说明这些教育活动的设计是如何演绎和实现这些国际、国内有影响力的学前教育课程的教育理念，反映这些课程编制者和教育活动设计者的教育思想的。

第一节　西方有影响力的学前教育课程中教育活动的设计

在多元化的西方学前教育机构中，学前教育课程五花八门，不胜枚举。但是在众多的课程中，福禄贝尔课程、蒙台梭利课程、直接教学模式、方案教学模式、凯米与德弗里斯的早期教育方案、海伊斯科普课程、瑞吉欧教育方案等常是人们所选择的课程模式。人们之所以选择这些课程模式，是因为通过对这些课程及教育活动的认识和理解，可以让人们清晰地看到一些西方的教育理念是如何被演绎为学前教育机构中的教育实践活动的。

一、福禄贝尔课程中教育活动的设计

福禄贝尔是德国著名的教育家。他于1837年在德国的勃来根堡创办了一所教育机构，专收3～7岁的儿童。1840年，他将这所机构命名为“幼儿园”，这是世界上的第一所幼儿园，福禄贝尔因此被称为“幼儿园之父”。

福禄贝尔的哲学观是唯心主义的。他相信没有经验，理念也能被抽象地确证，经验仅能表明理念，而不能创造理念。福禄贝尔的教育思想带有宗教的神秘色彩。他认为，宇宙是一个统一体，其中心是神。福禄贝尔认为，儿童具有活动、认识、艺术和宗教四种本能，其中活动的本能随着年龄的增长而发展为创造的本能，教育就是要促进这种本能的发展。

福禄贝尔的教育思想是通过他为幼儿园设计的名为“恩物”（上帝的恩赐物）的游戏材料和作业体系来实现的。福禄贝尔强调游戏是儿童早期教育的基础，他设计的恩物是由特定材料组成的游戏活动材料，它具有象征意义，每个材料都与球体、圆柱体和立方体有内在的联结。福禄贝尔旨在让儿童通过恩物开展本能性的活动，发展自身的潜能。通过运用恩物，福禄贝尔设计了一系列教育活动。

恩物的外形从简单到复杂，并具有连续性，通过分解、组合点、线、面、立体图形等各种几何图形，让儿童在游戏中进行分类、排列、分解、组合，在反复的操作材料的过程中去理解整体和部分的关系，激发空间感知和想象的能力，提升注意力、构想力、思维力和创造力。

福禄贝尔的恩物分为 10 套固定的材料，每套材料都有一系列相应的活动。下面简单地罗列这 10 套恩物的样式和组成材料。

恩物一为六色球即有红、橙、黄、绿、蓝、紫六种颜色的球，每种颜色各有一个有带子的球和一个没有带子的球。

恩物一

恩物二包含两个 2 英寸长的立方体（其中一个立方体是和恩物四比较时用的）、一个高为 2 英寸的圆柱体和一个直径为 2 英寸的球体。

恩物二

在恩物三中，一个 2 英寸的立方体被分成了 8 个长为 1 英寸的立方体。

恩物三

在恩物四中，一个 2 英寸的立方体被分成了 8 个长为 2 英寸的长方体。

恩物四

恩物五也是一个立方体，它被分成 27 个相等的小立方体，其中 3 个每个再分成两半，另 3 个每个分成四等份。

恩物五

恩物六是一个立方体被切成3种长方体：18块长方体（长6厘米、宽3厘米和高1.5厘米），6块长方体（长3厘米、宽3厘米、高1.5厘米）以及12块长方体（长6厘米、宽1.5厘米、高1.5厘米），共计36块。

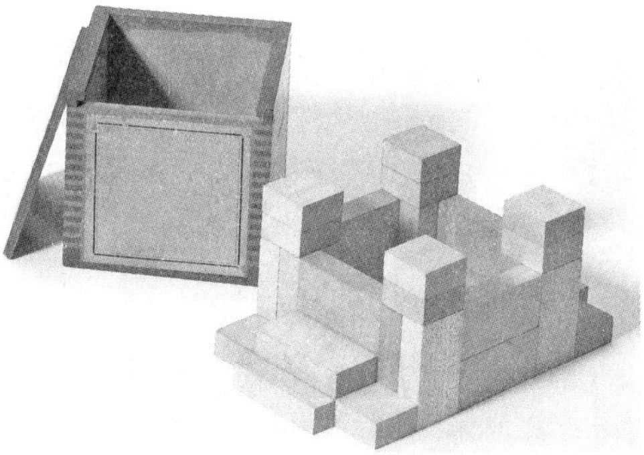

恩物六

恩物七由7种不同形状的木片组成，它们分别是：正方形、等边三角形、等腰直角三角形、非等腰直角三角形、等腰钝角三角形、圆、半圆。

恩物七

恩物八由长度为 3 厘米、6 厘米、9 厘米、12 厘米和 15 厘米的 5 种细长的小棒组成。这些小棒可以拼成恩物七中的各种形状的平面图形。

恩物八

恩物九中有直径为 6 厘米、5 厘米、4 厘米、3 厘米的全环和半环。这些环可以拼成曲线平面图形。

恩物九

恩物十是小圆柱体，能帮助理解点组成线。

恩物十

以下以恩物二为例，说明福禄贝尔的恩物在教育实践中是如何运用的。

恩物二的特征：

在福禄贝尔的恩物中，立方体、圆柱体和球体具有象征意义，其他各套材料都由这三者分解而来。材料包括一个边长为 2 英寸的正六面体、一个高和直径均为 2 英寸的圆柱体以及一个直径为 2 英寸的球体。

恩物二的球体具有动态性质，正六面体具有静态性质，圆柱体兼有两者的性质。在运用恩物二开展游戏活动的过程中，可以学习这三种基本形体的性质，并比较它们的相同处和差异点。

恩物二的教育作用：

(1) 了解、认识完整的球体、圆柱体和正六面体。

(2) 认识这些球体、圆柱体和正六面体的动与静状态。

(3) 对转动的玩法感兴趣。

(4) 认识事物的变化性。

…………

以恩物二为材料设计的活动（例）：

1. 认识名称、做比较

按顺序拿出恩物二中的球体、圆柱体和正六面体，并分别说出它们的名称，并对三者做比较（外形、放在斜面上能否滚动等）。

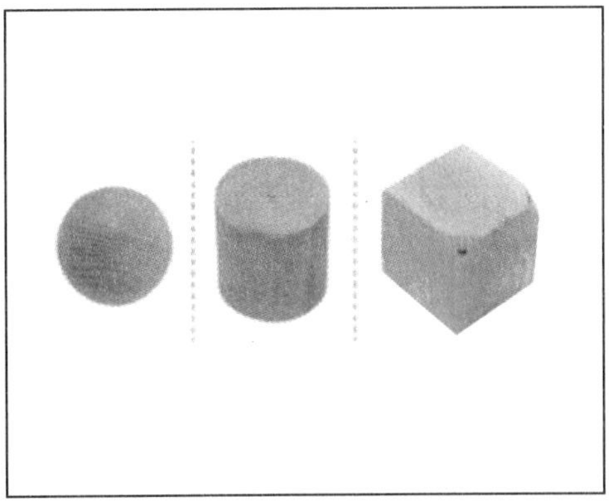

恩物二中的立方体

2. 球的比较

将具有松软感觉的恩物一的球体与硬而较重的恩物二的球体分别放在孩子的两只手上，让他们感受到二者的差异。

3. 旋转的变化

让球体、正六面体和圆柱体以不同方式旋转，观察它们的形状有没有变化，以及有怎样的变化。

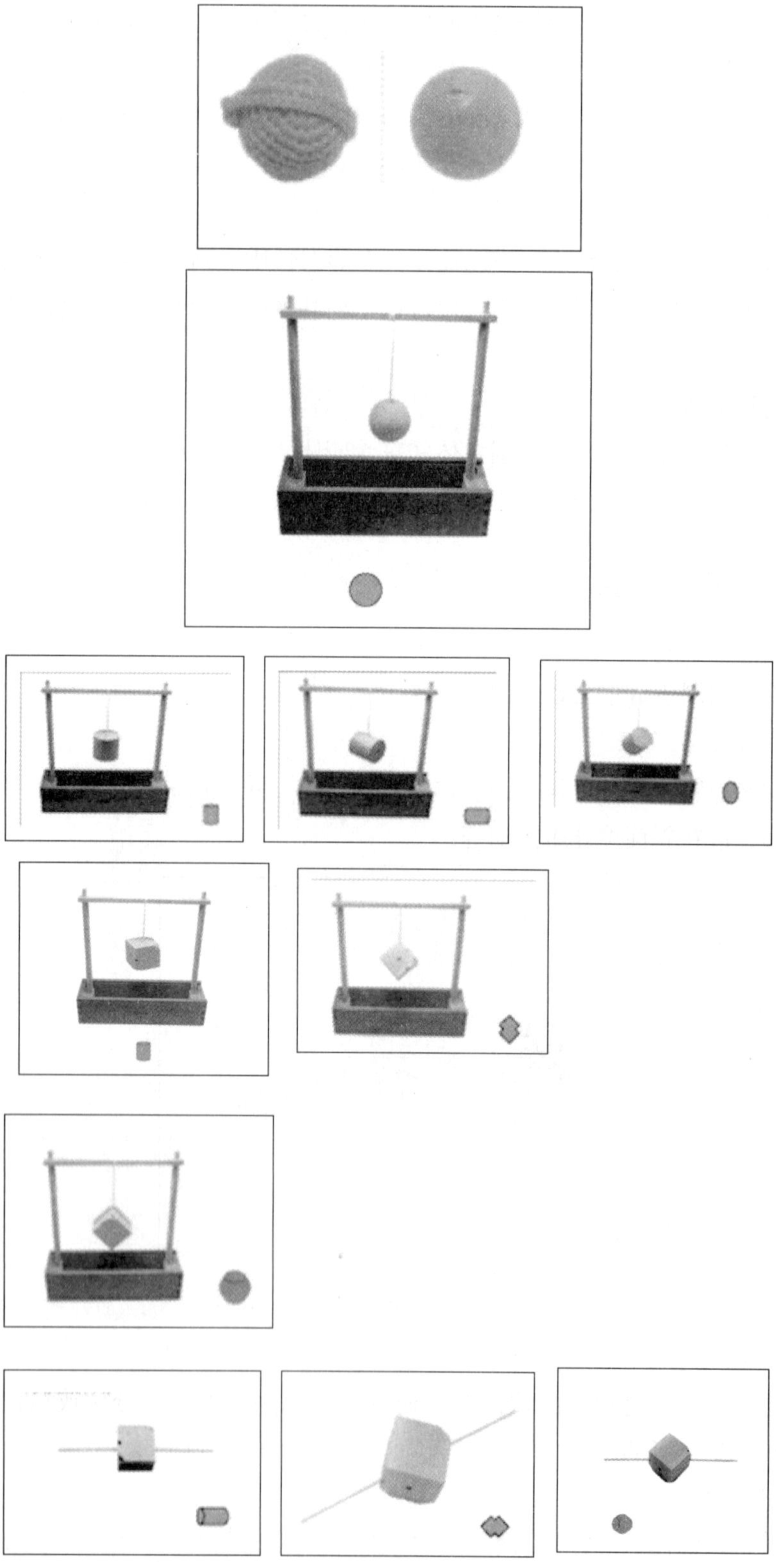

旋转的变化

4. 投影

让光透过球体、正六面体和圆柱体投在屏幕上，观察所产生的影子。

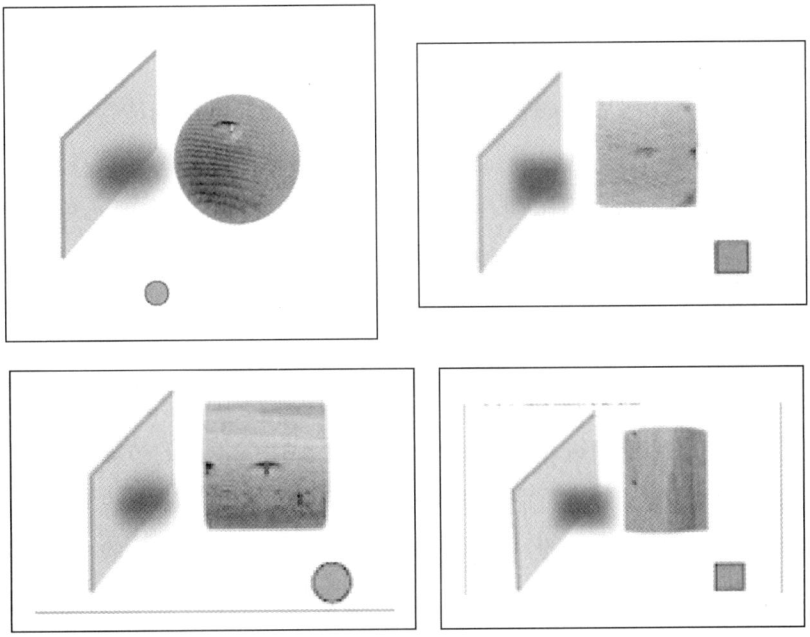

光的投影

与恩物二一样，从恩物二到恩物十，每套材料都可用于设计不同的教育活动。

福禄贝尔设计的作业是恩物的延伸，运用的材料是纸、沙、泥、木、竹等一些物品。福禄贝尔认为，让儿童在幼儿园内进行剪纸、折纸、贴纸、玩沙、画画、做泥工等作业，可以培养其各种能力。

福禄贝尔的哲学观以及对教育的基本思考，使他更相信人的先天因素，更在意开发儿童与生俱来的潜能，而主要不是通过后天的教育和经验去塑造儿童。福禄贝尔强调游戏，通过具有象征意义的恩物这一游戏材料，以低结构化甚或无结构化的活动开发儿童的发展潜能，有益于顺应儿童的自然发展，引发先天的潜能。但是这些教育活动低结构化、无结构化的性质，也会导致教师难以明白教育的理念和方法，难以发挥指导作用，从而可能导致教育活动的低效和无效。

二、蒙台梭利课程中教育活动的设计

蒙台梭利是意大利著名的教育家，她原本是位医生。100 多年来，蒙台梭利课程被世界各国广泛运用。

蒙台梭利于 1906 年在意大利罗马的一个贫民区组织了一个儿童教育所。翌年，她在该区的圣洛伦索开办了名为“儿童之家”的学校。随后，她又开办了几所同样性质的学校，招收3～6岁的儿童。在“儿童之家”，蒙台梭利运用医学、哲学、心理学、教育学和自然科学的理论，根据自己对低能儿童进行治疗和教育的经验，创立了蒙台梭利教育体系，编制了整套教材，设计了整套材料和教学方法。

蒙台梭利认为，儿童在人生的最初几年中具有高超的学习能力，就如同海绵吸收液体一般，她将这种能力称为吸收性心智，儿童的吸收性心智如果遇到适合其发展的学习，就会得到成长，在发展的敏感期尤其是这样。所谓的敏感期，指的是儿童对于某个方面的学习接受度最高的时期。在某个敏感期，感官训练对其最为有效，例如儿童对颜色、声音、触摸等感觉的敏感期在2～4岁。而在另一个敏感期，环境中的秩序感对其最为重要，例如，行为规范的敏感期在2～6岁。蒙台梭利认为，生命力不仅通过自发活动呈现和发展，还表现出不同感官的敏感期。这样，环境和教育就成了十分重要的事了，因为如果忽视了敏感期的训练，就会产生难以弥补的损失。蒙台梭利进一步认为，每个个体儿童有不同的发展节律，教育应与敏感期相符合，应以不同的教育去适应不同的节律，即要实施个别化教学，让儿童根据自己的需要进行活动，因此，儿童的自由成为教育的关键。

蒙台梭利的哲学观是经验论的，她设计的课程具有相当强烈的经验主义色彩。蒙台梭利强调儿童的感官训练和肌肉练习，她设计了一整套训练感觉活动的材料和发展动作的器械、设备，让儿童在教师创造的环境中实现自我教育。

在蒙台梭利教育体系中，感官教育占有特别重要的地位。这是因为，从心理学角度讲，感官教育符合该时期的心理发展状况；从教育学的角度讲，从感官教育能引发出算术、语言、书写、实际生活能力等。

在蒙台梭利教育体系中，自由、作业和秩序是蒙台梭利为儿童营造的三根主要支柱。蒙台梭利认为，自由不仅能使儿童的需要得到满足，而且能使作业符合儿童的兴趣，使之专心于作业，从而达成良好的秩序。自由、作业和秩序是通过作业而协调统一起来的，而以自由和作业为基础建立起来的秩序，明显不同于以常规压制和命令训练而产生的服从。

在蒙台梭利课程模式中，教育活动由四个方面组成。它们是：日常生活练习、感官训练、肌肉训练和初步知识的学习。教师通过创设环境、提供蒙台梭利教具、观察和引导儿童等方法，对儿童实施教育。

日常生活练习旨在培养儿童的独立自主能力和精神、生活技能，并促进儿童注意力、理解力、协调力、意志力的发展以及良好的生活习惯的养成。与儿童自身有关的日常生活练习主要是儿童的自我服务，包括穿脱衣服、刷牙、洗脸、洗手、梳头、洗手帕等；与环境有关的日常生活练习主要是做家务，包括扫地、拖地板、擦桌椅、摆餐桌、端盘子、开关门窗、整理房间等。

感官训练是蒙台梭利教学法的主要特点，旨在通过视、听、触、味、嗅等感官的训练，增进儿童的经验，让儿童在考察、辨别、比较和判断的过程中提高自己的能力。蒙台梭利设计了16套材料，用于对儿童的感官训练。

在蒙台梭利的感官训练中，触觉训练最为主要，因为蒙台梭利相信儿童常以触觉替代视觉或听觉。触觉训练有辨别物体光滑程度的训练、辨别物体冷热程度的训练、辨别物体轻重程度的训练，以及辨别物体大小、长短、厚薄和形体的训练等。触觉训练的材料有立体几何体、触觉板、温度筒、重量板、布盒等。

以下以蒙台梭利的感官训练中的触觉训练为例，说明蒙台梭利是如何运用她的材料去设计感官训练活动的。

触觉训练

1. 滑度触觉的训练。

材料：粗滑盘（将平滑和粗糙的纸各一半地粘贴在长方形的木板上，或将它们交叉地粘贴在长方形的木板上）。

方法：让儿童用手指轻轻地抚摸纸的表面，区别粗糙和光滑的不同。

2. 温度触觉的训练。

材料：水杯（在金属杯中分别放入不同温度的水）。

方法：让儿童用手抚摸金属杯的外部，感受水的不同温度；也可让儿童按先后顺序将手放到凉水、微温水和温水中，感受水的温度。

3. 重量觉的训练。

材料：轻重板（用三种不同的、光滑的木料，如紫藤木、核桃木和松木制成小板，漆上不同的颜色，它们的体积和形状都一样，但是重量不同）。

方法：让儿童用两只手各拿一块木板，感受它们不同的重量。

4. 实体觉的训练。

教具：砖形体和立方体的积木各一块。

方法：让儿童仔细用手抚摸两块积木，并说明它们的形状特点。让儿童将立方体放在右边，将砖形体放在左边，只能用手去摸，不可用眼睛去看。最后，让儿童蒙着眼睛去抚摸两块积木。

在此训练之后，可准备各种儿童常见的物品，让儿童通过抚摸去辨别其大小、长短、厚薄和形体等。

资料来源：卢乐山．蒙台梭利的幼儿教育．北京：北京师范大学出版社，1985：56-57.

视觉训练包括识别物体量度、形状和颜色的训练。视觉训练的教具有各种几何图形板（如镶嵌板）、立体几何体、颜色板、圆柱体组、粉红塔、长棒等。以下以蒙台梭利的视觉训练中的鉴别形状的视知觉训练为例，说明蒙台梭利是如何运用她的材料去设计视觉训练活动的。

鉴别形状的视知觉训练

材料：镶嵌板（六个长方形的托盘，每个托盘分为六个方格，每个方格里有一个平面几何形体的镶嵌板，每个托盘的镶嵌板的几何形体是不同的：①六个直径不同的圆形；②一个正方形和五个宽度不同的长方形；③六个不同角度和不同边长的三角形；④六个等边形，从五边形到十边形；⑤六个不同的形状，包括菱形、斜方形、梯形、不等四边形以及两个不规则的几何形体；⑥六个弧形体，包括椭圆形、卵形以及用四条交叉弧线构成的类似花朵的四种形体）。

方法：

（1）取出任何一个托盘中的嵌板物，将它们散放在桌子上，让儿童将它们放到相应的镶嵌板中。开始时，可选择差别大的形体，以后可选择相似的形体。因为形体不相对应，嵌板物是不能被放到镶嵌板中去的，因此活动能让儿童自我纠正错误。

（2）可让儿童用右手的食指抚摸嵌板物的轮廓，再抚摸与嵌板物相对应的镶嵌板的轮廓，使触觉与视觉结合起来。

（3）可用三套卡片做训练。卡片上的几何形体的大小与嵌板物和镶嵌板完全一样。第一张卡片上的几何形体涂满蓝色；第二张卡片上的几何形体只有约半厘米宽的轮廓涂色，中间是白色的；第三张卡片上的几何形体只有轮廓线涂色，其余都是白色的。将这些卡片散放在桌子上，让儿童把卡片排成一排，再将相应的嵌板物依次地放在这三套卡片上。

资料来源：卢乐山．蒙台梭利的幼儿教育．北京：北京师范大学出版社，1985：58-59.

听觉训练包括辨别音高、音响和音色的训练。听觉训练的教具有发音盒、音感铃等。以下以蒙台梭利的听觉训练中的鉴别音高、音响的听觉为例，说明蒙台梭利是如何运用她的教具去设计听觉训练活动的。

鉴别音高、音响的听觉训练

材料：木盒（六个有盖的木盒，共两套，里面分别装有不同的小东西，如沙子、小石子、钉子、谷粒等，摇动木盒时，会发出不同的声音）。

方法：让儿童拿出一个木盒摇动，使之发出声音，并找出另一个与它发出同样声音的木盒。让儿童按声音的大小将木盒排列成行。

资料来源：卢乐山．蒙台梭利的幼儿教育．北京：北京师范大学出版社，1985：59-60.

味觉训练包括识别不同味道的训练。味觉训练的教具有味觉瓶等，方法是让儿童用自己的舌接触苦、酸、甜、咸等溶液，并教会他们如何漱口。

嗅觉训练包括提高嗅觉灵敏度的训练。嗅觉训练的教具有嗅觉筒等。

蒙台梭利设计的感觉训练的材料，要求儿童能将其注意力集中在物体的某种特定的特征上。例如，用木杆作为材料，为的是帮助儿童识别长度，因此，木杆必须同一颜色、同样宽度和厚度，并用同样的木料制成，木杆之间的差异只是长度上的差异，给予儿童的视觉刺激只是单一的刺激。

蒙台梭利将肌肉训练看作有助于儿童的发育和健康、有助于儿童动作的灵活和协调，也有助于儿童意志的锻炼和合作精神的培养的活动。蒙台梭利设计了专门的器具，如攀登架、绳梯、跳板、摇椅等，用作对儿童的肌肉训练。蒙台梭利还设计了有音乐伴奏的走步、跑步和跳跃练习以及徒手操，用以锻炼儿童的肌肉力量，发展儿童的节奏感。此外，蒙台梭利还通过儿童的自由游戏，让儿童在玩球、铁环、棍棒、手推车等的过程中得到肌肉的锻炼。

初步知识的学习包括蒙台梭利认为的儿童可以学会的算术、阅读和书写。在算术教学方面，除了运用感官训练的教具外，蒙台梭利还设计了一套算术教学的材料，一起用于对儿童实施的算术教学。算术教学材料的运用是与教学目的匹配的，例如，为了让儿童理解0～10的数字和数量，可运用的材料有数棒、砂数字板、纺锤棒和纺锤箱等；为了让儿童认识十进位的基本结构，可运用的教具有金色串珠、数字卡片等。在阅读和书写的教学方面，书写的练习常常先于阅读的练习，通过触觉的训练，儿童可以自然地练习书写；蒙台梭利还设计了字母材料，让儿童通过练习，使视觉、听觉、触觉和发音结合起来，以学习辨别语音和拼音、阅读单词和理解短句。

三、直接教学模式中教育活动的设计

直接教学模式旨在帮助儿童获得进入小学所需要的读、写、算的基本技能，并通过学业上的成就，发展儿童的自信心，增强儿童的自尊心。20世纪60年代，大多数早期教育课程的目标都是针对发展儿童的认知、情绪、情感的技能，而这种课程却完全关注儿童在学校中获得成功需要些什么，并指导教师如何修正儿童的行为。这种课程模式独立于其他许多种课程模式之外，它为行为主义心理学家们所喝彩，而为儿童发展心理学家们所嘲笑。然而，在一定的社会背景中，由于这种课程模式能够有效地解决社会问题，例如解决社会弱势群体的儿童入学困难、辍学问题，从而在一定程度上减缓社会贫富差距等，这种课程模式也被广泛运用。

（一）BE直接教学模式

BE直接教学模式是贝瑞特（C. Bereiter）和恩格尔曼（S. Engelmann）为帮助4～6岁低收入家庭的儿童在学业上能够追上中产阶级家庭出身的儿童所设计的教育方案。贝瑞特和恩格尔曼认为，学业失败的补救方法是补偿教育，贫困家庭出身的儿童之所以在学业上失败，就是因为他们在学前儿童阶段没有被教以获得较高智商分数所需的知识和技能，学前教育机构的课程应该设计成能够帮助儿童克服经验不足导致的学业失败问题的课程。

20 世纪 60 年代中期，贝瑞特和恩格尔曼在美国伊利诺伊大学成立了一个附属幼儿园，即贝瑞特-恩格尔曼学校。他们为此学前教育机构编制了成套的阅读、拼写、语言和数学教材，为儿童设计的课以小步递进的方式加以组织和实施，即教师教一点信息，儿童即重复这个信息，教师提出有关这个信息的问题，儿童对教师的问题做出反应，如果反应是正确的，儿童会受到表扬或奖励，如果反应错误，教师则加以纠正，这个过程就会持续，直至儿童能够重复教师正确的答案为止，这时，教师和儿童才开始下一个学习任务。在读、写、算三个方面，都有专职教师对儿童进行教学，教学以五人为一小组，每节课的课时为 20 分钟。除了读、写、算外，唱歌是唯一的活动。

在决定课程内容时，贝瑞特和恩格尔曼运用了两个策略：其一是他们关注儿童在小学一年级课程中会接触到哪些课程材料，从而决定儿童应该知道些什么；其二是他们回顾斯坦福-比奈智力测验量表的测试内容，从而决定课程中的“普遍性概念内容”。据此，他们认为课程内容应该包括颜色、大小、形状、位置、数字、分类、排序等。

BE 直接教学模式确定了 15 个教学目标。它们是：

（1）能用肯定句和否定句回答问题，如教师问：“这是什么？”儿童能回答：“这是一个球。”“这不是一本书。”

（2）能用肯定句和否定句对“告诉我有关这件东西的信息”做出反应：“这支笔是红色的。它不是蓝色的。”

（3）对至少四个概念组，如大-小、上-下、长-短、胖-瘦，能掌握它们的相反意义，例如：“它不是大的，它一定是小的。”

（4）具有准确运用介词（如：on，in，under，over，between 等）的能力。

（5）具有讲出四种物体正反例子的能力，例如：工具、武器、野生动物、车辆等，儿童能讲“枪是武器”“牛不是武器”等等。

（6）具有简单的演绎“如果……那么……”的能力。例如，教师对儿童出示画有两种正方形的图片，大的正方形是红色的，小的正方形是其他颜色的，教师问儿童：“如果正方形是大的，那么你还知道些什么？”儿童能回答：“它们是红色的。”

（7）具有否定演绎的能力。例如，教师问：“如果正方形是小的，那么你还知道些什么？”儿童能回答：“它们不是红色的。”

（8）具有在简单的演绎中运用“或者”的能力。例如，教师问：“如果正方形是小的，它们又不是红色的，那么你还知道些什么？”儿童能回答：“它们是蓝色的，或者是黄色的。”

（9）具有命名基色（红色、绿色、蓝色）和白色、黑色、褐色的能力。

（10）在没有帮助的情况下，能大声数到 20；在有帮助的情况下，以 10 为单位，能数到 100。

（11）具有正确数物体到 10 的能力。

（12）具有认识和讲出元音和至少 15 个辅音的能力。

（13）具有从图片中区分出印刷字词的能力。

（14）能讲出一个词，能使它以某种方式与给予的词押韵。

（15）能识读由四个或四个以上的字母组成的词，能使印刷的词和口语的词有同样的意义。

在教学方法上，BE 直接教学模式有以下五个方面的特征：

（1）快节奏。在 20 分钟的课时中，往往会向儿童呈现五个或五个以上的学习任务，每个儿童所需要产生的反应可达 500 个。

（2）将与任务无关的行为减少到最低程度。

（3）特别强调口语反应。

（4）课程由计划好的小步递进的教学单元和儿童在教学中的反馈组成。

（5）课程对儿童严格要求，要求儿童集中注意，努力学习，并给予奖励。

以下是语言训练的一个案例。在此案例中，为了使儿童能够达成准确的语言行为，语言课由教师精心设计，儿童的行为和目标被仔细地分解为特定的语言行为样式，儿童被根据能力分成小组，教师进行直接教学。语言课要求儿童能够从完整的句子中学习词语，并能准确地陈述因果关系，使儿童能以教师期待的方式做出反应。

语言训练

教师：这是一辆轿车。（儿童重复句子）

这不是一辆轿车。（儿童重复句子）

教师：这是一辆轿车吗？（手里拿着一辆玩具轿车）

儿童：是的，这是一辆轿车。

教师：这是一辆轿车吗？（手里拿着一辆玩具卡车）

儿童：不，这不是一辆轿车。

教师：这是一辆卡车。（儿童重复句子）

（向儿童展示几种类型的汽车，儿童重复所教的句子）

教师：这把叉不是一辆卡车。（儿童重复句子）

（向儿童展示几种不是卡车的东西，儿童重复所教的句子）

教师：轿车是汽车吗？

儿童：是的，轿车是汽车。

教师：这把叉是汽车吗？

儿童：不，这把叉不是汽车。

在练习了这些句型以后，对汽车下一个定义，教师会说："汽车有轮子，你能坐在里面驾驶它。"如果儿童错误理解，将风筝看成汽车，教师可以运用以下方式向儿童提问：

教师：风筝有轮子吗？

儿童：没有。

教师：你能在风筝里驾驶它吗？

儿童：不能。

教师：风筝是汽车吗？

儿童：不，风筝不是汽车。

资料来源：Bereiter，C. & Englemann，S. *Teaching Disadvantaged Children in the Preschool*，Englewood Cliffs，N. J.：Prentice-Hall，1966.

在 BE 直接教学模式中，教师的角色好似经理，他们要能在每一天的每一分钟使每一个儿童得到最大量和最有效的学习。教师同时又好似临床诊断师，他们对儿童行为的反应总是预先准备好的和有目标的。

（二）DI 模式

1967 年，贝瑞特离开了伊利诺伊大学，而贝克（W. C. Becker）加入了该大学。从那时起，到 1981 年，该课程模式被称为恩格尔曼-贝克直接教学模式（Engelmann-Becker Direct Instruction Model）。1970 年，恩格尔曼-贝克直接教学模式及其成员移到奥瑞根大学。自 1981 年起，该课程模式又被称为直接教学（Direct Instruction，DI）模式，DI 模式是为 5～8 岁（幼儿园到小学三年级）儿童设计的课程方案。该课程模式与 BE 直接教学模式有不少相似之处。

DI 模式建立在两个基本点上：其一是，儿童在教室内学习的品质取决于环境事件；其二是，教师可以通过仔细地推动儿童与环境之间的交互作用而增加儿童在教室中的学习数量。

DI 模式的核心内容是读、写、算，每一个方面都包括三个层次的目标，从而形成九套方案。每次上课，都包含教师和儿童之间通过游戏和比赛进行的口语交互作用的活动，因此，儿童始终积极地参与活动，活动的速率可达每分钟 10 个反应，并要求 80%～90% 的正确率。此外，每天为儿童安排 30 分钟的与学业有关的儿童个别化活动，这种类似游戏的活动能为儿童提供与关键概念有关的练习。

DI 模式的三个主要来源是：（1）行为主义理论；（2）对课堂资源运用的逻辑分析；（3）对概念和任务的逻辑分析。

小组教学是 DI 模式的最主要特征。一个班级通常被分成四个小组，每个小组有 4～7 人。在第一水平和第二水平的学科教学中，小组活动持续 30 分钟，而第三水平的学科教学包括 5 分钟的教学和 30 分钟儿童自己的练习。

许多研究都表明，这类高度结构化的课程模式使儿童在学业上获得了成功，并使一些儿童因为学业的成功而建立了自信。经过这种课程训练的儿童，智力测验和学业成就测验的成绩都较高，在进入小学以后，在读、写、算等方面都能达到较高水平，这对于不少处境不利的儿童而言是十分重要的，这类课程模式使他们有效地避免了学业的失败，避免了辍学。如果教育的目标是让儿童在学业上获得成功，以保证儿童以高的比例获得成功，那么直接教学模式不能不被认为是成功的。

然而，DI 模式也会有一些消极的方面。例如，经过这种课程训练的儿童经常将他们的成功归于他们的教师或他们之外的其他因素，而将失败归于他们自己；又如，他们在非语言性问题解决能力的测验中所获得的分数低于在认知性课程中学习的儿童所获得的分数。此外，对这些儿童进行长期追踪研究，发现这类课程的长期效应并不理想。这就是说，儿童在小学低年级获得的优势，在小学高年级就不明显了。

（三）“人人成功”模式

1987 年，美国约翰·霍普金斯大学的罗伯特·斯莱文（Robert Slavin）和南希·马登（Nancy Madden）为巴尔的摩市公立学校系统设计了名为“人人成功”（Success for All）的改革方案，以解决“学业上处于困境”儿童的问题。这个方案使直接教学模式继续受到广泛的关注和运用，并得到美国联邦政府的资助。

“人人成功”是一项全面改革的方案，不只是聚焦于课程、教学改革，还包括为所有儿童及其家庭提供支持性服务等。“人人成功”强调的读写能力是儿童学业成就的基础，并强调“预防阅读失败”。

与以往的直接教学模式相比较，“人人成功”的课程是主题式的，因此课程目标更具包容性。例如，“特别的我”“我的五官”“社区助手”“生活中的植物”“恐龙”等都可以是活动主题。“人人成功”课程主要关注的是儿童口语、读写能力中的听力、算术、表达及自尊等。

在“人人成功”课程中，每个主题都包括：

- 描述该主题单元学习要素的导言；
- 描述该主题单元的“给家长的一封信”；
- 与主题单元相关的词；
- 主题的学习课；
- 读写活动，包括一个高结构的“讲故事及复述故事”的练习；
- 音素认知活动、写作活动、学习中心活动、数学活动、科学/社会学习活动、音乐/创造性表达活动、运动、家庭学习活动等；
- 主题单元评价。

以“讲故事及复述故事”的活动为例，说明该活动环节的内容。该活动运用集体教学的方式，使用固定的教学程序和材料，包括5分钟介绍故事内容的环节，介绍故事背景、主题、词语等；包括20分钟互动式讲故事环节；包括10分钟回顾故事内容的时间，让儿童复述故事题目、人物名字、故事中的主要任务和事件等。活动的延伸部分还会提出更高的要求，例如将故事改为戏剧等。

“人人成功”课程是一种高结构化的课程。鉴于以往的直接教学模式都依赖于课堂教学，“人人成功”模式代表的是早期干预策略上的一种重要变化，即对综合性干预策略的关注，从而给处境不利儿童的发展带来更积极的作用。

直接教学课程模式是典型的学业取向的学前教育课程方案，大多数学前教育课程方案都以儿童为中心的非学业取向运行，这种课程模式显得很特别。

在学前教育中，浪漫色彩浓厚的发展性课程与关注现实的学业性课程之争已经持续许多年了，所涉及的问题远不止是微观层面的理念、策略、方法层面上的问题，更多的是宏观的、中观的层面上的政治、经济、社会、文化等问题，诸如人力资源的国际竞争、社会稳定和贫困问题的解决等。直接教学课程及教育活动至少对于解决社会处境不利儿童的生存和发展问题、缓解社会因贫困问题而导致的不稳定是有积极意义的。

四、方案教学模式中教育活动的设计

在杜威进步主义教育思想的影响下，克伯屈于1918年发表了《方案教学法》(我国多译为《设计教学法》)一文，倡导方案教学法，使当时许多学校都争相采用这种教学法。从20世纪20年代起，伦敦大学学者伊萨卡斯（S. Isaacs）已主张运用方案教学法实施教学，20世纪六七十年代方案教学法在英国幼儿学校中曾被广泛运用，英国著名的《普洛登报告》(The Plowdon Report）提及的英国幼儿学校教学的核心部分就是方案教学。20世纪70年代，美国的开放教育也是以方案教学为主要特征的。对方案教学所具的价值的兴趣，由凯兹（L. G. Katz）等人在20世纪80年代后期重新唤起。30多年来，引起全世界学前教育界广泛关注的意大利瑞吉欧教育体系，其主要的特征之一也是方案教学。

美国著名的早期儿童教育家凯兹倡导方案教学。她与查德（S. C. Chard）于1989年合写了《探索儿童心灵世界》(*Engaging Children's Minds: the Project Approach*) 一书。她们认为：“方案教学不只是教学法、学习法，也包括了教什么，学什么。就教的角度而言，方案教学特别点出教师要以符合人性的方式，鼓励孩子去与环境中的人、事、物发生有意义的互动；从学的观点来看，方案教学强调孩子要主动参与他们的研究方案。”①她们认为，方案教学能丰富儿童的心灵世界，让儿童通过自身的经验认识外部世界，鼓励儿童

① 凯兹，查德. 探索儿童心灵世界. 台北：心理出版社，1998：6.

提出问题、解决问题，并积极地与环境发生交互作用。方案教学还有平衡课程、产生教室社区化、教育机构生活化的效果。此外，方案教学还能对教师的心智提出挑战，从而提高教学效果。

方案教学活动的组织和实施过程没有固定的程式，应根据时间、地点和条件灵活地确定活动的操作步骤。一般而言，方案教学包括以下三个步骤：

1. 方案教学的起始阶段

(1) 方案教学主题的选择。

方案教学的主题可以来自许多方面。教师可以根据幼儿园计划，安排设计适合班级的主题；教师可以参考课程指导手册，选择相关的主题；教师还可以通过观察儿童的兴趣和需要来确定主题；教师还可以通过与儿童一起协商和讨论来确定主题。不管如何，方案教学活动主题的选择应遵循以下的一些原则：

- 选择的主题应与儿童的生活相贴近，并能被用于他的日常生活。
- 应能引起儿童的兴趣，并能运用已学的技能。
- 应能为儿童未来的生活做准备。
- 应有益于平衡幼儿园的课程。
- 应能充分运用幼儿园和社区的资源。

方案教学的主题可以选择的范围十分广泛，凯兹和查德在她们的《探索儿童心灵世界》一书中介绍了一种基本的分类方法：

- 儿童的日常生活：家、食物、游戏等。
- 当地社区：医院、商店、交通工具等。
- 当地大事：重要节庆、市节、名人等。
- 地理：道路、河流、山丘、住家附近。
- 时令：钟点、日历、季节、历史事件。
- 自然：水、风、植物、动物、恐龙。
- 抽象概念：颜色、形式、对称等。
- 普通常识：太空旅游、车船等。
- 其他。

(2) 方案教学主题网络的编制。

主题网络是由许多与主题相关的下位主题编织而成的，教师可以使用他人设计的主题网络，也可以凭借自己的教学经验编制主题网络。

凯兹和查德在她们的《探索儿童心灵世界》一书中以“医院看病”这一主题为例，介绍了“头脑风暴”，为缺乏经验的教师编制主题网络提供了具有可操作性的方法：首先，准备一些小纸条，将与“医院”有关的东西，如救护车、担架、医生、病房、X光、护士、候诊室、挂号人员、病床、绷带、针筒等，分别写在小纸条上（见图 5－1）；其次，将同类的纸条放在一起，成为一组；再次，取不同色的纸条做成每一组的标题，如果同一标题下的内容太多，可再细分为数个标题（见图 5－2）；最后，在大的纸张的中央写上主题，在主题周围画上辐射状散出的短线，使之与每一组的标题相连接，再与这些标题下的内容相连接（见图 5－3）。

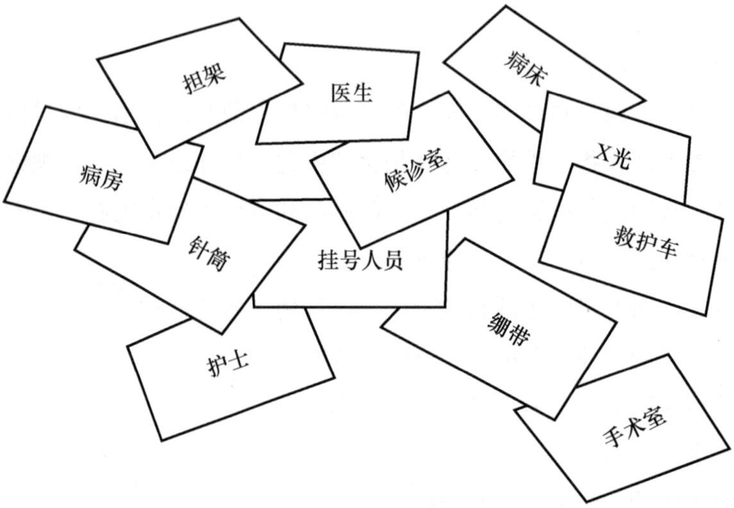

图 5－1　头脑风暴第一步

工作人员	救护车	意外伤害	空间	医疗设备
护士	司机	割伤	病房	X光
医生	担架	挫伤	安全梯	推车
接待员	氧气筒	烧伤	候诊室	消毒器
秘书	轮椅	骨折	手术室	
救护车驾驶员	引擎			
外科医生				

图 5－2　分类排列的小纸片，并标上副标题

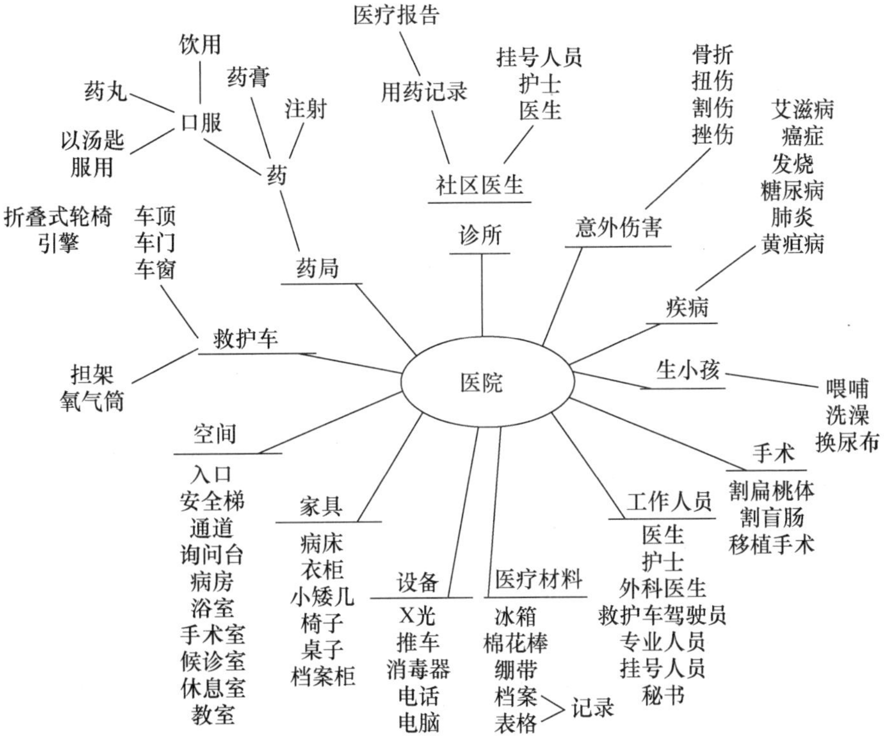

图 5-3 “医院看病”的主题网络图

资料来源：凯兹，查德．探索儿童心灵世界．台北：心理出版社，1998：144，146.

以“医院看病”这一主题的方案教学为例，活动中有关的“救护车”“担架”“针筒”“X 光”“电话”“电脑”“氧气筒”“疾病”“手术”“药”等许多内容都与科学有密切联系。在活动过程中，幼儿接触了这些内容，不管是在接受知识和技能的意义上，还是在自我探索和不断试误的意义上，都是具有教育意义的。

“拉近技术”（zooming in）是一种用来放大主题网内某一内容的一种技巧，由此，主题网内的某一内容可成为一个新的主题网。以“医院”的主题网为例，救护车可以被“拉近”成为另一新的主题网，即可以从中分化出发动机、轮子、指示灯、喇叭、紧急救护设备等。

在确定各相关主题的特征时，可按从特殊到一般的原则依次排列，例如：1）帽子—衣裳—衣物；2）乌龟—爬行动物—野生动物；3）我的房间—我的房子—我的城市；等等。对儿童而言，尽可能避免从脱离现实生活的、太抽象的主题中衍生出细节。

在讨论某种概念的时候，可将概念具体化。例如：直接讨论“食物”不易理解，赋予“食物”一个特定的情境，如改为买食物、准备食物等，那么就容易理解了；又如：将“商店”改为逛街、街边的商店或开店，也容易使儿童理解。

2. 方案教学的展开阶段

在方案教学主题网络编制完毕以后，即可开展方案活动了。方案活动开始时的讨论，应给儿童深刻的印象，激发儿童的好奇心和兴趣，引发儿童开放式的讨论；提供儿童相当比例的与主题有关的非结构化活动对于帮助教师了解儿童的发展水平及已有的经验也是十分有益的，这些非结构化活动包括戏剧扮演活动、绘画等。

在方案活动进行的过程中，教师和儿童双方始终处于积极互动的状态之中，多种类型的活动保证了这种互动。凯兹等人按活动目的将方案活动分为三类：建构活动、调查活动和戏剧扮演活动。它们融合了语言、数学、科学、音乐、美术等方面的学习。

家长的参与和社区资源的充分利用，在方案教学中占有重要的地位。家长和社区各类人员能为儿童提供大量的物品和信息，这些对于主题活动的展开和深入都有好处。

方案活动不拘形式，各种活动也没有规定的次序。一个方案可在较短的时间内完成，也可持续数月。在活动过程中，还可通过班级聚会、参观活动、展示成果、报告研讨等各种形式，使方案活动更具活力，对儿童产生更大的吸引力。

3. 方案活动的总结阶段

在方案活动行将结束的时候，回顾儿童在方案活动进行过程中运用过的技巧、策略以及儿童的探索过程，这对教师和儿童而言都是有用的。教师可运用多种方式对活动进行评估，以维持和强化幼儿理解的活动，并使儿童更自信地将自己的能力运用于新的方案活动中去。

五、凯米与德弗里斯的早期教育方案中教育活动的设计

在学前教育实践中，尽管凯米（C. Kamii）和德弗里斯（R. DeVries）根据皮亚杰建构主义理论演绎的早期教育方案并没有如同其他一些同类的课程那般被广泛运用，但是，这一教育方案普遍被人们看作将皮亚杰建构主义理论转化为学前教育实践的典范。

凯米是美国亚拉巴马州立大学伯明翰校区的教授，德弗里斯是美国北艾奥瓦大学的教授，她们都曾跟随皮亚杰一起做过研究，深受皮亚杰思想的影响。尽管在后期，她们在一些教育主张方面发生了分歧，但是她们早年的主张和著作，对于运用皮亚杰理论诠释和演绎幼儿园教育活动的设计与实施是具有重要意义的。

凯米与德弗里斯的早期教育方案的目标包括社会情感目标和认知目标两个方面。具体如下：

（1）社会情感目标。

1）让儿童与成人保持一种非强制性的关系，逐渐增加自主性；

2）要求儿童尊重他人的情感和权利，并开始与人合作（通过去自我中心和协调不同的观点）；

3）让儿童机敏和好奇，并能主动去满足好奇心，具有自己解决问题的能力，并能自信地表达自己的想法。

（2）认知目标。

1）让儿童提出种种想法和问题；

2）让儿童将事物放在关系之中去考虑，注意它们的相似性和差异性。①

应该看到，凯米和德弗里斯提出的课程目标，是"发展那些可能发展的东西"，这与开端计划（head start）中学前教育机构要为儿童在学校的学业成功做好准备的目标是不相符合的。凯米和德弗里斯用两个交叉的圆圈示意这两者之间的区别（见图 5－4）。在表示"学业成功"的圆圈中，没有与另一个圆圈交叉的那部分表示服从教师，记住所有的正确答案以应付考查。如若不迎合这种要求，儿童就不可能在学校中获取成功。在表示"发展那些可能发展的东西"的圆圈中，没有交叉的那部分表示批评性思维（它需要形式运算）、道德自主性、完成学业后继续学习的愿望以及新知识的创造等。两个圆圈的交叉部分表示学校所要教的学科，这些学科也是发展所需的。

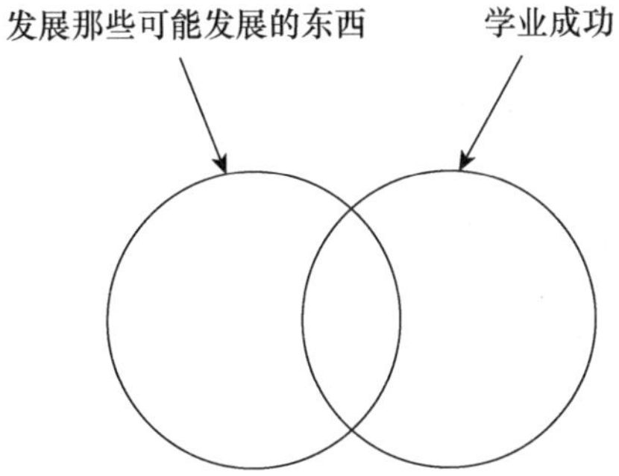

图 5－4　学业成功的目标与根据皮亚杰理论演绎的发展目标之间的关系

凯米和德弗里斯根据皮亚杰的理论，制定了以知识建构为核心的教育方案。这里的知识就是皮亚杰所谓的物理知识、逻辑-数理知识和社会知识。凯米与德弗里斯的早期教育方案主要由三个方面的教育活动组成：1）从皮亚杰理论推衍而来的教育活动；2）传统的活动；3）日常生活。教育方案的内容并非特定的科目，而是一系列有益于儿童知识建构的情景和活动，儿童对知识的建构都被整合在这三类活动之中。

（一）从皮亚杰理论推衍而来的教育活动

鉴于在前运算阶段，儿童的物理知识和逻辑-数理知识是不分化的，儿童动作的逻辑-数理方面似乎依赖于物理方面，因此，在凯米与德弗里斯的早期教育方案中，从皮亚杰理论推衍而来的教育活动特别注重物理知识活动。

---

① Kamii，C. & DeVries，R. *Physical Knowledge in Preschool Education*：*Implications of Piaget's Theory*. Vpper Saddle River：Prentice-Hall Inc.，1978，p. 40.

物理知识活动包括儿童对物体的动手操作和观察物体的反应这两个方面。儿童动手操作，是因为他们想要了解会发生些什么，或是证明他们对于某一特别动作效果的预测。在物理知识活动期间，儿童作用于物体，有可能建立动作与反应间的关系，并给予一些因果关系的解释。“物理知识活动的目的是在儿童自发兴趣的基础上，鼓励儿童以自然扩展他们已有知识的方式建构他们的知识。这样，物理知识的学习植根于儿童的自然发展。”①

凯米和德弗里斯根据儿童作用在物体上的动作以及儿童对物体反应所做的观察的相对重要性，将物理知识活动分为三种类型：

1. 物体的活动

在这类活动中，儿童动作的作用是首要的，而儿童对物体反应的观察是次要的。作用于物体，并使之运动的动作包括拉、推、滚、踢、跳、吹、吸、扔、荡（钟摆）、捻（使物体转动）、使物体平衡或升降等。这类活动，除了能使儿童建构物理知识外，对于他们建构逻辑-数理知识也是有益的。

例如，在一个吹东西的活动中，儿童用一根吸汽水用的吸管吹另一根吸管。在吹吸管的过程中，儿童发现，只有吹吸管的中央部位，才能把吸管往前吹动，如果吹的位置偏离了中央，被吹的那根吸管就会向左或向右偏，甚至会旋转360°。当儿童看到了他的动作如何使吸管产生不同的运动时，他不仅可能建构物理知识，也可能建构逻辑和空间关系。

给儿童各种不同的材料，如纸面巾、积木、弹子、空汽水罐、冰棍棒等，让儿童吹。儿童在吹这些物体的过程中，可能考虑下列问题：物体能否被吹动是不是与其重量有关？是不是与其形状有关？在吹的过程中，儿童有可能创造一种分类的方法，即不能被吹动的物体（如积木）、能被吹动的物体（如纸面巾、弹子、冰棍棒）和有时能被吹动的物体（如空汽水罐在某种位置是吹不动的）。另外，儿童也可能注意到有些物体是滚动的，有些是滑动的，还有些既是滚动的又是滑动的。吹东西的活动包含了一系列的对应关系，在活动中，儿童有可能在物体的不同重量与它们不同的运动方式之间建立起对应关系，也有可能在吹力的轻重与物体的运动速度之间建立起对应关系。

下面是一个名为“斜面”的物理知识活动。

斜　面

儿童天生就对斜面十分感兴趣。这从操场上滑梯的受欢迎程度上就可以看出来。在我们学校的日托中心里，一个用废弃的大桌子做成的宽滑梯是最常用的器械之一。儿童用各种各样的方式从滑梯上滑下去，还把玩具车、积木、洋娃娃以及其他东西放在滑梯上让它们滑下去或者滚下去。他们喜欢倒爬上滑梯，并且发现，穿网球鞋倒爬比穿皮鞋爬容易得多。

① Kamii，C. & DeVries，R. *Physical Knowledge in Preschool Education：Implications of Piaget's Theory*. Vpper Saddle River：Prentice-Hall，Inc.，1978，p. 8.

在另一个日托中心里，有一个长满青草的小山坡，它有许多不同的用处。儿童喜欢骑着自行车冲下山坡，有时候他们还两脚腾空地骑车往下冲，就好像自行车的脚踏板是自己在那里转动的！儿童更喜爱玩手推车了，因为在小山坡上，他们不用别人帮忙就可以自己把手推车拉下坡去。儿童还在小山坡上用玩具车进行赛车。在这里，教师有很多机会可以让儿童思考如何用各种各样的办法让玩具车跑得又快又好（他们可以鼓励儿童在不同的地面上试车，比如在凹凸不平的草地上、光溜溜的泥地上，或者铺了木板的斜坡上）。就算儿童只是在斜坡上跑上跑下，也比他们在平地上跑动时拥有更多不同的经验。这些物理经验丰富了儿童关于斜面的物理知识。当然，儿童也可以通过滑雪等活动获得关于斜面的基本物理知识，从而提高实践的能力。

这里所述的活动就是基于上述儿童对斜面自发产生的兴趣展开的。通过斜面，儿童只要一松手就可以使一个物体自己运动起来，而不需要再施加任何外力。所以，斜面的可能性看来是无穷的。一个球在斜面上所产生的现象，完全取决于这两个物体自身的性质。所以，斜面给了儿童一个专门的机会来观察物体之间的相互作用，并在头脑中建构空间关系。

活动计划：

为了让活动更为有趣，我们决定为这个关于斜面的活动制造预期的效果。儿童可以尝试，手持一个容器放在斜面适当的位置，接住从上面滚下来的球；或者把容器放在地上，让球从斜面上滚下，正好掉到容器里。儿童在第一天的活动中的目标就是制定计划。

（1）儿童可以思考以下问题：当球在斜坡上不同的位置滚下来的时候，或者当斜坡的性质发生改变的时候，应该分别把容器放在哪里才能接住球。我们可以想到的变化如下：

- 在桌上制造各种不同方向的斜坡；
- 让儿童把接球的容器放在地上，而不是放在斜坡所在的桌子上；
- 在斜坡上放另一个斜坡；
- 改变斜坡的坡度。

（2）儿童可以比较各种容器的形状和大小，以得出哪个容器最适合接住某个特定的球（或者说哪个容器最适合接住所有的球）。基于以上这些目标，我们收集了以下材料：

- 三个网球，装在一个罐子里；
- 小的橡胶球（直径为 1.25 英尺）；
- 弹珠；
- 两个咖啡罐；
- 两个乳酪罐；
- 两个塑料罐（比乳酪罐小）；
- 三角形的空心积木；

● 一块小木板。

我们计划这样开展活动：首先，请儿童尝试用他们自己选择的容器接住球；其次，教师马上退出，让儿童自己将活动继续下去；最后，教师可以改变斜面的性质。

活动过程：

在户外活动的时候，我们请了四个孩子自愿进教室玩球和弹珠。他们是 Barbara、Jerome、Joyce 和 Mark。他们都是四岁左右的孩子。

当孩子们走进教室，看到这些斜面（三角空心积木在两个桌子上放着），Barbara 马上就问："我们要干吗？"

教师把一个网球举到斜面顶端，说："我希望你们可以用不同的方式来接住这个球，你们想拿一个这里的容器来接球试试吗？"

每个孩子都拿了一个容器。而 Mark 拿了一个奶酪罐放在离斜坡底端 4 英尺的地方。

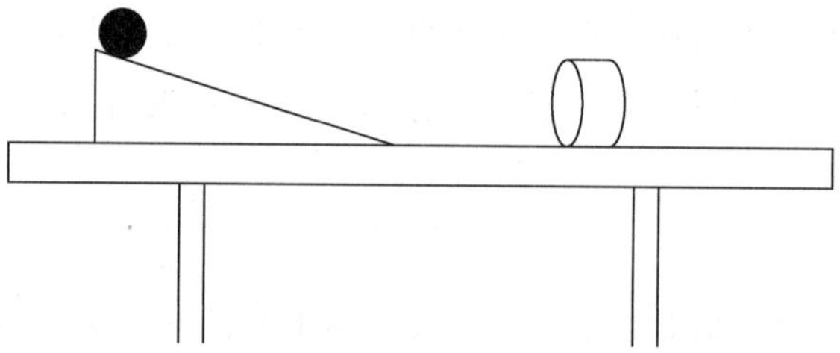

Mark 第一次尝试摆放容器

教师把手里的球松开了，球滚下来的时候擦到了容器的边，大家都以为它最后能滚进罐子里。但出乎意料的是，球偏离了罐子，掉到地上去了。教师问道："你们怎样改变一下，下次把球接住？"

Mark 把容器移近了一些，让它靠在斜坡的底端，然后就成功地接到了球。于是，其他的孩子都嚷嚷着要再试一次，也都顺利地接到了球。然后，Barbara 说："让我来"，意思是她要充当教师的角色。

教师很乐意有人主动这么说，因为她本来就希望孩子既能接球又进行瞄准投球的尝试。她把自己的位置让给 Barbara，又拿了两个三角空心积木，把它们放在先前的那个积木的旁边。这一次，教师手拿两个球。这样，剩下的三个孩子就可以一起接球了。

当发现每一个孩子都可以轻松地在斜坡底端接到球以后，教师希望孩子可以把罐子放得远些，于是又问："你们还可以把罐子放在别的什么地方接球？"

可是，没有一个孩子回答她，他们还是继续之前的玩法。

教师意识到自己的问题有些愚蠢，因为孩子明明可以用现在的方法达到预期目标，他们就不会想要把罐子放到别的地方去。于是，她建议说："如果把罐子放到桌子的边缘去，你们还接得到球吗？"

孩子们真的这样做了。经过了开头的一些尝试，他们已经可以很有技巧地接到球了。

不过，Mark 和 Joyce 每次都会下意识地把罐子移近斜坡一些。

过了一会儿，Jerome 玩得有些厌倦了，决定和老师开个玩笑。他把容器放在桌子的边缘，在每个人都以为球能滚进去的最后一刻，他却突然挪走了容器。每个人都哈哈大笑。

教师发现，这个小把戏含有很多意味（Jerome 只有具备准确的空间推理能力才能知道在哪一刻移走罐子）。领悟了这个要领后，教师说："很好。看来我要考考你们，在一个不同的地方开球。"

Jerome 忍住不笑，又玩了几次同样的把戏，最后也忍不住哈哈大笑。

这样重复了几次之后，教师觉得她该提出新的玩法了。于是，她建议说："我们来这里，让 Barbara 接球，怎么样?"考虑到 Jerome 对此没有反应，她决定把游戏规则改为"这一次，看看你们能否把容器放在地上并接住球"。（回顾一下，教师原本可以说："你们能想出别的方式来再同我开个玩笑吗?"但是她希望培养 Jerome 的创造力和幽默感，而不是加以阻碍，所以她没有这么说。）

Jerome 把罐子放在如下图所示的角度的位置（这个角度与他之前在斜坡底部和桌子边缘接球的角度相同）。

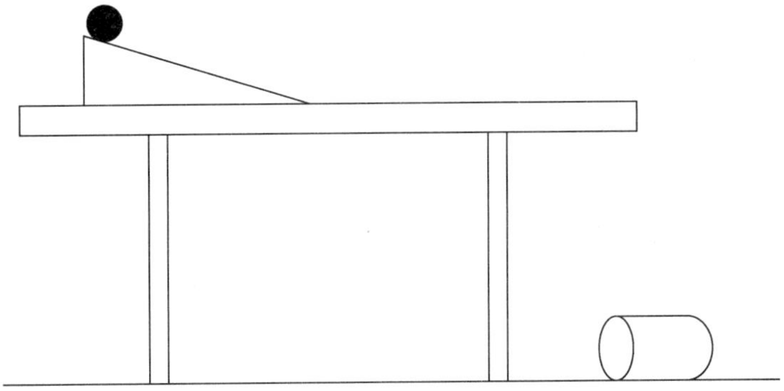

罐子的位置

教师对 Jerome 的判断感到惊奇。为了使他更清楚地知道自己在做什么，她用一种不相信的语调问："那样的话你能接住球吗?"

Jerome 说："可以。"当球撞到容器，滚落到地面上时，他很惊异。他很快地改变了容器的位置，使它站立起来。第二次尝试时，球滚进了容器。

过了一会儿，教师再次觉得应该增加更多的变化来保持孩子的兴趣。她拿来一块小的木板和一个网球。她把木板当作斜坡，不断改变它的方位以改变球滚动的方向。当孩子开始轻易就成功的时候，教师认为这是发问的最佳时机。她问："哪个罐子最容易接住这个球？在地上，又是哪个罐子最容易接住球?"

Joyce 立即跑过去拿网球筒——显然，她认为，最好的接网球的罐子就是网球筒！但结果，让她惊讶的是，球总是碰到筒的边缘然后滚落到地上。

Barbara 拿着一个能装得下网球的罐子。当老师问："用哪个容器能够更容易地在地面上接住球?"时，Barbara 发现在地面上有另一个罐子并把它捡了起来。她把两个罐子并排放在桌子的边缘（好像在说，"两个罐子比一个好"，"在桌子边缘接球比在地面上接球容易"）。

老师发现，孩子们似乎还不清楚用大罐子的妙处。当她再次提问："那个真的是最好的罐子吗?"只有 Barbara 改变了主意，最后用了一个大的咖啡罐子。其他的孩子好像对任何比他们要去接的球大的容器都满意。

Joyce 发现有一罐子的弹珠，决定用它们试试，并把它们倒在地面上。

教师也想把网球换成弹珠试试，于是她按照 Joyce 的想法，把一颗弹珠放在斜坡上，说："看看你们能否把容器放在桌子边缘，接住它。"（网球总是按照同样的路径滚动，但是弹珠的滚动路径则受小到感觉不到的因素影响。教师担心这些因素可能使孩子们感到困惑。她也曾怀疑过使用弹珠的可取之处，并考虑把活动限制在只使用比较大的球。然而最后，她认为，促使弹珠的路径发生变化的因素也是孩子生活中物理经验的一部分，让他们有机会认识到这些因素是很好的。此外，大理石路径的不可预测性可能让孩子们考虑到使用大的罐子的优点。）

教师两手分别持一颗弹珠，这样 Joyce 和 Barbara 可以分别接一个。教师同时松开了手中的弹珠。

每次接弹珠的尝试，都会引来孩子们的一声"啊哈"（Aah），不管结果是不是成功。不久，每当 Joyce 和 Barbara 把容器放好，告诉老师他们准备好了，然后看着弹珠滚下来，这声成功时的"啊哈"或者失败时的"Nyah"就变成了整个过程的一部分。

Barbara 给老师看她罐子里接住的两颗弹珠，说："老师，你得增加弹珠了，我已经有两颗了。"

教师在看了这段录像以后，才意识到 Barbara 是在建议一种游戏，即把接住的弹珠放在罐子里，看谁最后接住的多。但她当时太入神了，没能注意了解 Barbara 的意思。所以她提议了一种完全不同的游戏。她说："现在，让我来拿一下罐子，看看你们能否把弹珠滚到这些罐子里。"她两手各拿着一个咖啡罐在桌子边缘并等待着。

Joyce 和 Barbara 响应了老师的建议。Barbara 的弹珠进了，但 Joyce 的则没有。

教师兴奋地说："哦！再来一次。"她发现，Barbara 是从斜坡的中间，也就是靠近罐子的地方放开弹珠的，而 Joyce 则是从斜坡最顶端（也就是离罐子远的地方）放开的。

这两个孩子完全在重复之前的动作，Joyce 不高兴地说："我的总是进不去。"但他似乎并没有发现，Barbara 把弹珠放在一个更有优势的位置。

既然这么玩似乎没有什么效果，教师决定改变一下，她说："我现在打算玩其他的了。"她用一块小木板在斜坡上又做了一个斜坡。她拿了两个小橡胶球来让孩子接。

Joyce和Barbara都错过了球。因为她们都认为，球应该按原来与斜坡的边平行的路径滚下来。第二次尝试时，Barbara改变了预测，接住了球。但是，Joyce至少连续尝试了六次才行，而且每次都好像没有注意到斜坡的一角垫了东西一样。

教师观察到，Joyce好像只意识到球总是进不了罐子，但不去了解球的滚动和斜坡的关系。Joyce因为总是不能成功而感觉受挫，并不再做其他的努力。于是，教师建议Joyce观察一会儿，看球是怎么滚动的。

最后，Joyce似乎注意到球是在斜坡上斜对角滚动的，就移动了容器，接住了球。当教师与Joyce和Barbara玩的时候，Mark和Jerome也得到了很多乐趣。例如，他们用双手同时滚两只球到两个罐子里。Jerome用一颗弹珠、一块轻木板和一个网球进行了实验。他惊奇地发现，当他把弹珠放在木板上的时候，木板倾倒了下来。这时，他发现一个问题：在哪个位置放弹珠，木板才不会倾倒？经过了多次尝试和失败后，他找到了答案。

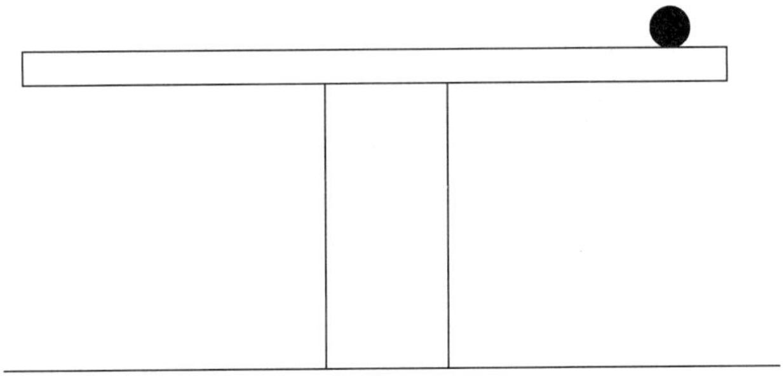

Jerome关于在哪里放弹珠木板才不会倾倒的实验

活动评价：

a. 这个活动十分有益于孩子协调空间关系。活动做了很多变化，而孩子们也在预测、验证的过程中得到了很多乐趣。不过，教师认为，如果她不那么积极地介绍这些变化，孩子的兴趣可能没有那么快提起来。她总结说，以上的活动对四岁的孩子来说有些简单，可能对再小一点的孩子更好。这一点在四岁孩子对这个活动进行尝试的时候得到了证实。

b. 孩子在对比各种容器的形状和体积方面有一些兴趣。他们似乎没有意识到大罐子能比较容易地接到球。这些活动可能没有让孩子真正觉得有必要进行这种比较。

后续活动：

当教师感觉到这样的活动对四岁的孩子来说太简单，且他们已经因为活动没有什么变化而感到厌倦了的时候，她觉得有必要发明一些新方法，来让活动更加有趣。以下为三种可能的方法：

a. 改变斜面的形状。

一旦运用了圆形的板（如比萨的托盘）或不规则形状的板，孩子就要预测一条球滚落的路线，而这条路线，就不像和斜面的边平行那么简单了。

b. 运用有凹槽的斜面。

儿童中心的教师 Gleeson 运用了有凹槽的斜面，这些斜面是用卷过的硬板纸做的，而且弯曲的程度各有不同。

Gleeson 老师准备的凹槽斜面

此活动引导孩子比较以下几点：

- 斜坡的陡峭程度和球行进的路程长度；
- 与目标的距离和球掉进洞内的可能性；
- 球的大小和洞的大小的关系；
- 乒乓球和高尔夫球滚落的不同方式。

当 Gleeson 老师进行这种尝试的时候，孩子们急切地玩起了各种各样的球，旋转着盒子（以改变他们要瞄准的洞的大小）。他们还改变斜坡的倾斜度（甚至把它直立起来），调整斜坡的方向。有的孩子把要瞄准的洞放得很近（比如就放在斜坡的最底端），以保证成功。其他的孩子，选择保持四英尺或五英尺的距离，探究其他的问题。有一个孩子发现，有时候球会滚进她瞄准的那个洞，从对面的那个洞滚出去；有时候球滚进了她瞄准的那个洞，但因为体积太大，而不能从对面的那个洞滚出去；有时候球很小，但因为对面那个洞被一个大球堵住了，它也不能滚出去。

c. 一个游戏。

孩子们可以保留他们接到的东西，然后比比谁接到的多（就像 Barbara 之前所建议的那样）。他们会对这种比较相当感兴趣。

以上活动，在1978年凯米与德弗里斯合著的《早期教育中的物理知识活动——皮亚杰理论的应用》一书中曾有论述。在德弗里斯过世前的一些年中，她利用斜坡材料与形状的多样化、小球大小的多样化以及目标容器形状大小的多样化，继续发掘斜坡与轨道活动在促进儿童空间关系协调上的价值，并试图寻找儿童认识“斜坡与轨道”的发展阶段。德弗里斯认为，这组活动是她设计的最理想的活动。这个活动蕴含了斜坡的斜度，轨道的长短，球的大小、轻重、形状和转角的设计等许多变量，涉及的关系丰富，如斜坡斜度与小球滚动速度之间的关系、斜坡斜度与小球滚动距离之间的关系、轨道连接与物体运动持续性之间的关系、不同轨道组合或斜面组合与小球运动方向之间的关系、在不同形状或大小的轨道上滚动的小球与轨道/斜面之间的关系等。

具体地，儿童在活动中可能建构的关联性经验和知识有①：

（1）斜坡倾斜的角度。

● 斜坡倾斜的角度和斜坡上物体是否运动的关系。

● 斜坡倾斜的角度和小球滚下斜坡后的行距之间的关系，也就是，斜坡越陡，小球运动得就越远（除非斜坡太陡，物体会垂直落下）。

● 倾斜角度的变化和各种不同斜坡的关系。

● 把两个斜坡作V字状连接后，两个斜坡倾斜的角度与小球从下降的斜坡滚下后在上升的斜坡上上行的距离。

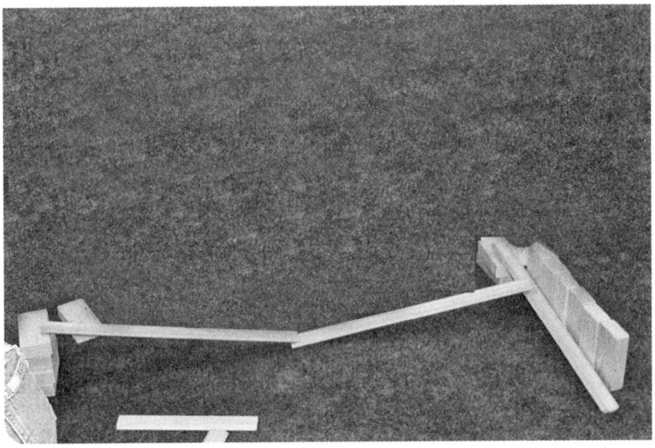

把两个斜坡作V字状连接

（2）支撑物。

● 不同类型的支撑物和结构的稳定性之间的关系。

● 支撑物的排放和结构的稳定性之间的关系。

① 以下内容和照片引自德弗里斯2005年在华东师范大学的讲座。

斜坡轨道的支撑物

（3）物体。

- 物体的特征（体积、形状、重量等）及其在斜坡上的移动方式（滚落、滑落等）之间的关系；
- 物体的特征（体积、倾斜度、重量等）及行距之间的关系。

轨道的连接 1

（4）连接。

- 两个连接的轨道上下交叠的方式和小球是否继续滚动之间的关系；
- 两段斜坡的连接方式和小球从一段斜坡向另一段斜坡的运动之间的关系。

（5）目标物。

- 斜坡倾斜的角度和目标物（小球从斜坡滚落后掉进目标物）摆放的位置之间的关系；
- 小球在斜坡上滚落的起始位置和目标物摆放的位置之间的关系；

轨道的连接 2

目标物的摆放位置

● 斜坡倾斜的角度与小球撞击目标物的力量大小之间的关系。

(6) 轨道设计。

● 两段斜坡在不同水平面放置且有一定的落差，让小球从上面的斜坡顺利落到下面的斜坡的情况下，这两段斜坡末端的位置之间的关系；

斜坡末端的位置之间落差

● 让小球在轨道上转弯；

小球在轨道上转弯

● 轨道、轨道的支点所在的位置，小球的重量、小球落到斜坡的位置之间的关系；

观察小球如何落到斜坡

● 在活动场所中，可供使用的面积和轨道设计之间的关系。

在活动场地上摆放了多条轨道

资料来源：Kamii，C. & DeVries，R. *Physical Knowledge in Preschool Education*：*Implications of Piaget's Theory*. Upper Saddle River Prentice-Hall，1978，p. 121.

这个活动蕴含了如此多的关系，能为儿童提供很大的建构空间，处于不同发展水平的儿童都能在斜坡与轨道活动中找到许多挑战自我的机会。德弗里斯相信，智力是对关系的建构，智力能组织经验的内容，“斜坡与轨道”为儿童对关系的建构提供了非常有力的支持，能有效地拓展他们的认知能力。①

在组织这类物理知识活动时，要注意以下四个标准：

第一，儿童应能通过自己的动作使物体产生运动。物理知识活动的基本点是儿童对物体的作用以及对物体反应的观察，因此，应选择那些儿童能通过自己的动作改变的活动。儿童用吸管吹动一颗弹子，这个活动符合这一标准。用磁铁吸引铁块，铁块的运动是磁铁导致的，不是由儿童的动作直接产生的，这个活动不符合这个标准。

第二，儿童应能变化他的动作。当儿童动作的变化导致了物体反应的相应变化，儿童就有机会建构两者之间的关系。例如，在滚球游戏中，如果儿童因为击球时太偏左了，因此没有击中目标，他就会通过变化他的动作来调整下一步尝试。

第三，物体的反应必须能被观察到。运动是一个物体对儿童动作的明显的可被观察到的反应，这对于儿童建构动作与动作结果之间的对应关系是必需的。然而，教师选择的材料有可能妨碍物体反应的可观察性。例如，玩水游戏中，水在不透明的管子中流动会阻碍儿童对水运动的观察。

第四，物体的反应必须是立即出现的。物体的反应如果是立即出现的，那么动作与物体反应之间的对应关系就容易建立。例如，儿童拉动绳子，使旗帜在旗杆上缓缓上升。

2. 物体的变化

第二类物理知识活动主要依赖于观察而不是动作。这类活动不同于那些涉及物体运动的活动，物体的变化主要取决于物体自身的变化。

儿童在混合水和糖的时候，可能采用与混合水和沙时完全相同的动作。但是这两个相同的动作所产生的结果却是截然不同的。

选择和组织这类物理知识的活动，主要是为了考察原始人类是如何作用于其周围事物的。在原始社会里，原始人对烧煮、种植、狩猎和艺术活动感兴趣。儿童学习周围物体的性质，就好比原始人类观察事物并建构知识一样。例如，儿童会认为在地上的落叶如果被种植和浇水就会再生长，他们会把落叶埋在地下让它长出树来。电和以电驱动的机器是近现代才发明的，这些材料对儿童不适用。科学的发展史可以被用来作为儿童选择这类物理知识活动的依据。

3. 界于两类活动之间的活动

有些活动不能简单地归为前述两类。例如，尝试物体是沉还是浮、镜子游戏、影子游

① 张璐. 建构主义视野中的学前教育——朱家雄教授与德弗里斯教授的对话. 幼儿教育，2005（21）.

戏、通过放大镜看物体、用磁铁接触不同的物体等，这些活动同时具有前述两类活动所共有的因素，但是不能将它们归在任何一类活动之中。因为一方面，在这类活动中，儿童的动作明显地不会使物体自身发生变化；另一方面，任何由动作所产生的运动，更多的是由物体的性质所产生，而不是由主体的动作所产生。例如，一枚钉子沉入水中，而一个乒乓球却浮在水面上，这一事实并不取决于儿童的动作，而是取决于物体的性质。然而，钉子和乒乓球本身又没有发生任何变化。

在这一类活动中，观察也起了很重要的作用。例如，一枚钉子总是沉在水底，一个影子总是在光源的另一侧；一个影子在某种情况下会长一些，而在另一种情况下会短一些……

不管是哪种类型的物理知识活动，很重要的一点是，物理知识活动不是为了教儿童科学概念、原理或对事物现象做某种解释，而是让儿童通过动作作用于物体而建构知识，不是通过教师去陈述或者演示已经准备好了的知识和概念。

凯米和德弗里斯为物理知识活动制定了以下一些教学原则：

a. 开始活动。

原则之一：以能最大程度增加儿童主动性的方式引入活动。具体引入活动的方式是：

- 取出会自然吸引儿童的材料。
- 向儿童出示材料，并说："你能用此材料做些什么?"
- 向儿童出示材料，并说："你能……?"

原则之二：从平行的游戏开始。

b. 活动的继续。

原则之一：在儿童主动进行活动时，注意儿童在想些什么，不要去干扰儿童。

原则之二：鼓励儿童与其他儿童的交互作用。

原则之三：在物理知识活动中整合各方面的发展。

c. 活动以后。

让儿童通过讨论，反映出他们做了些什么，能发现些什么，以及如何产生一个期望达到的效应。

（二）传统的活动

在凯米与德弗里斯的早期教育方案中，也有许多与传统保育学校类似的儿童活动，如听故事、搭积木、唱歌、绘画、玩游戏等，"事实上，来自皮亚杰理论的教育方案包括了在儿童发展方案中能找到的大部分活动"①。

凯米和德弗里斯曾举过一个儿童玩积木的例子。给儿童六块蓝色的积木和两块黄色的积木，儿童能以各种不同的方式作用于它们，因而能将它们引入不同的关系之中。例如，

---

① Kamii, C. & DeVries, R. *Physical Knowledge in Preschool Education: Implications of Piaget's Theory*. Upper Saddle River: Prentice-Hall, Inc., 1978, pp. 276-277.

儿童可能把蓝色的积木放成一堆，而把黄色的积木放成另一堆，儿童按照积木的颜色特征把积木进行了分类；儿童可能把两种颜色的积木排成一排，他从左到右数数，称一块黄积木为“第二”，称另一块黄积木为“第五”；儿童可能把积木随机分成两组，这时，每组积木只具有“一块”积木的特征了，它与颜色似乎没有关系。除了凯米和德弗里斯所述之外，如果儿童用积木搭成房屋或加油站，那么，积木游戏又具有了表征作用。当然，最简单的是，儿童在玩积木时，感受到了积木的各种属性，如颜色、质地、重量等，这会有助于物理知识的建构。

在所有的传统活动中，凯米和德弗里斯特别重视集体游戏，在《早期教育中的集体游戏》一书中系统地阐述了他们的观点和做法。

凯米和德弗里斯认为，集体游戏指的是“儿童根据约定的规则而一起进行的游戏，具体地说：1）要达到某些预先规定的顶点（或一系列顶点）；2）游戏者应承担独立的、对抗的和合作的角色”①。

凯米和德弗里斯认为，集体游戏对年幼儿童有特殊的功能。年长的儿童玩集体游戏，他们从已知的活动形式的重复中获得乐趣，而对年幼儿童来说，集体游戏是他们以前从来没有接触过的一种新形式。集体游戏主要培养的是五岁儿童的认知和社会能力，它们应在五岁以前就得到培养，并在此年龄以后得到进一步培养。培养儿童参与集体游戏的能力与训练儿童以较高水平完成皮亚杰式的任务是不相同的。另外，运用集体游戏方式的目的是培养儿童自主性的发展，而不是去教儿童如何去玩这些集体游戏。皮亚杰说过，年幼儿童玩集体游戏的能力的增强，取决于他们去自我中心和与人合作的能力的增强。在集体游戏中，儿童与同伴讨论和交流，他必须克服以自我为中心的倾向，使自己说的话能引起别人的注意，并能使别人明白。

下面是一个关于集体游戏活动——“瞄准游戏”的例子。

案例 5－1

瞄准游戏

瞄准游戏就是用东西对准目标的游戏。在玩瞄准游戏时，儿童拿东西以不同方式投向目标，并体验到目标受力后是如何前进或移动的。通常玩瞄准游戏，有把某物投出、推开、滚动、踢动和吹动等动作。某些瞄准游戏可以蒙眼来玩，此时游戏则变得不太一样，且包括特别的动作。

一、下丢瞄准游戏

丢衣夹

游戏者试着把衣夹丢入地板上的小桶内。他们站在小桶旁边，瞄准、丢下。每人丢10

① Kamii，C. & DeVries，R. *Group Games in Early Education*. NAEYC，1978，p. 2.

次，丢进最多衣夹者赢。

年幼的儿童不会想要跟别人比成绩。开始玩这个游戏时，老师最好也不要谈论输赢，除非有儿童自己说起，我们并不能期望四岁孩子会轮流玩丢衣夹游戏，所以，必须给每个孩子专用的桶。反之，五岁组的儿童，能够轮流，也喜欢观看别人玩，特别是后面要介绍的保龄球和篮球游戏。

丢衣夹游戏的难度，可依孩子拿衣夹的高度、方式，与桶的形状（如窄口瓶）而有所不同。

二、投掷游戏

套环

把椅子倒过来，在地板上画一道线，游戏者站在线后，用环来套椅子的脚，套中一只脚得一分。

类似的游戏还有：投小沙包到桶内；给幼儿六块或更多的塑料积木做任何形式的排列，以此为目标，打倒最多块者赢。

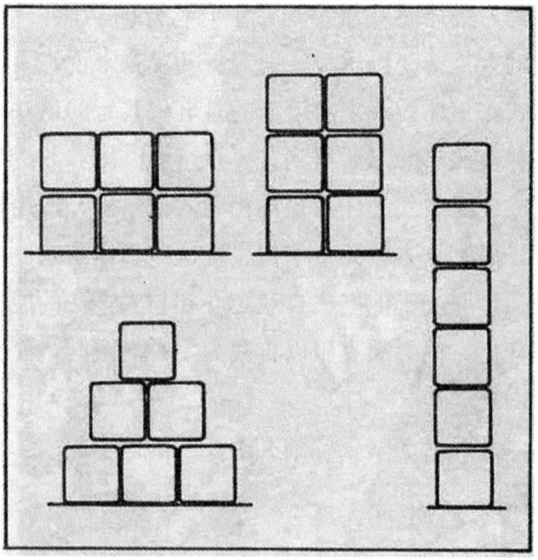

幼儿可以把六块或更多的塑料积木做任何形式的排列，然后作为目标进行瞄准

套环的另一种变化就是投篮游戏。投篮用的篮要吊在适合幼儿投球的高度。还可以在一块板上挖出一个或数个大洞，作为类似的设备。以上投篮或投球进洞板的游戏比下面的游戏要好些，因为玩“牛眼”游戏，小朋友无法看清楚自己动作的结果。

打牛眼

墙上贴着绘有牛眼的圈，小朋友拿着皮球试着去打牛眼。

这个游戏，不像别的投球游戏，球会掉进洞中或者容器中，而是反弹回来。因此，幼儿无法在这短暂的过程中确知他是否击中目标。如果改用可以黏在靶上的球，效果会更好。

以上的瞄准游戏都属平行角色游戏。下面这个躲避球游戏，则是互补角色游戏。另外不同的一点就是它的目标，不再是固定不动的东西，而是跑动的人。

躲避球

小朋友围成一个圆圈，选出三个或四个小朋友站在圈内，由圆圈上的小朋友拿排球来打圈内的小朋友，圈内的小朋友则想法闪躲。被打中的小朋友，就跟打中他的小朋友交换位置。

由躲避球变更而来的另一种游戏叫“吊球”，即用一条绳子把海绵球（或是塞满报纸的枕头套）吊起来，“鬼”试着摆动这个球来打人，其他小孩跑来跑去以免被打到。被打到的人要受罚（如做三次青蛙跳）。

三、推、滚、踢、吹之瞄准游戏

基本上，这些游戏都是在地板上推动物体使之前进（投掷游戏中，物体是在空中移动的）。这一类的游戏中，物体都是用来滚的。保龄球的目标是滚倒球瓶，撞球和打弹珠游戏的目标则是滚球本身。曲棍球是个互补角色游戏，所以在这一点上有所不同。

保龄球

将10个保龄球瓶（或是积木、长形纸盒、塑胶瓶子）排成V字形。游戏者采用轮流方式，由起点线滚球撞球瓶，看谁撞倒的最多。

撞保龄球

可将V字形球瓶置于墙前，让球自墙弹回。这会有不同效果。

撞球

用积木围成长方形的玩球区，区内散置大小、质量不同的球（玻璃珠、乒乓球、塑料球、钢珠、木球等）。每个孩子拿一块长形积木当撞球杆，用一个球来打另一个球。

打弹珠

打弹珠有很多方式。其中一种方式就是把珠子置于地上所画的正方形内，在正方形的一段距离外画一道线。游戏者站在线后，用一颗珠子去打正方形内的珠子。被打出正方形的珠子为这位游戏者所有。得到最多珠子者赢。

曲棍球

可在桌上或地板上做成两个球门的游戏区域。两个游戏者拿类似冰上曲棍球的短球棍，各试着将球击入对方球门，同时要防止被对方攻进。

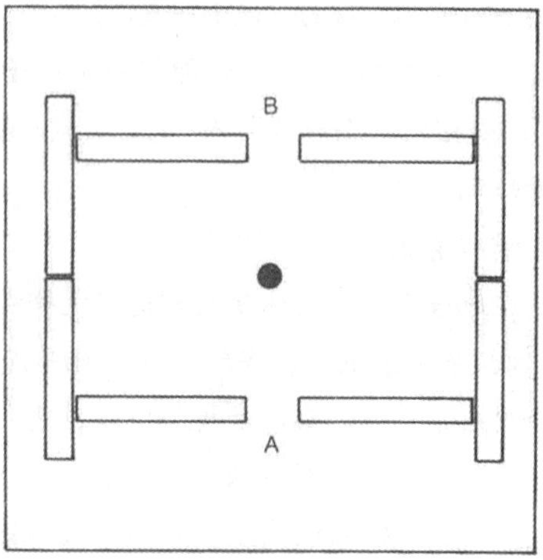

曲棍球游戏区域图

四、蒙眼瞄准游戏

给驴子添尾巴

墙上贴着没有尾巴的驴子画像，发给每个小朋友一条纸尾巴。每个人轮流蒙起眼睛，把尾巴贴在画上，贴在最适当位置的人得胜。

这个游戏可改用皱纹纸剪成的驴子，小朋友触摸驴子的轮廓，可大概猜出在何处贴驴尾，而不是靠运气。另外，还可把驴子转动一下位置，让小朋友去想想驴子身体各部位的关系。其他类似的游戏还可以有，把车轮贴到卡车上，或给一朵花添上茎、叶……

做一只猪

资料来源：Kamii，C. & DeVries，R. *Group Games in Early Education*. NAEYC，1978，pp. 2-3.

瞄准游戏的认知价值

瞄准游戏有益于儿童空间概念的形成。当儿童试着把一个物体导向某个目标时，他必须考虑其空间关系。在游戏中，儿童发现不同的动作或玩法会得到不同的结果。这种关联性的知识，还会因获得新的经验而有所调整。因此，瞄准游戏不仅可以促进儿童直觉与动作的协调，还培养了他们的抽象思维能力。

第一类瞄准游戏，儿童都是在某个距离外，把东西丢入容器。儿童只有在脑中针对某一点，画一道垂直线，才易成功。因此，当他的视线正好在容器上端，这个游戏就容易。但若容器由桶换成窄口塑料瓶，儿童需进一步去设想以什么方式拿着衣夹，才能增加胜算。这个游戏还可鼓励儿童进行数的学习，因为儿童喜欢数数看他们投入容器内的衣夹共有多少。

进行第一类下丢瞄准游戏，儿童只要去想从哪一点投下即可；至于第二类、第三类的瞄准游戏，要投中目标还得考虑投掷方向和投掷时用的力气。例如在套环游戏中，站的距离越远，就越要用力投。此外，还要考虑环的大小和重量。

在保龄球游戏中，瓶子可排成不同形状（见图 5－5），儿童有机会比较不同摆放方式的利弊。譬如，摆放成高而窄的塔形和低而宽的形状，哪一种比较容易被击倒？

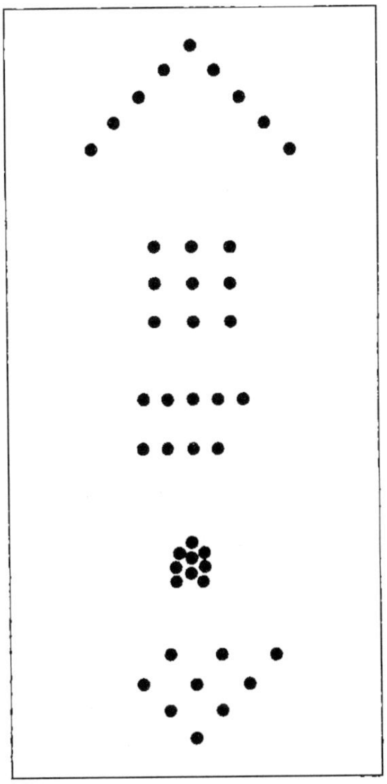

图 5－5　一些六岁儿童摆放九个球瓶的几种方式

在玩躲避球游戏时，持球者要决定是瞄准距他较近的那个小朋友，还是远处站在一起的一群小朋友。而在圈内的小朋友，也得决定他们自己的位置：到底是站远些以确保安全呢，还是离球近些以有紧急闪躲的刺激？

玩“吊球”游戏，必须能够预测球摆动的路线。当“鬼”的人有时会突然转变方向，机警的游戏者能及时闪开或跑到圆圈中央球打不到的地方。另外，也可以在脑中形成一个以球绳为半径的圈，在这个圈以外就是安全地带。

第三类推、滚等游戏，包含不同方向、力量大小与不同结果的相互关系。这类游戏都是在平面上进行的，因此比在空中移动的目标更容易看清楚。

保龄球提供儿童学习空间与数字推理的机会。如把保龄球瓶排成紧凑的一行，或稀疏排列，或挤在一堆，然后比较哪一种排法瓶容易被击倒。有些六岁儿童，对安排球瓶特别感兴趣。图 5－5 为一些六岁儿童摆放九个球瓶的几种方式。他们是否从摆放球瓶中学到了“9”的分解组合尚不确知，但摆放球瓶本身无疑是一个极有趣、吸引人的活动。

有时保龄球打歪了，碰墙撞回来凑巧打倒球瓶。有些儿童因此决定用这种方法来玩。根据殷赫德和皮亚杰的研究，儿童未达到形式操作期，不一定有入射角和反射角相等定律的观念。但年幼儿童可能通过试误发现反射角，瞄准成功。所以这种保龄球的玩法，似乎有益于年幼儿童建构其稍长才会有的观念。

保龄球的另一项好处就是提供计分的机会。在《幼儿科学游戏》一书中记录了一些小学一年级的学生如何在这方面得到进步的情形。在玩保龄球时，儿童很自然地记录、比较分数，这比纯粹数字符号的演算练习有意义得多。

玩撞球时，儿童首先选择去撞别的球的母球，以及被撞的目标球，经过比较撞击的结果，儿童知道哪种球比较适合哪种用途。例如乒乓球可当目标球，但并不适于当母球。另外，在选球的时候，还要考虑以球与球间的距离为依据。同时，选择一个好位置来撞球，也是同样需要考虑的。

打弹珠除了有以上各功能外，还有助于儿童进行数量的学习。尤其是当他们能保留自己所击出的弹珠时，更是如此。

玩“给驴子添尾巴”这个游戏是不能依靠视觉的，所以儿童必须在脑中记住驴子的形象。儿童以触觉来探索驴子的轮廓，再考虑驴子身体各部分的关系，从而知道驴尾应该粘在哪儿。

在集体游戏中，只有游戏的参与者都赞同游戏的规则，游戏才能开始。游戏开始后，只有游戏参与者在游戏规则的解释方面取得一致的意见，游戏方能继续下去。由于幼儿想要玩集体游戏，游戏构成了儿童有动机合作制定规则的自然背景。如若教师建议集体游戏的规则，而不是强制儿童去遵从这些规则，那么儿童就有可能自己去制定规则。制定规则涉及做决策的问题，儿童在参与决策的过程中发展了他的社会性。对规则的认同需要交换想法，儿童必须克服自我中心并与人协作。观点的协调是一个认知过程，它有益于逻辑思维的发展。在协调的过程中，儿童运用早先获取的知识去建构新的规则。儿童会与人争论，但也会接受别人的意见，与别人一起一个接一个地发明游戏。实施规则的责任对儿童的主动性、机敏性和自信性发展能起促进作用，而实施规则的一个主要方面则是儿童对何种规则运用于何种情景的判断。在运用规则时，儿童要将规则归类，这有益于智力的发展。在有些情况下，儿童决定修改一种规则，而不是去实施这种规则。

凯米和德弗里斯把集体游戏分成以下八类：瞄准目标游戏、赛跑游戏、追逐游戏、捉迷藏游戏、猜谜语游戏、口令游戏、纸牌游戏和棋子游戏。这八类集体游戏可大致分成两种类型：平行角色游戏和互补角色游戏。平行角色游戏指的是游戏者做的是同样的事情，例如赛跑游戏，或大多数的瞄准目标游戏。互补角色游戏指的是游戏者做不同或互补的事情，例如捉迷藏游戏、猜谜语游戏、口令游戏等。虽然两种游戏都有简单和复杂的层次，但是对于四岁的儿童，互补角色游戏比平行角色游戏困难。因为作为互补角色，游戏者必须脱离自我中心，并能应对他人。

凯米和德弗里斯认为，不是所有的集体游戏都具有教育价值，一个好的集体游戏的标准是：1）能为儿童提供一些有趣的和有挑战性的事物，让儿童思考如何去游戏。2）能让儿童对自己的成功做出判断。3）能让所有的儿童在游戏中积极参与。①

凯米在其《幼儿重新发明算术》一书中，还详细地描述了将集体游戏用于算术活动。凯米认为，在日常生活中遇到的问题激励儿童进行逻辑思维，但是不会让儿童反复地进行这种运算。在游戏的背景下，儿童能进行操作，“集体游戏为结构活动提供了途径，在集体游戏中，儿童有内在动机去思考和牢记数的运算。集体游戏也允许儿童自己决定他们做什么游戏，在什么时候与谁一起做游戏。集体游戏更鼓励社会交互作用和从同伴中获得反馈”②。凯米认为，儿童在做集体游戏时，在心理上比做作业更为积极。做作业时，儿童也在学习，但是儿童学到的是来自教师头脑中的真理，那种数学是来源于儿童自身之外的一套规则。做作业和集体游戏是儿童学习算术的两种完全不同的方式，它们建立在两种不同理念的基础之上。具体地说，做作业是建立在加速个体儿童接受社会知识和概念的基础之上，而集体游戏则是建立在重新建构或重新发明算术的基础之上。

对于集体游戏，凯米和德弗里斯也提出了两条教学原则：第一条原则是调整集体游戏，使它能与儿童的思维方式相符合；第二条原则是尽可能减少成人的权威性，鼓励儿童相互间的合作。

（三）日常生活

凯米和德弗里斯认为，日常生活中有无数情景可以激发儿童的学习与发展。在儿童的自由游戏、户外活动、进餐中都应有意识而又自然地将有益于儿童知识建构的内容整合进

---

① Kamii, C. & DeVries, R. *Group Games in Early Education*. NAEYC, 1978, pp. 3-8.

② Kamii, C. *Young Children Reinvent Arithmetic*. New York: Teachers Colleges Press, 1985, p. 121.

去。例如，让儿童在餐桌上通过看、闻、拿和吃来认识和了解食品（物理知识），让儿童把纸板垫在摇晃不稳的桌脚底下（物理知识和空间推理），让儿童摆杯盘、配刀叉（逻辑-数理知识），让儿童自己解决纠纷（社会知识），等等。这些情景被作为凯米与德弗里斯的早期教育方案实施的内容和途径，是因为这些情景要求儿童以有意义的方式运用智慧。

凯米在《幼儿重新发明算术》一书中特别阐述了在教室的日常生活情景中去刺激儿童数思维的益处以及具体做法。她认为，“算术不从书本、教师的解释或者计算机程序中来，而是从每个儿童对其现实的逻辑数理化的思维中来”①。“对这些情景的利用，一能鼓励儿童对现实的逻辑数理化，二能增进其自主性的发展。第一点强调儿童对算术的建构，第二点则强调有意义地学习算术（以及其他科目）的更宽广的背景。”②

20 世纪 80 年代以后，凯米和德弗里斯的研究出现了分化，凯米继续探究和界定皮亚杰建构主义理论对于儿童学习数学的启示，德弗里斯则重新强调了皮亚杰发展阶段理论的重要性，将皮亚杰的结构主义重新结合到课程中去，主张让儿童通过建构智力的知识层面来促进儿童的智力发展，同时主张将创造社会道德氛围作为教育的首要目的。但是，将发展作为教育目的依然是凯米和德弗里斯的共同点。

六、海伊斯科普课程中的教育活动

在当今世界上，在以建构主义为基础的学前教育课程中，海伊斯科普课程是运用最广泛的一种课程。

韦卡特（David P. Weikart）曾是美国密歇根州伊帕什兰蒂公立学校系统中的特殊教育部门主管。其于 20 世纪 60 年代发起的海伊斯科普课程，曾是美国“开端计划”中第一批帮助处境不利的学龄前儿童摆脱贫穷的学前教育方案。20 世纪 70 年代后期，美国联邦政府允许海伊斯科普基金会发展它的课程以适应来自西班牙语家庭的儿童。此后，在全美国以及世界许多国家和地区，数以千计的早期儿童教育机构采用了这种课程。

20 世纪 70 年代以后，海伊斯科普课程的设计者们不再强调教给儿童皮亚杰式的任务，而是强调儿童是知识的建构者。

海伊斯科普课程的总目标是认知性的。海伊斯科普的教育活动，不管是教师发起的还是儿童发起的，都围绕关键经验展开，而这些关键经验主要源于皮亚杰对于儿童认知发展的描述。

关键经验为教师提供了一种方法，帮助教师从内容大纲、教科书以及练习本中解放出来，使他们能在与儿童的互动中做出个别化的应对。关键经验并非教育活动所要达成的目标，或者所要核对的目标，它们都会在活动中以不同形式重复出现。这些教育活动既可以

① Kamii，C. *Young Children Reinvent Arithmetic*. New York：Teachers Colleges Press，1985，p. 121.
② 同①119.

由教师来组织，也可以由儿童自发生成。包含关键经验的教育活动不是相互排斥的，任何一个单独的教育活动都可以包含几种关键经验。事实上，关键经验不是作为教学的日程或特定活动的菜单，而是教师了解儿童活动中的知识内容和智力过程的提示物，它给教师实施方案提供一种方式，把教师从对工作手册和工作程序表的遵从中解脱出来。总之，关键经验可被教师用作安排和解释课程和教育活动的一种组织化的工具，是教师指导儿童活动、扩展儿童活动以及评价儿童发展的框架。

在 1979 年版的课程方案中，课程设计者们依据皮亚杰论述的有关前运算阶段儿童最重要的认知特征，确定了 49 条关键经验，以此为促进学前儿童发展课程中的计划制订和评价的指标。这 49 条关键经验包括 8 个领域：1）主动学习；2）语言运用；3）经验和表征；4）分类；5）排序；6）数概念；7）空间关系；8）时间。①

为了反映课程对社会学习的重视以及美国对儿童读写能力培养的要求，1995 年版的课程方案将关键经验调整为 58 条，分为 10 个领域。其详细内容如下：

创造性表征

- 通过看、听、摸、尝和闻来认识物品。
- 模仿各种动作和声音。
- 把模型、图片、照片与真实的场景及事物联系起来。
- 玩角色游戏。
- 用泥、积木等材料造型。
- 用不同的笔绘画。

语言与读写

- 对他人讲述有意义的经验。
- 描述物体、事件和关系。
- 从语言的使用过程中获得乐趣：倾听故事和诗歌，创作故事和押韵的短诗。
- 用各种方式进行书写：涂、画、临摹字母形状、创造性地拼写、正确地拼写。
- 用各种方式阅读：读故事书、读标记和符号、读“自写”的故事。
- 把儿童讲的故事记下来读给他听。

主动性和社会关系

- 做成并表达自己的选择、计划和决定。
- 在游戏中解决面临的问题。
- 自己的事情自己做。
- 用语言表达自己的情感。

① 玛丽·霍曼，等. 活动中的幼儿. 北京：人民教育出版社，1995：11-13.

- 参与小组常规活动。
- 能够敏感地感受到别人的情感、兴趣和需要。
- 能够与同伴、成人交往。
- 在合作性游戏中能与同伴创造性地玩耍。
- 能够处理社会性冲突。

运动

- 静力运动（定点运动：弯曲、转体、摇摆、挥舞自己的手臂）。
- 动力运动（非定点运动：跑、跳跃、单脚跳、跳绳、齐步走、攀爬）。
- 搬运物体。
- 用动作进行创造性表现。
- 能够用语言描述运动状态。
- 根据运动指令进行运动。
- 能够感觉和表现固定的节奏。
- 按照共同的节拍有序前进。

音乐

- 律动。
- 探索和辨别各种声音。
- 探索歌声。
- 自编旋律。
- 歌唱。
- 演奏简单的乐器。

分类

- 探究和描述事物的异同、特征。
- 分辨和描述形状。
- 进行分类和匹配。
- 运用不同的方式使用和描述事物。
- 描述事物时注意到事物一个以上的特征。
- 区别“部分”和“整体”。
- 描述事物不具有的特征点或不属于的类别。

排序

- 按事物的各种特征（大/小；长/短）进行排序。
- 根据某种序列或模式排列物体，并描述它们之间的关系（大/更大/最大；红/蓝红/蓝）。

● 通过尝试把两个系列的物品相匹配（小杯子/小碟子；中杯子/中碟子；大杯子/大碟子）。

数字

● 比较两组事物的数量，确定“多”、“少”和“相等”。

● 用一一对应的方式比较两个数群的数量。

● 点数物体。

空间

● 填装和清空物体。

● 装拆物体。

● 改变物体形状和排列（包装、扭曲、拉长、堆叠、装入）。

● 从不同的空间角度观察人、场地和物体。

● 体验和描述物体的相对空间位置、方向、距离（游戏区中、建筑物及社区中物体的相对位置）。

● 解释绘画、图片和照片中的空间关系。

时间

● 根据信号开始和停止一个动作。

● 体验和描述不同的运动速度。

● 体验和比较时间间隔的长短。

● 预测、回忆和描述事件的次序。①

1992年，海伊斯科普课程设计者修订了儿童观察量表。该量表包括六个发展领域：主动性、社会关系、创造性表征、音乐与运动、语言与读写能力、逻辑与数学，每个领域的评估水平都分为五个级别。这样，这个评估工具成为衡量教育方案实施成功与否的一个标准。

在海伊斯科普课程的实施中，关键经验是教师组织课程和教育活动的依据。而在一日教育活动的具体安排方面，则要考虑三个方面的事情：1）包含“计划—做—回忆”这三个环节，帮助幼儿在这一过程中探究、设计和完成自己制定的计划，以及在学习过程中做出自己的决定；2）提供小组和集体、教师和幼儿、幼儿和幼儿、教师和教师等多种相互作用的方式；3）给幼儿提供自主活动的时间和在教师指导下活动的时间，包括户内活动、户外活动、参观旅行、在不同活动区的活动等。认知导向课程的设计者认定，如若能对一日活动做较好的安排，就能给教师和幼儿提供一个多功能的平台，在此平台上，教师和幼儿都能充分发挥主动性和创造性。

① 卡罗尔·格斯特维奇．发展适宜性实践．北京：教育科学出版社，2011：404-405.

在海伊斯科普课程中，一日活动的每一个环节都能给幼儿提供不同的经验。

计划时间

在计划时间，所有时间都是由幼儿自行选择和决定的。但是，大部分方案很少会以有序的方式让幼儿思考自己的决定，或使他们意识到选择和决定所产生的后果。因此，计划时间给予幼儿的是表达自己想法和意图的机会，让他们看到自己是一个能独自做出决定的个体，他们有能力与成人在一起，像伙伴一样工作。

在计划时间以前，教师与幼儿一起讨论计划。这样做有助于幼儿在头脑中给自己的想法构筑一幅画面，并使他们能注意到计划的实施过程。对成人而言，与幼儿一起做计划，有益于鼓励和回应幼儿的想法，并给予合理的建议，从而加强活动的计划性，促进幼儿获取成功。此外，还有益于教师认识和判断幼儿的发展水平及思维方式。当然，教师需要认识到接受幼儿所做的决定是具有局限性的。

1995 年版的课程方案计划过程包括：

1）确立一个问题和目标。

2）想象和期待将会发生的行动。

3）表达个人的意图和兴趣。

4）把意图和兴趣转化为目标。

5）周密计划。

6）持续不断地修正。

在计划时间中，幼儿和教师都是受益者。幼儿在开始着手计划时会感受到成人的支持，而成人则能在此时间段获得诸多的信息，例如幼儿在想些什么，可能有哪些困难，需要一些什么帮助，已达到了怎样的水平，等等。

工作时间

工作时间是一日活动的核心，也是时间最长的一个环节。幼儿进行自己计划的活动，忙于实现自己所制定的计划，对材料进行探究，学习新的技能，尝试不同的想法，并把自己认为有意义的知识经验组合在一起。教师观察幼儿如何收集信息、如何与同伴互动以及如何解决问题；教师也参与到幼儿的活动中去，激励和扩展幼儿的活动，创设问题情景，并与幼儿进行交流。由于幼儿同时在许多不同的活动区内进行活动，因此教师要顾及各个活动区幼儿的活动。

因此，在工作时间，教师的主要工作是指导和支持幼儿实现自己的计划，或者是丰富幼儿的活动，或者是激励那些完成了第一个计划的幼儿开始另一个计划。

整理和收拾时间

虽然，从表面看，整理和收拾时间似乎没有被列入计划—做—回忆三个环节中的任何一个环节，但是，它却是计划—做—回忆中很自然的一个组成部分。在整理和收拾时间中，幼儿将材料和工具进行分类、整理，放回原处，并把未完成的作品收拾起来。这个过程可让幼儿学会物归原处，并让幼儿学习和应用分类的知识和技能。

创设有益于幼儿使用材料的学习环境，受到特别的重视。在活动室中，所有材料都放置在便于幼儿使用的开放式的架子上，并贴上清晰的标签以标明每一种物品。这样做能使幼儿正确地将使用过的材料归还到合适的地方，与此同时可增强幼儿的自信心。

回忆时间

回忆时间是计划—做—回忆的最后一个环节，是幼儿对已经历或已实现的事情的回忆。这种活动常在幼儿吃完点心后进行。在这一环节中，幼儿通过各种方法再现相应的活动经验。他们可能回忆起在计划中涉及的其他幼儿的名字，可能叙述活动的过程，还可能描述遭遇到的问题。在回忆时间中常采用的办法是，让幼儿回忆已经做了些什么，是如何做的；让幼儿回忆自己的计划，口述发生过的事情；等等。

回忆时间能使幼儿更清楚自己的计划和行动，为幼儿提供表达经验和想法的机会。在这个时间段中，教师会特别关注这种在活动和最初计划之间的联结。

小组活动时间

小组活动时间是教师组织幼儿参与活动的一个时段。小组活动的组织会充分考虑到幼儿的文化背景、以往形成过的小组、活动室中可使用的材料、季节的特点以及幼儿的年龄等因素。在小组活动时间中，教师为幼儿提供活动的框架，幼儿则运用自己的方式去构思想法，并解决问题。活动没有预设的结果，活动能反映出幼儿的需要、能力、兴趣和认知水平。一旦幼儿有独立选择和解决问题的机会，教师则通过与之交谈，提出开放性问题，提供更多的解决问题的情景来丰富幼儿的想法和行动。在计划和实施小组活动时间中，每个幼儿的积极参与十分重要，因为这样做会涉及幼儿的身体运动、物品和材料的运用以及问题的选择和解决等方面。有意义的小组活动时间能给予幼儿探索材料和物品的机会，给予幼儿运用身体和感官的机会，还能给予幼儿与成人一起活动的机会。

集体活动时间

虽然集体活动也是由教师发起的活动，但是幼儿还是处于主导地位，教师尽可能地满足幼儿的个人选择。在集体活动时段，教师为幼儿提供了参与活动、交流和表达思想、尝试和模仿他人想法等的机会，整个班的幼儿聚集在一起，与成人们一起游戏、唱歌、做手工、练习基本动作、演奏乐器、讨论问题以及进行其他的特别活动，与别人分享自己的观点或听取别人的意见。

户外活动时间

户外活动除了对幼儿的健康有益以外，主要作用还在于让幼儿在户外尝试工作。在户外，幼儿更加放松、自由和活跃。教师可组织幼儿玩某一种游戏，或参加由幼儿自己发起的活动。教师要积极地参与幼儿的活动，与幼儿谈论他们所做的事，或者提供选择，帮助他们解决问题，支持、鼓励和丰富他们的活动。

以上这些环节，教师可根据自己的时间进度表，将它们安排成一日生活时间表，只要这几个环节都包含在内，并确保工作时间是时间表中最重要的一个环节，那么一日生活时间表如何具体安排并不重要。但是，计划时间、工作时间、整理和收拾时间、回忆时间这样一种顺序是不能改变的。

为了说明海伊斯科普课程设计者对皮亚杰理论的理解以及将皮亚杰理论运用于早期教育实践的做法，为了便于与其他类似的早期教育课程做比较，这里仍以认知发展的关键经验中的“分类”为例，做一个简要展开。

为了给予幼儿在“分类”方面的各种关键经验，教师在制定计划时要考虑以下几个方面：

（1）在教室中提供多种可供幼儿分类的材料。

● 可让幼儿用于探究和描述的真实物品，包括：工具、器皿、乐器、食物、动植物、简单机械物品、在户外和参观郊游时收集的物品。

在教室的各个活动区，教师给幼儿提供贴近他们生活的各类实物，这样幼儿可以通过眼睛观察、用手摆弄，充分地感知实物。例如，娃娃家区可以提供真的食物——玉米、麦片、巧克力奶、橘子汁等。在动植物区，幼儿可以观察动植物的生长和变化，学习饲养和照料有生命的东西。在这里，可以提供幼儿自己能种植的植物，如豆类、草类、菊花或本地生长的植物，因此还要准备一些土壤、罐子或花盆。木工区可以提供真正的木料和工具，如木条、木块、斧头、锯子、钉子等。

教师可与幼儿一起收集实物材料，比如在参观和郊游时，可以收集自然界中的各种实物，如树叶、草、石子、沙、泥、小动物等，引导他们去探究并描述各种类型的实物及其特征。

● 相同的材料系列。

相同的材料可以让幼儿意识到相同的概念。在活动中，幼儿往往会把相同的东西归放在一起，注意到事物的相同之处。相同的材料为幼儿理解关于同类的概念提供了机会。在教室的各个活动区，可为幼儿提供丰富的成对或成套的相同材料。例如：积木区提供各种颜色或形状的积木，每一种积木应是成双或者成套的；美工区提供相同系列的蜡笔、水笔、颜料、纸张、剪刀等；娃娃家区提供成双成对的家具、碗碟、玩具娃娃等。活动区提供的相同材料要有足够的数量，这样可以让多个幼儿同时玩这些玩具材料而不至于出现争抢现象。

● 类似的材料系列。

活动区还可为幼儿提供多种相似的材料，让幼儿感受事物之间相同和不同的关系。各个活动区可以提供成对或成套在某方面不同而其余方面相同的相似材料，比如结构、形状、颜色相同，但大小不同的卡车；形状、颜色、大小相同，但重量不同的积木；大小、形状、重量、颜色相同但手柄形状不同的餐具；等等。除此以外，还要提供在某几个方面不同而其余方面相同的材料，例如大小、形状相同，颜色、构造不同的积木；形状、孔数相同，但颜色、大小不同的纽扣。这样，幼儿在使用材料的过程中就会注意到事物的相似，进而把相似的材料归成一组。

● 可用不同的方式来分类的材料系列。

一般而言，材料可以根据其不同方面进行分类，比如颜色、形状、质地等。活动区提供可用不同方式来分类的材料有助于幼儿根据其不同方面进行分类描述，并且使用不同的方式来探究物体。对许多只注意一个特征的幼儿来说，这可以帮助他们意识到同一材料有不同属性或特征。比如娃娃家区提供各种纽扣，这些纽扣大小、形状、颜色、结构各不相同，幼儿可能做如下划分：大的红纽扣、小的红纽扣、透明的纽扣等。有些幼儿可能把这些纽扣排列或构成图形，这些图形有的是相同的，有的是不同的。幼儿还可以将这些纽扣用各种容器装起来，并可以把它们当作各种假想的食品。

（2）教室的布置给幼儿在取放物品时进行分类活动提供机会。

● 在各个区将相同的和类似的物品存放在一起。

按照一定的标准把各种物品进行分类摆放，比如根据颜色、形状、规格或用途等进行分类，把相同和相似的物品集中在一起，这样既有利于幼儿寻找和取放物品，又给幼儿的分类能力的练习提供了机会，使幼儿体验事物之间相同和不同、整体和部分的关系，从而增强其归类意识。例如美工区把各种纸集中放在一起，然后把各种不同的纸进行分组，如将马尼拉纸放在一起，将新闻纸放在一起，将硬卡纸放在一起；娃娃家区可以把所有的器皿放在一起，再按照大小挂在或摆放在架子上。

所有物品都放置在便于幼儿使用的开放式的地方，并贴上清晰的标签或放上物品的样品或图片，这样做便于幼儿找到和送还物品。但不要做过多的标签，最好为每一大类设相应的存放处并贴上标签，这样可以给幼儿再分组提供机会。比如在餐具的标签下，幼儿可以把盘子、碗、刀、叉、勺等分开摆放，也可以按其材质是塑料还是金属进行分组。

● 有的材料可加上“非用于”的标志。

一般来说，许多幼儿还不能根据物体所不具有的特点进行分类，比如对鞋的分类，他们往往不会把它们分成有搭扣的和没有搭扣的，而会根据颜色的不同来进行分类。因此，有些材料可以采用该物品所不具有的某种特点做标签，这样便于幼儿更好地了解材料不具有的某种属性和特征，也方便幼儿正确使用这些材料。例如，放汽车和其他车的架子可以用这样两个标签来表示，即“车”和“非车”，将它们分开贴在架子上。

● 有的材料标记上表明该物品的两种特征。

教师可以从颜色、形状、质地等方面来描述材料的特征，有的材料使用两种特征的标签有助于幼儿注意事物的两种特点。对往往只注意一个特征的幼儿来说，这样做可以帮助他们同时从两个方面去注意和描述物体。比如，在放鞋的地方，给不同的鞋子进行分类并贴上带有两种特征的标签，第一标签为黑色、带扣子的鞋，第二标签为黑色、系带子的鞋，幼儿在放鞋的时候就会考虑鞋子具有的两种特征。教师可以帮助幼儿去做这些材料的标签，标签可以采用图画、照片或文字等形式制作，标签的内容必须是幼儿能够理解的。

（3）教师在一日生活的各个环节给幼儿提供分类的材料和机会。

- 在计划时间。

在制定计划的时候，教师可与幼儿谈论他们想做些什么，怎么做，将要使用什么样的材料，等等。教师应有意识使用包含分类的词语，引导幼儿从不同的方面去描述要使用的物体，以便幼儿练习分类，如描述材料的性质或特征，区分材料的相同与不同，等等。比如："你准备用哪一种材料来做呢?""你要用的东西是什么样子的呢?""你能否到积木区把你准备要用的东西拿给我看一下?""你已经找到方积木和圆积木了，还需要别的材料吗?""我记得昨天你是在安静区穿珠子的，今天我要看看你能不能找到其他可穿的东西。"教师鼓励幼儿用语言描述他们的计划，有的幼儿可以用语言清楚地描述他们要做的事情。

- 在工作时间。

幼儿在工作时间来实现他们所制定的计划，教师要观察和支持幼儿的探究活动，看看他们是怎样利用材料的，帮助他们实现计划。幼儿会用多种方式来探索和使用物体，教师应对幼儿所做的分类活动表示支持和理解，试着做出评论帮助幼儿意识到自己所做的事包含分类的活动，用提问和交谈促进幼儿的探究活动，并鼓励幼儿用语言描述自己正在做的事情。比如："你一上午都在忙着，你在搭什么？跟我说说你搭的东西。""你可以告诉我你的卡车上都有什么吗?""你把这个涂在纸上的东西叫什么?""这是一种不同的敲铃鼓的方法，我也要用你的方法来敲敲我的铃鼓。"

在幼儿活动的过程中，教师可以与幼儿一起谈谈他们正在使用的物体的性质，描述相同与不同，等等。例如："这豚鼠摸上去怎么样？看上去如何?"教师对幼儿提出问题后要给他们足够的时间来思考和回答。在幼儿回答后，教师可把幼儿的回答总结起来。例如："你针对豚鼠说了很多，你说它有脚和眼睛，摸上去是软的，是棕白色相间的。关于豚鼠，你会说很多不同的东西。"教师通过提问或谈话，让幼儿注意物体的多种特征。如："你的花是用红的塑料片插成的，你能找到一些别的红塑料的东西加上去吗?"幼儿操作材料有困难时，教师可启发幼儿用多种方式探究物体，如一个幼儿在纸上涂满了糨糊，然后就不知道怎样来使用糨糊，教师可给他示范一种方法，可以给他拿来一些小纸片，对他说："看，你在糨糊上放一些小纸片，它们就粘起来了。让我们再看看还有什么东西会粘在上面!"在与幼儿的交谈中，使用一些"不""没有"等词语，让幼儿注意某种事物所不具有的特征或不归属的类别，根据物体所不具有的特点分类。例如："你能把我的娃娃带过来吗？她没穿鞋子。""你的画上有许多红颜色，而他的画上一点红颜色都没有。""你用红的扣子做了苹果酱，你能用不是红的扣子做些什么？"

● 在整理和收拾时间。

幼儿在整理和收拾时间将材料和工具进行分类、整理，放回原处，并把未完成的作品收拾起来，这个过程可让幼儿学会物归原处，并让幼儿学习和应用分类的知识和技能。教师要注意幼儿是怎样分类和归放物品的，如让幼儿先将物品按某个标准分类，然后把类似的物品放在同一个地方，这样可帮助幼儿注意到物体的特征。

在整理和收拾时间，教师也可通过提问或与幼儿一起交谈他们已发现的认识，增强幼儿对材料的分类意识，比如："你能把所有能摇出声音的乐器拿走吗？"教师还可以把幼儿的发现编成整理和收拾的小游戏，如："你们有人发现这积木可以滚吗？来让我们看看谁能把积木滚到那边的筐里。""刚才你把积木竖起来排成队，推最后一个，一个个积木全倒了，看我们有没有足够的积木排到筐子那儿。"

● 在回忆时间。

在活动中幼儿会注意和描述他们正在做的事情以及使用的物体，活动结束以后教师还要让他们回忆自己所做的事，帮助他们把与分类相关的经验转化为自己有用的经验。在回忆时间中一般是与幼儿一起谈谈他们在工作时间等活动中所做的事情和使用的物体，让幼儿回忆做了些什么，是如何做的，又是如何使用物体的，或者展示自己完成的作品，鼓励幼儿描述他们使用的物体以及他们的发现和认识，等等。

比如，幼儿已经探索了苹果，在回忆时间让幼儿谈谈他们的发现和认识。幼儿可能说"苹果可以滚""红的很好吃""有很多种子""皮在外面"等等。这样可以帮助幼儿意识到自己的行动，并对自己的相关分类经验进行评价，语言的描述使幼儿的这些经验进一步得到巩固。

在与幼儿的交谈中经常使用包含分类的词语，如："我看到你在沙箱旁边玩了好长时间，把所有的容器都灌满了沙，后来又把容器里的沙倒了出来，倒下来的沙块的形状就像容器的形状一样。"

● 在集体活动时间。

教师可设计各种包含分类经验的集体活动，帮助幼儿练习分类能力，探究和描述事物，如事物的性质与属性、事物的异同。例如一个在户外进行的集体活动：全体幼儿围成一个圆圈，开始一个幼儿唱"玛丽穿着红色衣服"并站到玛丽身后，这时，玛丽跑出圈唱另一个幼儿所穿衣服的颜色，每个幼儿逐次轮流。再比如另外一个活动是让幼儿按照教师的指令跑向木制的物品，当教师数到5，每个幼儿都要停在一个木制的东西旁边。即使最初幼儿没有跑向指定的物体，教师也要积极地承认他们的选择，如跑向了秋千，秋千架是金属的，但是幼儿发现秋千的荡板是木制的。①

在集体活动中，教师通过向幼儿提出问题，使用分类的词语，与幼儿一起交谈和讨论，支持和鼓励幼儿与分类有关的活动，如："谁能想出一种方法来玩铃鼓？卡拉有办法，看看我们能不能像她一样玩这个铃鼓。""如果你没穿红的摸你的头，如果你没穿蓝的就摸你的鞋。""你们今天进行了赛跑，你们能想出其他比赛活动吗？"如果幼儿不理解，教师可以给他们一些选择，如比跳远。

● 在参观和郊游时间。

参观和郊游给幼儿提供一个很好的机会，让他们去探究和描述通常在教室里很少接触到的事物，教师应充分利用这个时间与幼儿一起探究并描述各种事物。比如，一个教师邻居家中养的羊产了小羊羔，当小羊羔与母羊一起被关在栏中时，教师带幼儿去观察羊的生活。幼儿可以用瓶子喂小羊羔喝水，或者喂它们青草，在做事的过程中教师可引导幼儿注意和描述羊的特征，比较小羊羔和母羊不同的毛色等特点，如小羊羔的毛"又硬又短"，而母羊的是"褐色的长毛"，小羊羔有"尖而黑的脚，粉红的耳朵"②。

外出参观或郊游时，教师可以带幼儿去那些能看到许多相同与不同事物的地方，比如市场里可以看到各种各样的面包、水果、蔬菜等，其他的地方还有商店、五金店、牧场、学校乐队等。参观和郊游时教师应与幼儿一起收集各种事物，如树叶、草、小动物、水果、木块等，以便让幼儿在教室里也能继续进行探究和描述。

● 在用午餐和吃点心时间。

幼儿喜欢探究和描述他们感兴趣的真实的东西。食物是真实的、幼儿熟悉的并非常喜欢的事物，教师可以利用午餐和吃点心时间引导幼儿探究和描述他们所吃的食物。幼儿认识事物大多依赖于直接经验，因此可以通过看、触摸、品尝等方式来分辨食物的各种特性，如颜色、形状、味道，认识食物的名称，了解食物的类别以及不同的营养和用途，等等。比如吃小饼干的时候，看看是圆的、长方形的，还是别的什么形状，吃起来味道是甜的还是咸的，饼干是什么原料做的，除了这种饼干，是否还吃过别的不同的饼干。如有不同的食物在一起的时候，教师可以让幼儿观察食物的相同点与不同点，如红色的苹果与西红柿。

● 在环节转换时间。

教师要重视和利用各个环节的转换时间，从一个活动转向另一个活动时，通过提问和谈话等方式增加幼儿分类的经验。在每一环节结束前提醒幼儿，在谈话中经常提到各个环节的名称，让幼儿意识到各个活动的不同，例如："我要把衣服穿上了，因为下面就是户外活动时间了。"在每一环节结束时，和幼儿谈谈下一环节进行的内容，如："现在我们已

①② 玛丽·霍曼，等. 活动中的幼儿. 北京：人民教育出版社，1995：215.

经打扫完毕并完成了小组活动，下面我们就要开始集体活动了。”提醒幼儿把使用的材料分门别类地放回原处，如：“现在已到打扫时间了，你把所有的积木都放回去了。”环节转换时间描述幼儿正在做的事以及使用的物体特性，如：“你穿胶靴时用力拉了很久，你这胶靴面很光滑，而鞋底是粗糙的，还有许多花纹，你的胶靴上还有拉链，你把拉链拉到顶，现在你穿这带拉链的红橡胶靴子准备到外面去了。”

- 在小组活动时间。

教师可设计各种包含分类的小组活动，给予幼儿探索材料和物品以及问题的选择和解决等机会，练习分类的能力，积累这方面的经验。在活动过程中，教师应支持和鼓励幼儿的分类活动。在设计小组活动时教师要考虑以下问题，如：哪些材料会使幼儿有兴趣进行分组和描述？活动如何开始才能使幼儿展开思路并进行选择和探究？怎样帮助幼儿认识他们已经探索到的物体特性？怎样既能激发幼儿的新想法又能避免过分干预幼儿的活动等？活动如何结束才能让幼儿明确在活动中描述过的相同与不同？

小组活动应有一个简单明了的开头，让幼儿了解将要使用的材料和将要进行的活动要求，例如：“今天娃娃家区的小朋友揉了生面团，现在我要发给你们每一个人一小团，大家来玩一玩，看看它像什么，可以怎么玩。”“这是我们才买到的结构积木，你们每个人拿几块，看看能用它来做什么。”“我们昨天去了苹果园，这是从那儿带回来的苹果，请你们都拿一个，想一想能用苹果来做什么。”

在小组活动过程中，通过提问和建议，教师支持和帮助幼儿所做的事，提供给幼儿分类的经验和机会，丰富幼儿的想法。例如教师要注意帮助幼儿探究和描述事物，引导幼儿从不同方面去描述事物及其特征，描述事物之间的异同，进行分类和匹配等。比如幼儿玩橡皮泥时，教师提问：“你把橡皮泥搓成许多小球，看上去它们差不多都一样大，你能做一些大小不同的球吗?”“你这么玩橡皮泥很有意思，用手在橡皮泥上可以压出手印，你还能用别的东西压出手印来吗?”“我在桌子上找到所有和我的纽扣一样颜色的东西，谁有同样颜色的?”“用你们手上的积木可以搭多少个相同的东西?”再比如用转盘和沙漏计时器玩“有多少”游戏。转动转盘，让转盘指针指着的幼儿选择一样物体，并说出关于它的事来，然后转动转盘，直到每个幼儿都轮到一遍。在桌子上将沙漏计时器倒过来，让小组的幼儿在沙子漏完前尽可能多地说出关于某一个物体的特点来。

用一些有意义的方式来结束小组活动，这样幼儿能更清楚地意识到他们在活动中发现的东西，如果小组活动有某种形式成果，可以让每个幼儿展示、示范和描述他们完成的作品，或者把幼儿的成果放在一起（如橡皮泥造型、积木作品、圣诞卡等），然后让幼儿讲出它们的相同处和不同处。在幼儿探索和描述完物体后，教师把他们的讨论记录下来，然后把记录的话读给他们听，或者让每个幼儿对着录音机说出自己发现的东西，放给他们听。

另外，在小组活动中，使用各个活动区的材料，让幼儿按类找出，用完后要放回原处，这样也有助于增强幼儿的分类意识。

（4）教师通过以下的方法来支持和鼓励幼儿的分类活动。

- 和幼儿谈论他们正在进行的分类活动，向他们提出问题，并把幼儿的口述记录下来。

幼儿通常不会为分类而分类，他们的分类常发生在他们所做的事当中，教师应通过谈话和提问等方式促进幼儿的探究活动，让幼儿意识到自己所做的事中包含分类活动，增加他们分类的经验。例如与幼儿谈论他们使用的物体的特性：“荡秋千时你可以用腿做很多事，在前面蹬着荡起来，放在地上你可以停下来。”“你要我坐到你的马车上？让我想想，带我到有木屋顶的地方去吧。”“对，兔笼有一个木屋顶。”“带我到有金属网的地方去。”“对，也是兔笼，它有木屋顶和金属网，你看看它还有什么。”

- 接受幼儿给物体制作的标记。

教师应支持幼儿的发现和创造，接受幼儿给物体制作的标签或给物体命名，标记可以用绘画、实物或实物的图片、简单文字等各种方式来完成。在使用物体常用名称的同时使用幼儿自己发明的名称，让幼儿感觉自己是重要的，自己的探究和发现能得到认可。比如：“你在用响的打击器，也就是打蛋器来做蛋糕。”在探究和描述物体的时候，先让幼儿自己命名，不要立即告诉他们正确的名称，这样教师可以了解幼儿对事物的认识以及幼儿注意事物的哪些特征。

- 和幼儿谈论事物的相同和不同之处，向他们提出问题，并把幼儿的口述记录下来。

在活动中，幼儿往往会把相似的东西放在一起，或正在使用有相同之处或不同之处的物品，教师要让他们意识到他们所做的事，通过提问或交谈与幼儿讨论事物的相同之处和不同之处，增加幼儿这方面的经验。例如，玩积木时教师的提问：“你选了四个隧道让卡车开过去，看一看这些隧道什么地方相同。”如果幼儿还不能对这类问题做出回答，教师可描述给他听，如：“你把方积木放在一起，把圆积木放在一起，你是把相同的东西放在一起。”

就幼儿所用材料的相同点和不同点，教师应仔细观察、倾听幼儿所做的和所说的，然后提出恰当的问题。例如，教师观察到一个幼儿把包装纸剪下来贴在一张纸上，说这是鞋垫，要把它送给妈妈。这时教师就说：“当你给妈妈时，你会指给妈妈看上面相同的地方吗？”要理解和支持幼儿做的包含相同点或不同点的活动，比如：“你画了两个相同的房子，两个房子都有红色屋顶，房子旁边都有树，你看还有什么地方是一样的。”“对了，树下都有人，我等会儿再过来看看你画的第三幅画，跟这两幅是一样还是不一样。”

幼儿是喜欢描述有明显相同或不同的材料的，如各类水果和蔬菜，当幼儿描述事物相同与不同时，教师准确地记录幼儿所说的话，并在适当时候读给他们听。

- 和幼儿谈论事物的多种特征，向他们提问，并把幼儿的口述记录下来。

当幼儿正在使用的物体包含多种特征的时候，教师通过交谈和提问，设法让他们说出同一物体的不同特性，使幼儿注意和描述物体的多种特征。如当与幼儿谈论他们正在操作的事物时，教师倾听幼儿的陈述，然后问幼儿是否还能说出其他特点。

● 在和幼儿交谈和向他提问时，使用“不具有”或“非”字开头的句子。

一般来说，幼儿还不能够根据物体不具有的特点进行分类，教师在与幼儿交谈或提问时经常提到物体不具有的某种特点，使用“不具有”“非”“不”等分类的词语，描述物体所不具有的特征，有助于幼儿意识到物体具有某种特征和不具有某种特征，以便幼儿积累这方面的分类经验。例如，在工作时间，教师说：“你搭建的塔的底部用的都是棕色的积木，上面用的都不是棕色的。”“你拿的两盒奶粉是不同的，一个盒子上印着牛头，一个盒子上没有。”在小组活动时间，教师说：“你们到安静区拿些没有洞孔的东西过来，另外我们还要一些纸，不要白色的。”“看，你都用红色积木铺路，而她用的都不是红色积木，她用的是黄色的、绿色的和蓝色的。”

● 观察事物的双重特征，并向幼儿提问。

对幼儿来说，他们往往只注意物体的一个特征，很难同时记住物体的两个特征。当使用的物体包含双重特征时，教师引导幼儿注意观察事物的特征并描述出来，增加幼儿这方面的经验，慢慢地，他们就会注意事物一个以上的特征。

教师与幼儿交谈时可以使用“是……也是……”的说话方式，引导幼儿注意物体的双重特征，并提有关物体两个特征的问题。比如，当一个幼儿说他的新帽子时，教师可以说：“你的新帽子很漂亮，看看，它是红色的，也可以扣起来。你知道还有什么东西是红色，也能扣起来吗？看看你的靴子，你靴子上有扣子，也是红色的。”

● 与幼儿交谈时运用“有些”和“所有的”等表示分类的词语。

幼儿还不能很好地理解整体和部分的关系，因此在一日生活中，教师要有意识地使用“有些”和“所有的”等包含分类的词语，让幼儿积累这方面的经验。例如早上幼儿到园的时候，教师说：“今天我们班上所有的幼儿都到校了，有些是坐第一班车来的，有些是坐第二班车来的。”在工作时间，教师说：“你们把所有的积木都用完了，有些用来搭房子，有些用来搭车子。”在小组活动时间，教师说：“你用来做路的所有的积木都是红色的，而他用的积木有些是黄色的，有些是绿色的。”在整理和收拾时间，教师说：“你能把不是马的所有动物都拿过来吗？我要把它们放在架子上。”“你把所有的有腿的家具放在了一边，而把所有的没有腿的家具放在了另一边。”

海伊斯科普课程的设计者们认为，幼儿在活动中运用分类的经验越多，其分类能力发展的潜力就越大。在关于分类的六条关键经验方面，课程设计者对教师在活动中可以运用的策略和方法分别提出了建议。以“区分‘部分’和‘整体’”这种关键经验为例，给教师的建议是：

（1）把相似的材料放在一起。

在每个活动区，把相似的材料依次放在一起，使幼儿感受到部分和整体的关系。如在整理和收拾时间，教师要求幼儿把全部剪刀都放回到架子上，把锋利和不锋利的分开放。

（2）与幼儿谈话时使用有关“部分”和“整体”的词语。

对于尚不能理解整体和部分逻辑关系的幼儿，教师所能做的最重要的事是使用有关的词语，如：“你们把积木区的全部积木都用完了，有些用在搭房子上，有些用在摩托车上。”

（3）利用各种机会向幼儿提出有关部分和整体的问题。

例如，教师问幼儿：“你的动物是全部都进了牲口棚，还是只有部分进了牲口棚？”“你能跟我谈谈你用橡皮泥做的所有的东西吗？”

（4）观察和记录幼儿的分类活动。

仔细观察幼儿是如何分类的，并将它记录下来，以便制定进一步扩展他们经验的计划。下面这个例子是一个老师的观察记录。

工作时间　　　　5月11日　　　　星期三

贝克在玩猜卡片的游戏，也拿一张给我并说“猜猜看，这是什么？”这时罗西和谢利也加入进来。我提到一些类别来回答贝克：“是动物？植物？家里用的还是可以乘坐的？”贝克通常能做出正确的反应，如果猜对，他就说是的。有时他也会给我一些线索来猜，比如“它会飞”，并做一个手势。有些东西他归不到什么类别中，如鲨鱼对他来说就是一个鲨鱼，而不是一条鱼。

然后，我拿起一张卡片，贝克可以向我提一些问题，如：“是一个动物吗？”但很快他就想不出其他问题了，于是我就说：“是一个可以乘坐的东西。”他猜：“是汽车、卡车、公共汽车？”我说：“它没有轮子。”他仍然猜不出，我把卡片给他看，是一条船，可他竟然说：“船有轮子，因为它在海底。”

罗西和谢利不会提供线索，当我要求罗西提示我一下时，她就把卡片拿给我看。一次我猜：“是一个动物吧？”“不是，它有许多条纹，它是斑马。”谢利有次拿了一张卡片，上面是带金纽扣的军乐队制服，我猜：“是不是穿的？”她说不是，最后她拿卡片给我看，也不说是什么，贝克说这像是打鼓人穿的衣服。显然，谢利还不能把她没见过的衣服划入服装一类。另一次，她拿一张画有西瓜的卡片，我问她是不是可以吃的，她回答说“是的”。

贝克可理解某些类别，还能提供一些线索；谢利只有在对物体和物体的种类很熟悉的时候才能做到这点；罗西除了出示卡片，既不会处理有关的类别，也不会提供线索，卡片上的许多东西她自己也不能命名。当我用“这是一种……东西”（穿的、吃的、乘坐的）这样的语句来猜时，他们就能较好地处理类别，当被问到是鱼、花或植物时，他们趋向于把它们作为名字而不是类别，可能幼儿最初的类别是以物体的功用为主要依据的。

资料来源：玛丽·霍曼，等. 活动中的幼儿. 北京：人民教育出版社，1995：233-234.

七、瑞吉欧教育方案中教育活动的设计

美国学前教育家莉莲·凯兹曾经说过："在20世纪90年代，世界各国在学前教育中所进行的一个最大的运动，是增进了对意大利北部城市瑞吉欧·艾米利亚感动人心的学前教育的兴趣。成千上万的教育工作者从世界各地赶赴瑞吉欧·艾米利亚去访问，还有无数的讨论会、结构化的观摩访问、由底特律韦恩州立大学麦若利帕莫研究中心发起的国际时讯'改革'以及不断增加发行的图书等，这一切都说明从事学前教育工作的大多数人一直都为瑞吉欧深入人心的成就所鼓舞。"① 瑞吉欧教育已经成为当今世界学前教育的一个有口皆碑的典范。

瑞吉欧·艾米利亚是意大利北部的一个小镇，在那里，建立了一个公共的儿童保育体系，形成了一套教育理念、教育教学研究和师资培训方法。此外，那里还具有共同协作工作、重视环境创设、重视家庭和社区参与以及与地方共同合作等多种传统，被称为瑞吉欧教育体系。这个教育体系是以拥有巨大发展潜能和权利的儿童为基础的，主张儿童的成长依靠包括表达语言、沟通语言、符号语言、认知语言、道德语言、象征语言、逻辑语言、想象语言、关系语言在内的所有语言的发展。这些富有特色的教育实践经验经久不衰，成为意大利乃至世界各国教育界、文化界、政治界等人士的关注点。

瑞吉欧教育体系的创始人马拉古兹认为，该体系的建立除了曾受到过杜威、克伯屈、艾沙克斯、布鲁纳、布朗芬布伦纳等人的影响外，皮亚杰理论对其产生了最大的影响。但是，他也认为皮亚杰理论在运用时存在一些问题，他赞同维果茨基关于"最近发展区"的假说，主张用维果茨基的方法对待教与学这一两难问题，他赞同语言与思维共同起作用的观点。②

在谈及瑞吉欧教育的课程时，马拉古兹曾说："我们确实没有什么计划和课程。如果说我们靠的是一种值得让人羡慕的即席上课的技巧，那也不正确。我们也不依靠机会，因为我们深信，我们在某种程度上可以期待我们尚未了解的事物。我们确实知道的是，与幼儿在一起，三分之一是确定的，三分之二是不确定的或新的事物……"③

方案活动（progettazione）是瑞吉欧教育课程的主要特征之一，瑞吉欧的教育活动主要以方案教育的形式开展。瑞吉欧教育中的方案活动有其自身特点：儿童以小组活动为主的形式与教师合作探索他们感兴趣的问题，这类方案活动可以起始于儿童对物质世界或社会的好奇心（如：影子有什么性质？为什么有那么多人?），或者出自儿童的某种主张

---

① 凯兹．学前教育的国际视野：假设与预想//朱家雄．国际视野下的学前教育．上海：华东师范大学出版社，2007：6.

② Edwards，C.，Gandini，L. & Forman，G. *The Hundred Languages of Children*：New York：Ablex Publishing Corporation，1998，pp. 83-84.

③ 同②62.

（如：我们能不能为鸟造一个乐园?），或者发源于儿童对哲学两难问题的思考（如：敌人能否成为朋友?）。此外，教师也可以在观察儿童的基础上提出问题，发起方案活动。

瑞吉欧早期教育中的方案活动与方案教学（the project approach）或生成课程（emergent curriculum）有不少相近之处，但是，瑞吉欧教育体系中的方案活动有其自身特点。这主要表现为以下几个方面：

（1）创造性表现和表达是知识建构的基本要素。

马拉古兹认为，只要成人能为儿童安排促进其创造性发展的环境，儿童就有可能运用多种符号系统（马拉古兹称之为“孩子的一百种语言”）表现和表达自己。马拉古兹的这种想法在他的脍炙人口的诗歌《不，其实真的有一百》中可见一斑。

不，其实真的有一百

儿童，
是一百的集合。
他们有一百种语言，
一百双手，
一百个想法，
一百种方式，
去思考、游戏和说话；
一百种方式去倾听，
去惊讶、去爱慕；
从歌唱和理解中，
获得一百种欢乐。
一百个世界，
有待去发现；
一百个世界，
有待去创造；
一百个世界，
任他们去梦想。
儿童有一百种语言
（还有另外千万种），
但被偷走了九十九种，
学校和文化，
把儿童的身心分离，
他们告诉儿童：

不要用手操作；
不要用脑袋行事；
只需听，不要说；
学海无涯苦作舟；
只在复活节和圣诞节才有爱和惊喜。
他们告诉儿童：
去发现已经存在的世界。
在儿童的一百个世界中，
他们偷走了九十九。
他们告诉儿童：
工作和游戏，
现实和幻想，
科学和想象，
天空与大地，
理智和梦想，
是水火不相容的。
他们告诉儿童，
一百并不存在。
儿童却说：
不，其实真的有一百。

资料来源：马拉古兹，等．孩子的一百种语言．台北：光佑文化事业股份有限公司，1998：9．

在教育活动实施过程中，瑞吉欧的教师鼓励儿童运用各种符号系统，创造性地表现和表达自我。马拉古兹指出，儿童创造性潜能的发展与教育环境是不可分离的，应为儿童提供机会，让他们去探索自己的和别人的想法，去作用于材料，并有所发现和发明。瑞吉欧学校为儿童提供大量的材料，如黏土、绘画、油画、影子游戏、建构游戏等，让儿童以此为媒介自由表现和表达。每个学校都有一个美术活动室，并配有专职的美术教师，儿童以小组的形式，在美术活动室内进行方案活动。知识的表达是位于知识建构过程的中央的。

（2）共同建构（co-construction）在方案活动中有重要的地位。

瑞吉欧教育实践强调儿童学习和发展中社会交往的重要性，相信儿童在作用于材料的过程中有与他人交流自己想法的需要，并在与他人相互作用的过程中与他人共同建构知识。方案教育活动多以小组方式进行，儿童可做自由选择，方案活动预设的主题网络本身并不重要，儿童本身的发展水平和兴趣，以及儿童与他人的合作、分享、交流和协商被赋予很高的价值。儿童的努力总是和教室里的活动相联系，他们的成果也以某种方式和教室里其他参与方案的人分享。当儿童们互相之间分享他们对事物的理解时，他们经常遇到挑战，重新审视和修正自己的想法。

马拉古兹相信，对于儿童而言，最好的学习发生在儿童之间以及在儿童的家庭中。瑞吉欧学校有三个突出的特点：其一是注重发展人际关系，让儿童与同龄儿童和成人形成良好的人际关系，并且让儿童懂得建立这些人际关系的重要性，例如，教师常通过让儿童与人分享自己家庭活动这样一种方式，来增进儿童对人际关系重要性的意识；其二是注重让儿童学会如何与人协作，通过方案活动，为儿童提供机会，去认识协作的益处；其三是注重让儿童学会接纳和欣赏别人的思想和观点，使他们能从各种角度来审视世界，在与他人的协同工作中弥补自己知识和经验的不足，在检查和评价别人的工作中获益。在瑞吉欧学校中，相互尊重、与人分享的价值观被融入课程纲要和具体实施方案之中。

（3）通过反思性教学，实现教师所赋予的教育价值。

马拉古兹一直坚信，关于儿童的事和为儿童做的事，最好是从儿童那里以及从儿童的家庭那里得到。瑞吉欧的教师们在日常生活情景中对儿童的行为进行了认真、仔细的观察、理解和记录，然后讨论这些观察和记录的意义，对儿童现有的理解水平和建构意义的过程提出自己的问题和假设。实际上，瑞吉欧教育中的每一个主题活动（儿童的想法、有关世界的问题、哲学领域的探寻等），在某种意义上说，都是建立在教师假设的基础之上的；都是教师通过自己的教育实践，通过对话和反思，实现教育价值的过程。

瑞吉欧学校教室的墙上贴满了记录儿童活动过程的各种材料，特别是他们参与长期方案活动的材料。运用文字，特别是运用录像和照片等视觉记录材料，教师与儿童、家长一起重温活动过程，不仅为教师和家长懂得儿童、理解儿童创造了机会，也为儿童共同建构知识提供了机会。在瑞吉欧学校中，教师在儿童活动的过程中听取和参与儿童的交谈，时时用录像和照片记录儿童的活动过程，以获取儿童所想、所知和所感的有关信息，从而更好地实施课程。

此外，在瑞吉欧教育实践中，角色游戏、建构游戏、粗动作和精细动作活动以及其他活动也是瑞吉欧课程的一些重要组成部分。儿童在材料丰富的室内户外环境中，可以有足够的机会玩积木、玩偶、娃娃家、操作性材料等。

在瑞吉欧教育体系中，教师是儿童的伙伴、养育者和指导者。

菲利皮尼（T. Filippini）在论述瑞吉欧教育体系中教师的作用时，曾将“聆听”的动作行为作为瑞吉欧教师角色的中心。聆听指的是对儿童全心全意的关注，指的是通过实录的方式将所观察到的事实作为与儿童和家长沟通的依据，聆听的真正含义是让儿童主动地学习。菲利皮尼认为，教师应该成为“时机的分配者”，应该是儿童学习活动的“资源提供者”，而不是“法官”。教师应以一种游戏精神和尊重精神对待儿童的学习，满腔热忱地“接住儿童扔给教师的球”。

在瑞吉欧，无论是从教师与儿童和家长之间的互动关系，还是从时间的发生方面说，教师所采取的行动都是螺旋式进行的。例如，瑞吉欧的教师们一般采用一种范围较大的时间单位（星期、月份，甚或整个年份）中的每日时间循环评价儿童的所作所为。教师所采取的行动并不期望依照顺序发生，也不期望只发生一次，而是期望持续不断地重复进行，并重新检验和评价。这种螺旋式的想法和做法已成为瑞吉欧教师的一种特征，不论是将理论与实践融为一体时，还是在描述儿童学习和发展的过程时，还是在思考和设计教学时，他们都是这样做的。

在学习活动中，教师和儿童是共同建构者。这是瑞吉欧教师的一个重要角色。这种角色承担着极为复杂、精细和多层面的任务。例如，教师应从集体成员中的每个个体的想法出发，构建集体的活动，并能引导小组儿童进行学习；又如，教师应记录儿童的活动过程，分析儿童的行为，并能在与儿童共同讨论、商议、合作和妥协的过程中寻求教育契机，推动有意义活动的进行。

当然，瑞吉欧的教师们并不认为他们的角色是容易扮演的，或者有明确的条例说明教师应该做些什么和应该怎么做。然而，他们是有信心和有安全感的，他们认为，他们是属于整个教育体系的一分子，而瑞吉欧教育体系是建立在儿童的共同行动之上的，因此，他们深信这是一种良好的学习方式。

以下以“小水坑的智慧”为例，说明瑞吉欧的教师对教育活动设计的思考。

案例 5－2

小水坑的智慧

雨停了，孩子们穿上雨鞋，跑到室外，走进水坑，他们观察水坑中自己的影像。一个女孩仅看到了上身的水影，这个现象引起了孩子们的好奇。

好奇的孩子们

孩子们在水里慢慢地走，他们关注着水和影像的变化。一个孩子说：“水很懒，但我们走了进去，小水波出现了，它变得越来越大。”另一个孩子说：“我能看到我自己。”第三个孩子说："我也能。"第一个孩子又说："水很脏。"

踩水玩

一个孩子嚷道："我们是在水底下，我能碰到树顶，因为这是水的世界。"另一个孩子说："就像生活在水底，进入了影子世界。"

影子世界

教师将一面镜子放在地上。一个孩子说："这里的颜色好看！"另一个女孩在镜子上竖蜻蜓，她说："我掉进了一个无底的世界！"也许，镜子对蓝天的反映是无限的天穹，这是一个通向地球的洞穴。

镜子里的世界

孩子们做了一些纸工放在镜子旁，纸上面画上了像他们自己的形象。不像影子，这些画面在镜子里产生了影像。

“我们”和纸工

他们把纸工放在镜子周围。一个孩子说：“当你走进水坑，你能看到一切，但是如果你离开了，你看到的会越来越少。”另一个孩子反对，他说：“但是，我的头离水很近，我也能看到离得很远的树。”这意味着并非越来越少地看到东西，只是看到了自己以外的东西。

孩子们通过在白纸上画水坑来继续他们的影像研究，他们将纸工放在图画周围。这样，他们必须建立影像，因为已经没有镜子了。这个从水坑到镜子、从镜子到绘画的过程是极富想象力的。

画水坑

教师为孩子提供了一个手电筒，这使他们能够探索影子和影像。这种比较帮助孩子认识了影像是什么，不是什么。

画中既有在轮廓线中有详情的形象（影像），也有无详情的灰色形象（影子）。此外，水坑内形象的投射角度很真实。

影像和影子

一个小女孩画她自己，她决定研究她在镜子里的影像以改进自己的绘画。她站在镜子上说："我看到了我的裙子。"她抬起了左腿，注视镜子里发生了什么，她看到了她腿的底部。

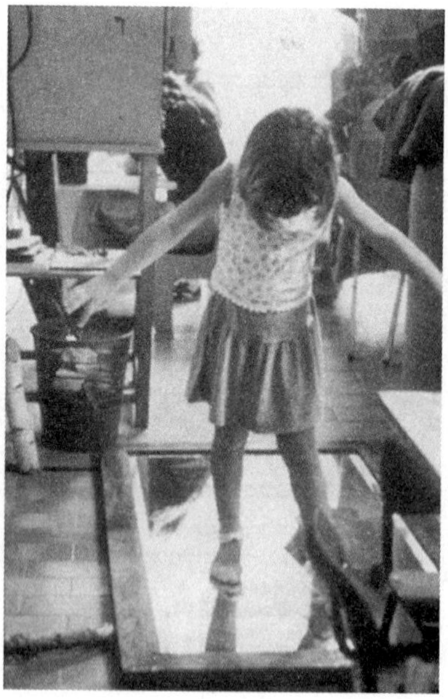

镜子里的影像

她谨慎地将纸工人物中的左腿弯曲，然后仔细地画了她的腿底部的影像，镜子的影像使她看到了事物的下边。运用这些纸偶，孩子们能使其思考的东西变成可见的东西，这样使他们对光、空间和视点的关系能提出更好的问题。

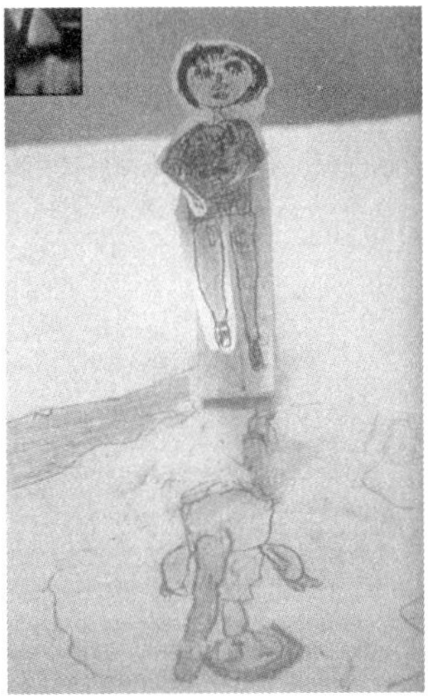

纸偶和影子

这个小女孩已能清楚地画出影子和影像。

小女孩画的影子和影像

孩子们在他们的画中画出了影像和影子，在一个小水坑中形成了一幅影像和影子的复合图。

水坑里的复合图

活动后成人的总结：

孩子们在他们的谈话中逐渐地建构了影像和影子的特性：影子总是黑色的（有时在黑暗的泥水里），而影像却有颜色。影子总是跟着人的双脚，而影像却不一定跟着双脚，特别是当人并不直接在水坑或镜子的边上。

活动后孩子的总结：

“太阳出来了，影子就会出来，但是你也能看到影像吗?”

“太阳出来时，影像就消失了。”

“不，你错了。影像并不靠近你，它是深的，有颜色的。而影子则靠着你，没有颜色，它总是黑色的。”

“小水坑的智慧”是瑞吉欧方案活动中的一个经典案例。与一般的方案教学相比较，在瑞吉欧教育的方案活动中，教师预设的成分更少，幼儿生成的成分更多。例如，“小水坑的智慧”这个活动起因于雨后的户外出现了一个小水坑，孩子们在水坑里踩水玩。教师注意到几个孩子有兴趣玩水，于是策划了一个与孩子一起研究水坑的活动。

在整个活动中，教师的重要作用之一是安排能刺激幼儿生成活动的环境和材料，让幼儿自主地去探索，去主动建构经验和知识。例如，教师提供镜子，以此替代水坑；教师提供手电筒让孩子能够探索影子和影像，通过比较帮助孩子认识影像是什么，不是什么；教师提供纸和笔，激发幼儿的想象，使其主动去获取物理经验、逻辑数理经验和社会经验。

在这个方案活动中，以幼儿的兴趣为导向，由幼儿发起深层次探索活动。这样做，并非为了让幼儿获取教师给予的知识和技能，而是为了解决幼儿自己提出的问题。例如，有个小女孩自发进行她感兴趣的活动，即“如何去画抬起了左腿的自己的影像”；又如，该小女孩有兴趣在白纸上比较自己在水坑中的影像和影子之间的差别，教师在活动过程中对她的探索活动始终采取支持和帮助的态度。

在这个方案活动中，教师不是没有预设，教师也不只是被动地跟随幼儿，教师对幼儿的指导始终走在幼儿的发展之前，只是活动的目标是不确定的，是可以变化的，是隐性的，但是教师对活动的引导是清晰的，是游刃有余的，教师对幼儿的学习始终起到了引领、帮助和推动的作用。在这个方案活动中，教师与幼儿之间、幼儿与幼儿之间的互动是一个积极的、合作的且共同建构知识、人格和文化的过程。由是，该活动在很大程度上有效地促进了幼儿的发展。

瑞吉欧教育实践在其哲学观和教育学理念、方法与管理等方面发展了一整套独具特色而又富有创意的体系，让幼儿教育的理论和实践工作者从不同的角度和立场都能感受到它对学前教育的价值，而这些价值正是当今世界学前教育所关注的东西。

第二节　我国有影响力的幼儿园课程中教育活动的设计

在我国，由陈鹤琴创编的“五指活动课程”、张雪门创编的“行为课程”都是20世纪七八十年代十分有影响力的幼儿园课程。陈鹤琴以五个连为一体的手指比喻课程内容的五个方面，它们虽有区分，却是整体的、连通的，他的“活教育”理论体系以“做人，做中国人，做现代中国人”为目的，以大自然、大社会为中心选择和组织课程内容，以大自然、大社会为活教材。张雪门提出：“生活即是教育，5、6岁的孩子们在幼稚园生活的实践，就是行为课程。”①行为课程完全根据生活，它从生活而来，在生活中开展，也在生活中结束，不像一般完全限于教材的活动。“五指活动课程”和“行为课程”的理念都曾被演绎为具体的教育活动，在幼儿园教育实践中得到运用。

二三十年来，在我国幼儿园教育实践中，有影响力的幼儿园课程以及由其演绎的教育活动也是层出不穷、不胜枚举的。在此仅选取少数几例，以说明我国当今幼儿园教育实践中教育活动的几种不同样式。

一、“幼儿园课程指导丛书”与教育活动

1996年，南京师范大学出版社出版了一套“幼儿园课程指导丛书”，由赵寄石主编。这套丛书以当时国家教委颁布的《幼儿园工作规程（试行）》为背景，将课程分为健康、科学、社会、语言和艺术五个领域，还配置了挂图以及向幼儿演示、供幼儿操作的配套卡片。

这套课程以1982年出版的《幼儿园教材教法》为基础，是在对城市幼儿园课程和农村学前一年课程进行了各四年的研究后编制的，是针对幼儿园课程中各科之间存在脱节、重复现象所做的调整和提升，是探索教育内容、手段和过程综合化，打造“幼儿园整体课程”的一个尝试。

编制这套课程的指导思想之一是系统理论中的整体观点和发展观点，即幼儿身心发展的各个方面是一个整体，课程就应该成为一种施加整体影响的中介。

这套课程的结构是：教育目标—教育内容—教育组织（模式、活动）—教育评价，再反馈到教育目标。运用这一结构，幼儿园教育教学分为两个层次：（1）幼儿园整体教育的结构，即根据《幼儿园工作规程（试行）》中规定的主要目标，确定幼儿园的教育目标，然后整合各科教育教学体系构成幼儿园教育内容，确定幼儿园教育的组织形式（综合、分

① 戴自庵．张雪门幼儿教育文集（下卷）．北京：北京少年儿童出版社，1994：1088.

科、综合与分科相结合等），并根据目标进行评价。（2）幼儿园各科教育教学的结构，即根据各科目本身的特点，确定各科教育目标、内容，并做评价。

这套课程在设计教育活动时特别重视两点：（1）将活动目标落实到过程中，使活动步骤能体现所提出的目标；（2）活动进程的每一步都对教师和幼儿的相互作用提出明确的指导。

这套课程还强调活动建议和活动延伸对活动设计的重要性，认为活动建议使活动内容能够适合差异性，适合幼儿园教育教学的特点；活动延伸能起到联系前后活动的作用，起到联结各科教学的作用。

这套课程的编写注重有组织的教育活动，对于幼儿园的日常教育活动及游戏活动，只在活动建议中加以说明。因为幼儿园教育是个整体的教育，课程中有关的教育活动都可以渗透到日常生活和游戏活动之中。

以下以小班“科学领域”中的“数学”科目为例，说明该课程教育活动的设计。

科学领域：数学

小班数学教育目标：

1. 按物体的一个特征进行分类。

2. 教幼儿学习按物体量（大小、长短）的差异进行4以内物体的排序，学习按物体的某一特征进行排序。

3. 引导幼儿认识“1”和“许多”及其关系。

4. 启发幼儿学习用一一对应的方法比较两组物体的数量，感知多、少和一样多。

5. 教幼儿学习手口一致地从左到右点数5以内的实物，能说出总数，能按实物范例和指定的数目取出相应数量的物体，学习一些常用的量词。

6. 教幼儿认识圆形、正方形、三角形。

7. 帮助幼儿听懂老师的话，学习按照游戏规则进行活动；启发幼儿大声地回答问题，鼓励幼儿用语言讲出操作活动的过程和结果。

8. 使幼儿愿意参加数学活动，喜欢摆弄、操作数学活动材料；使幼儿能在教师的帮助下，学习按要求拿取、摆放操作材料。

小班上学期数学教育活动计划安排建议表（见表5-1）。

表5-1　　数学教育活动计划安排建议表（小班上学期）

周次	数学活动
一	送片片回家
二	将相同颜色的物体归类
三	认识颜色标记

续前表

周 次	数学活动
四	认识形状标记
五	按标记分类（一）
六	按标记分类（二）
七	认识“1”和“许多”
八	实物分类
九	认识大小标记
十	按大小分类（一）
十一	按大小分类（二）
十二	填空格
十三	按用途分类
十四	给片片排队
十五	对应排列相关联的物体
十六	比较多少
十七	按物体大小排序
十八	按大小排序
附加活动	按标记分类（三）

基本教育活动：

例：认识“1”和“许多”

活动目标：

1. 教幼儿认识“1”和“许多”。感知许多可以分成1个、1个……，1个、1个……合起来是许多。

2. 教幼儿学习短句：“我拿（或放）了1个圈。”

活动准备：

塑料圈人手1个。

活动过程：

1. 感知许多可以分成1个、1个……，1个、1个……合起来是许多。

教师引导幼儿观察放在地上的圈，“孩子们看看，这里有什么？”（圈）“现在，请孩子们一人拿1个圈，一边拿一边说：我拿了1个圈。”幼儿拿圈，边拿边说，然后回座位。“你拿了几个圈？”请个别幼儿回答，然后集体回答：我拿了1个圈。“这里有没有圈了？”（没有了）“我的圈到哪里去了？”（在这里）请孩子们把手上的圈举起来说：“我拿了1个圈。”“你们一人只拿了1个圈，我的许多圈怎么会没有了呢？”启发幼儿说出许多圈被他们一个一个地拿走了。

“现在，你们把圈放到我这里来，放的时候要说：‘我放了1个圈’。”幼儿放圈，边放边说，然后回到座位。“你放了几个圈?”请幼儿个别回答、集体回答：我放了1个圈。“你们一人放1个圈，我这里就有多少圈?（有许多圈）“你们一人只放1个圈，我这里怎么有了许多圈呢?”启发幼儿说出一人送1个，1个、1个……合起来就是许多。

2. 引导幼儿用动作感知“1”和“许多”。

“塑料圈想和孩子们做游戏了，你们一人拿1个。”幼儿拿圈，边拿边说：我拿了1个圈。“我们先来套圈，每人套一下!”幼儿从头上把圈套下来，边套边说：“我套了一下。”“再来套许多下!”幼儿边套边说：“一下、一下……我套了许多下。”游戏进行1～2遍。“我们来跳圈。孩子们把圈放在地上，站在圈外跳许多下!”孩子们边跳边说：“我跳了一下。”“再到圈外跳许多下!”孩子们边跳边说：“一下、一下……我跳了许多下。”游戏进行1～2遍。

3. 评价活动。

对游戏中边说边活动的幼儿和能够听指示语进行活动的幼儿予以表扬。

活动建议：

1. “1”是基数，是自然数的基本单位，也是表示集合中元素数量的基本单位。任何一个数都是由若干个“1”组成的。任何一个集合也都是由单个元素组成的。“许多”是一个笼统的不确定的数量，它代表两个以上元素的集合。教师根据集合可以运用实物进行操作和运算，设计让幼儿通过自己取圈、放圈，讲述取圈、放圈的过程和取放后的结果，就是要引导他们明确地感知集合中的每一个元素，教师应予以充分的重视。

2. 在讨论取放结果时，应让幼儿尽量地充分讲述自己的意见，可以有重复意见和不同意见，而不要在语言上做进一步的要求。并让幼儿在互相争论、互相补充的活动中，最后得出结论：许多圈被一个一个地拿走了，一个一个圈合起来就是许多圈。这个结论应当引导幼儿自己归纳讲出，同样不苛求语言的统一规范，只要求意思的完整。

资料来源：王志明，张慧. 科学. 南京：南京师范大学出版社，1996：8-9，31，47-49.

这套幼儿园课程是在我国幼儿园课程改革初期编制的，课程编制者尝试将课程“研究重点放在促进幼儿整体发展上”，“探索各课程领域教育教学的特殊规律和共同规律，发挥综合的教育影响，求得整体效益的提高”，这对于当年推进我国幼儿园课程改革是具有积极意义的。

这套课程以当年推行的《幼儿园工作规程（试行）》倡导的五个领域为课程的划分方式，并针对每个领域的教育教学为幼儿园教师提供了能起积极指导作用的材料和资源，有效地保证了幼儿园教育教学的基本底线。

课程编制者确定了“教育目标—教育内容—教育组织（模式、活动）—教育评价，再反馈到教育目标……，使课程始终处于持续发展的动态之中”的课程编制思路，这种从泰勒模式脱胎而来的设计思路，决定了这一课程注重的是预定的目标。尽管课程编制者试图在一定程度上反映幼儿的兴趣和需要，反映幼儿之间存在的个体差异，使课程目标和内容具有一定程度的幼儿“生成性”，使教育活动具有一定的弹性，使教师可以在一定程度上根据幼儿的实际情况调整和改变课程，但是，课程设计的模式决定了最终难以在真正意义上使教育活动与每个幼儿的生活经验及兴趣和需要契合。课程编制者理智地认识到，这一课程“还不能充分地体现我们的观念，各科教育规律的研究还不够成熟，整体课程的综合性更由于对各科之间关系研究不够深入而缺乏规律性的呈现。观念与实践之间的两个转换需要经过长时间的思考和操作才能逐步实现”。“教育活动过程的设计和实施是幼儿园教育目标落实到幼儿身上促进其发展的关键。在这方面的设计在本套教材各领域中还不平衡，有些设计还不成熟。”①

二、上海市“二期课程改革”（学前教育）的课程与教育活动

上海市 1999 年颁布了《上海市学前教育纲要》（简称《纲要》），2002 年颁布了《上海市学前教育课程指南（试行稿）》（简称《课程指南》）。上海市教委教研室根据“二期课程改革”精神，编制了适合上海地区的幼儿园课程，组织编写了《上海市学前教育教师参考用书（试验本）》[简称《参考用书（试验本）》]。上海市“二期课程改革”（学前教育）的课程（简称“课程”）将《纲要》中所强调的共同生活、探索世界和表现与表达作为主要的内容与要求，将注重幼儿活动的过程、注重幼儿已有的经验（游戏）、注重幼儿在原有水平上的发展、注重幼儿在集体中的共同建构、注重幼儿园课程的园本化等作为课程设计的要点。

“课程”以幼儿在园一日生活的四种主要活动组织形式——游戏活动、生活活动、运动和学习活动为编制课程的方式而有别于其他课程，旨在为幼儿园教师组织和实施幼儿园一日活动时提供参考性资源。

“课程”在上海市 50 多所幼儿园经过 5 年的试用，于 2007 年修订后又在全市近千所幼儿园推行。据上海市教委教研室对 750 个不同类别幼儿园的调研数据，“课程”的使用率为：公办园达到 97.5%，民办园也达到 83.8%，其他类别的幼儿园达 88.0%。

围绕“课程”编制和实施状况编写的研究报告《基于师幼共同成长的幼儿园课程实施方案的开发与实践研究》，荣获 2013 年上海市教学成果奖特等奖、2014 年国家级教学成果奖二等奖。

“课程”编制的设计思路如图 5－6 所示。

① 王志明，张慧和．科学．南京：南京师范大学出版社，1996：3，5.

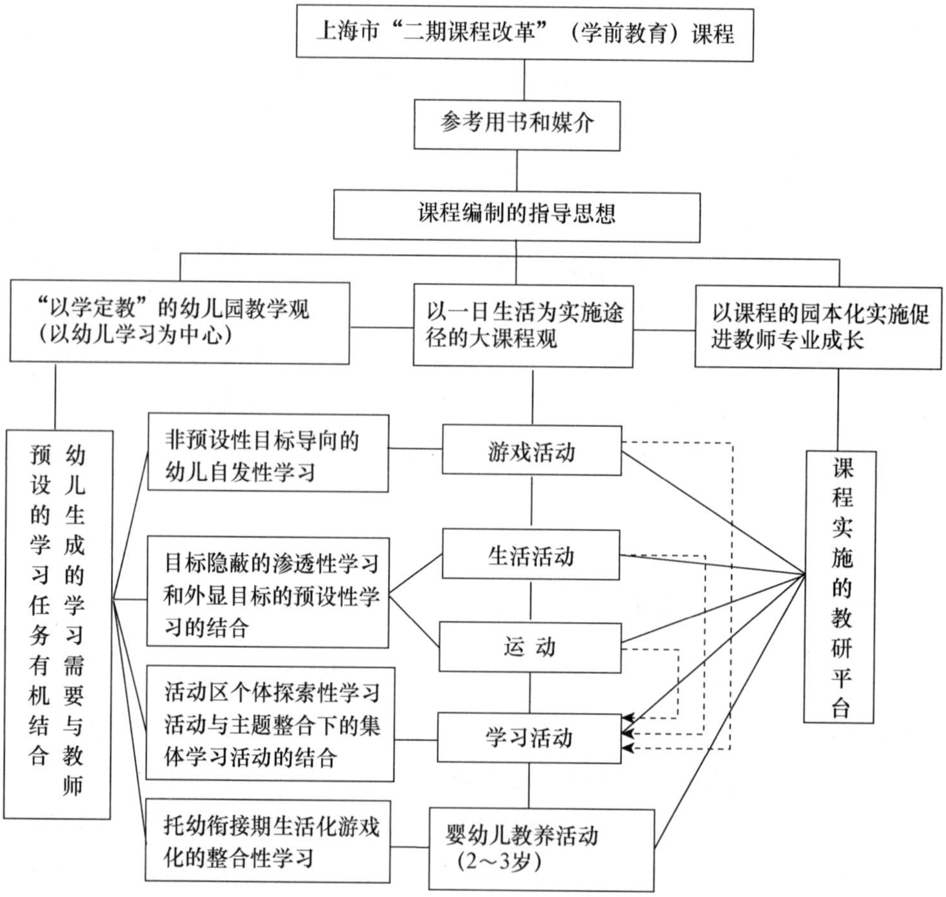

图 5-6 "课程"编制的设计思路

根据四种活动的性质和相互渗透的特点，将课程实施方案的文本做如下定位：

《游戏活动》作为教师参考用书（参考性而非教材性），旨在为教师组织幼儿园游戏活动（自主自发性游戏）提供一般意义的指导意见，为教师的教研活动提供解惑释疑的参考资料，内容包括"幼儿园游戏环境创设""游戏活动观察与记录""游戏的介入时机与指导方法""主题学习与游戏活动"等，每一部分都包含"实践提示""案例及分析""资料库""教研之窗"等。

《生活活动》《运动》《婴幼儿教养活动》作为教材性教育参考用书（以参考性为主，教材性为辅），指导教师如何将幼儿学习的元素渗透在生活环节和户外运动中，把健康领域的核心经验和良好的生活习惯以有效的方式传递给幼儿。其中《生活活动》涵盖幼儿生活的主要方面，以"做力所能及的事""文明行为举止""保护自己""适应集体"为内容组织的单元，每个单元包含"内容与要求""活动与指导""家园共育""案例与分析"等，供教师选择运用；《运动》以"体育器材的运用""基本动作活动""利用自然因素锻炼""体操"为内容组织的单元，每个单元包含"内容与要求""活动与指导""案例与分析"

“资料库”等，供教师选择运用；《婴幼儿教养活动（2～3 岁）》将游戏活动、生活活动、运动和学习活动完全融为一体，保教不分家，领域不分化，按适应、发展、托幼衔接三个阶段组织活动，每个活动都由“活动名称”“活动准备”“操作提示”“家园共育”组成。

《学习活动》作为教师参考性教材（以教材性为主，参考性为辅），以主题的形式整合各学科领域的核心经验，每个分主题包括“内容与要求”、“活动与指导”（可供选择和生成的活动提示）以及“教学活动实例”（可供参考的教案）三个部分，一方面指导教师如何创设幼儿可选择的开放性的学习环境支持幼儿的学习，一方面提供教师可选择的教育资源，组织各类集体教育教学活动。

四种文本都将教师专业成长与课程实施紧密结合，以问题为导向提供教师实践反思的教研平台。

课程内容以教育资源为主的方式呈现，在每个层面上，都通过给予幼儿和教师充分的“选择”和“生成”的机会，为幼儿留有发展的空间，也为教师留有教育、教学的空间。所谓“选择”，就是幼儿和教师都可以在丰富的课程资源中选取适合的学习内容；所谓“生成”，就是幼儿和教师都可以根据活动的进展，以幼儿的兴趣和需要为导向，生成课程资源中所没有的学习内容。

“课程”开发了多种形式的课程资源，除了教师参考用书外，还有整套的纸质资源（幼儿读物、挂图等）和数字化资源（录音带、动画、多媒体材料等），增加了可视性、动态性和可操作性。

每个年龄阶段的学习活动以“主题—分主题—活动”为层级依次开展。

以 5～6 岁的学习活动为例，“我是中国人”“有趣的水”等都是主题，“首都天安门”“欢腾的国庆节”“旅行者”“多彩的民间活动”“了不起的中国人”都是主题“我是中国人”的分主题。①

每个分主题下的活动包含两种形式：“低结构”的“活动与指导”和“高结构”的“教学活动实例”。“低结构”的“活动与指导”提供分主题的框架、具提示性的活动内容等，教师可据此选择和生成活动。“高结构”的“教学活动实例”提供具体的教学活动案例，这些案例大多来源于一线教师，经过专家的甄选、加工和系统化，教师可以直接运用。

“教学活动实例”中的每个活动，都是与主题相关联的综合性活动，一般以 1～2 个学习领域的内容为主，也涉及其他学习领域的内容。每个活动包括活动名称、活动目标、活动准备、活动过程等方面。活动目标的陈述，以“★”的多少表示该活动以哪个学习领域的学习内容为主。以下以分主题“多彩的民间活动”中教学活动实例“泥娃娃拜年”为

① 上海市中小学（幼儿园）课程改革委员会．学前教育教师参考用书·学习活动（5～6 岁）．上海：上海教育出版社，2009．

例，说明教育活动的设计。

“课程”与教育活动是在世纪交替在我国幼儿园课程改革的背景下为上海地区幼儿园教师提供的。这套课程编制的逻辑起点不只是一种或几种理论，关注的是教育实践的有效性，因此，更在意作为课程基础的各种理论之间的妥协、互补和平衡。

这套课程充分反映了幼儿园教育的整合性特征，即幼儿园教育是整体的教育，各学科教育的界限是不清晰的，是融为一体的，运动、生活活动、游戏活动和学习活动是幼儿园一日活动的主要形态，在教育过程中要寓教于乐，让幼儿在活动中成长。幼儿园教育要根据保教结合、医教结合的原则实施保育和教育活动，特别要注重幼儿习惯（卫生习惯、生活习惯和学习习惯等）的养成、健康人格的建构等方面。

这套课程具有明显的“低结构”特征：（1）淡化学科教学目标，注重教育过程；（2）强调教育内容的可变性；（3）不以是否获得预期结果为评价的主要依据，因此，这套课程给幼儿园教师和幼儿园的特色发展留有很大的空间。这套课程也以一定的方式给予教师可供选择的“高结构”部分，从而增强了课程的可操作性，使不同水平的教师都能使用。

这套课程关注将中华优秀传统文化融入课程体系，让幼儿在各自经验水平上获得发展的同时能很好地将社会要求进行内化。这套课程顺应了当今国际上终身教育的发展趋势，关注低龄婴幼儿的教育教养，并为2～3岁幼儿教养专门编制了教师参考用书《婴幼儿教养活动》，强调对2～3岁幼儿的教养活动，生活中有学习，学习中有生活。

这套课程还为教师的教育教学配置了辅助资源，包括教学挂图、幼儿图画书、幼儿操作材料包、录音磁带、教育教学多媒体软件等，从而增强了教育的有效性和易操作性。

由于这套课程具有明显的低结构特征，因此对幼儿园教师的专业水平有较高的要求。虽然课程已经为不同专业水平的教师提供了可供选择的平台，但是在实际操作过程中，部分教师在理解和运用时仍然存在困难。

如何编制低结构的幼儿园课程，如何设计低结构的教育活动，既反映幼儿为主体的取向，又让教师容易把握和操作，使教育教学和教育评价更为有效，是需要进一步解决的问题。

三、上海市芷江中路幼儿园的低结构教育活动

上海市芷江中路幼儿园是上海市一所示范性幼儿园，该园在我国教育实践的革新方面始终走在前列。多年来，在幼儿环境创设、材料准备以及低结构活动的设计、实施等方面富有特点，赢得广泛赞誉，据此总结的研究成果《以幼儿自主学习为核心的幼儿园低结构活动探索》荣获2013年上海市教学成果奖一等奖、2014年国家级教学成果奖一等奖。

上海市芷江中路幼儿园的低结构教育活动，就是“让孩子表现自己，让教师发现孩

子”。在活动中，教师相信孩子、尊重孩子；在活动中，孩子自主地学习与游戏，发挥无穷的想象力和创造力。在实施教育活动中，该园的教师所思考的是如何激发幼儿自身的主动性，如何将教育目标隐含在环境和材料之中，如何试着退后，耐心地观察与等待，在观察孩子的基础上分析孩子的行为，通过开放活动，追求多元结果，让孩子在活动中自主地学习。

低结构教育活动的设计、实施在一定程度上有赖于活动材料。上海市芷江中路幼儿园的教师们设计了一系列的教育活动材料以及与之相匹配的教育活动，诸如斜坡与轨道、灯影、镜子迷宫、大型万花筒、管子的秘密、潜望镜、投影、会跳舞的羽毛等。上海市芷江中路幼儿园的教师们将教师的专业化作为头等大事，换言之，他们认识到活动材料只是“客体”，要让它们起到教育作用，关键在于教师应该明白在以幼儿为导向的低结构教育活动中教师应该做什么，这样才能在幼儿自主的活动中有效地与幼儿互动，才能在最大程度上促进每个幼儿的发展。

下面以“镜子迷宫”为例，说明该园低结构教育活动的设计和实施。

案例 5－3

低结构教育活动：镜子迷宫

活动环境和材料的准备：

9～13 个用纸箱或木箱拼接而成的迷宫，每个纸箱或木箱的内壁都贴有镜面。

箱子迷宫

活动中幼儿可能获取的有益经验[①]：

1. 关于镜子性质的经验；
2. 关于迷宫性质的经验；
3. 一面镜子与多面镜子成像相同与不同的经验；
4. 在玩镜子迷宫与其他迷宫时相同与不同感受的经验；
5. 幼儿在自己生成的活动中感受到的经验，如：将物体放在迷宫内看到影像的经验等。

---

① 对于幼儿可能获取的有益经验的设定，只是通过解读幼儿的方式进行。在“镜子迷宫”中，活动设计者选定的是建构主义理论立场，根据幼儿通过活动可能获取的物理经验和逻辑数理经验去设定这些宽泛的、不确定的、可变的活动目标，提示教师在可能的情况下将幼儿的活动引向这些目标。

活动建议：

1. 钻钻乐：让幼儿自由在内壁都贴有镜面的纸箱或木箱之间钻来钻去，感受在镜面里看到的一切，体验活动的快乐。

2. 好多好多个我：让幼儿在迷宫里看看、数数有多少个自己。

3. 跟自己做游戏：让幼儿在迷宫里扮鬼脸、打哈欠、跌打滚爬，做各种动作，体验在镜子里看到许多个自己在做同样的事情。

4. 隐身人：将一张镜面纸一折两半，在折缝中间剪一个半圆，如同一件小衣服，让幼儿穿上，让幼儿看看自己，成了一个隐身人。

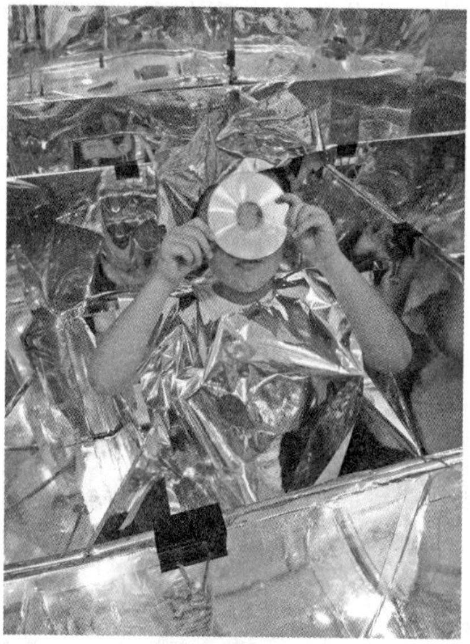

变身隐身人

5. 万花筒：让幼儿在迷宫内体验大型万花筒的感受。

6. 娃娃家：让幼儿在迷宫内做娃娃家的游戏，体验在这里做此游戏与在别的地方做同样游戏的不同之处。

…………

资料来源：上海市芷江中路幼儿园。

上海市芷江中路幼儿园的低结构教育活动是其课程的一个重要组成部分。这些低结构教育活动，依据的理论包括建构主义、社会建构主义以及其他一些有关的理论。

这个系列的低结构教育活动顺应了幼儿的自然发展，让幼儿在自主的活动中充分发展自我，同时让幼儿园教师能通过这个系列的活动，帮助幼儿提升发展水平。一般而言，设计、制作这类低结构教育活动所需的材料并不容易，教师把握这套材料的教育意义，并在适当的时间，以适当的方式给予幼儿指导就更为困难。这是因为，低结构教育活动的目标是隐性的、不确定的，活动的内容是可变化的，这都有赖于教师的专业水平。

由于上海市芷江中路幼儿园设计的低结构教育活动有理论支撑，有活动材料支持，有活动案例加以说明，因此，低结构教育活动一般难以被教师理解和操作的问题得到了缓解，教师经由简单的培训以后，即可在以幼儿为主的活动中有效地促进幼儿的发展与学习。

四、拓维长征教育多媒体交互式幼儿园教学系统

在万物互联的高科技时代，云计算、大数据、人工智能、物联网、移动设备、交互式教学平台、在线学习、AR 技术、VR 虚拟现实技术、机器人、3D 打印、数字影音、智能语音识别等必然会进入包括幼儿园教育在内的教育领域，各类信息技术和应用产品必然会与教育教学紧密结合。特别是在我国全面普及学前教育、提高教育质量的背景下，运用现代科技作为手段，能有效地提升幼儿园教师的教育教学水平，能缓解因为教育资源不均衡所造成的教育不公平和教育质量差异性等问题。

拓维长征教育为在幼儿教育领域内引入高新技术做了努力，在不断改进的基础上，于 2012 年研发了“长征教育 5 号”全方位交互式无线多媒体教学系统，将传统纸质图书、投影设备、平板电脑、多点触控技术以及远程遥控技术做了有效结合。具体地说，这套交互系统不仅集全动画教育软件、笔记本电脑、高清投影仪、多功能光电电子教鞭、无线电子白板、白塑幕、音箱于一体，而且将红外感应、光电识别、无线信息交互技术以及物联网技术实现了有效结合，突破了传统多媒体教学系统的空间限制，能满足教师实施教育教学活动的各种要求。而今，新一代的教学系统“长征教育 6 号”已经研发成功，并正在推行。

这套全方位交互式无线多媒体教学系统将幼儿园课程分为语言、数学、礼仪教育、安全教育和英语等五个方面。每个方面都将健康、语言、科学、艺术和社会等学习领域整合为一体。

这套全方位交互式无线多媒体教学系统利用高科技在教育教学上的优势，能将有意义的教育内容直观地、形象地和动态地展现在幼儿面前，并能激发教师、幼儿与机器之间发生积极的互动，使幼儿园日常活动，诸如做游戏、看动画、唱儿歌、跳律动、诵古诗、做表演、讲故事等都处于有高新技术支持的状态。

而今，在我国，已有近万家幼儿园在使用这套教学系统。这套教学系统每年惠及数百万幼儿。

在“互联网＋幼儿教育”的时代，幼儿园课程与幼儿园教育活动的设计与实施已经超越了“教育活动＋多媒体”的状态，拓维长征教育多媒体交互式幼儿园教学系统迎合了时代的潮流，成为这一领域的排头兵。

第六章

幼儿园教育活动的实施

幼儿园教育活动的实施是将经过设计的幼儿园教育活动付诸教育实践的过程。幼儿园教师是幼儿园教育活动的实施者，是执行、调整和进一步开发幼儿园教育活动的操作者。

编制幼儿园课程和设计幼儿园教育活动时，会关注课程和教育活动所依据的理论。理论多少带有理想主义的色彩，因为理论往往关注的是一般的、普遍的知识，追求的是真理性、可证实性、广泛性等。而教育实践往往关注的是可行性和有效性，因为教育实践的内容是具体的、特定的，是受情景影响的，实践需要对各种可能的行动做出抉择，而抉择的依据主要是解决实际问题，而不是所抉择的行动本身是否具有真理性，而且一项可被用于解决问题的行动一般是不会有过多的持久性和广泛性的。从这个意义上讲，幼儿园教育活动实施的过程，就是在理论与实践之间求得一致性的过程。这个过程充满了摇摆、权衡、妥协和创新。如若这个过程处理不恰当，就会造成理论与实践之间的脱节。

第一节　幼儿园教育活动实施的出发点和归宿

幼儿园教育活动实施的出发点和归宿，不是验证教育理论的先进性和正确性，而是验证教育活动实施的有效性。幼儿园教育活动实施的有效性，指的是通过幼儿园实施的教育活动所达成的教育效能。“幼儿有意义的学习”和“教师有意义的教学”，是思考和评定幼儿园教育活动实施的有效性的两个基本着眼点。

一、“幼儿有意义的学习”和“教师有意义的教学”

幼儿园教育活动的实施，为的是让幼儿的学习和教师的教学有意义；评估幼儿园教育活动实施有效性的依据，就是考察和评定幼儿的学习和教师的教学是否具有意义。

从“幼儿有意义的学习”的视角展开话题，会更多关注在教育、教学活动中幼儿所能得到的价值（该活动对儿童发展等方面的意义），以及该教育活动在实施中的状态和实施后的主观满意度。

从“教师有意义的教学”的视角展开话题，会更多关注在教育、教学活动中活动设计者和实施者赋予的价值（该教育活动在传承文化和促进儿童发展等方面的意义），以及该教育活动在实施中的状态和实施后的目标达成度。

二、影响幼儿园教育活动实施有效性的因素

许多种因素影响着幼儿园教育活动实施的有效性，包括幼儿园教育活动设计本身、实施幼儿园教育活动的教师、幼儿园教育活动的实施对象——幼儿，以及与幼儿园教育有关的各种环境因素等。只有在特定的教育情景下对幼儿园教育活动实施的有效性进行思考和评估才具有意义。这就是说，幼儿园教育活动实施的有效性指的是在特定的教育情景下各种影响幼儿园教育活动实施有效性的因素所产生的综合效应。

（一）幼儿园教育活动设计本身

幼儿园教育活动设计本身，是决定教育活动实施有效性的一个重要因素。有质量的活动设计，起码要符合以下四个方面的要求：

（1）幼儿园教育活动目标的价值取向明确，目标的表述准确，即能分别以注重过程和注重结果的方式准确地表述低结构教育活动或高结构教育活动的目标。

（2）幼儿园教育活动的过程和活动材料与所要达成的目标相一致。例如，低结构教育活动应该创设能与幼儿积极互动的活动环境，活动内容要具有可变性，也就是说，活动设计要有让幼儿“选择与生成”活动的机制；高结构教育活动应该预设能达成活动目标的活动过程，活动内容和材料虽然基本不变，却要能激发幼儿的兴趣，促使幼儿主动学习，等等。

（3）幼儿园教育活动的评估与所要达成的目标相一致，即能分别以注重过程和注重结果的方式评估低结构教育活动或高结构教育活动的活动目标是否达成。

（4）幼儿园教育活动要具有可操作性，不具有可操作性的教育活动，即使教育理念再先进，在教育实践中也是没有价值的。

（二）实施幼儿园教育活动的教师

实施幼儿园教育活动的教师是决定教育活动有效性的最重要因素。教师的专业水平、教师对教育活动的价值判断、教师对教育活动的理解、教师对教育活动资源的把握、教师已有的教育经验、教师每日每时的情绪状态、教师与幼儿园其他人员之间的关系，以及教师与幼儿及其家庭的关系等，都会影响幼儿园教育活动实施的有效性。

对于同样已经设计好的教育活动，有的教师可以在教育、教学过程中实施得十分完美。而有的教师则可能在云里雾里，难以把握，甚至将教育活动引向歧路。

（三）幼儿园教育活动的实施对象——幼儿

幼儿园教育活动的实施对象——幼儿也是决定教育活动实施有效性的重要因素。从微观的角度看，幼儿园班级中幼儿的人数、幼儿每日每时的实际状况、幼儿的家庭背景和状况、幼儿与幼儿园中各种人员之间的关系等都会影响幼儿园教育活动实施的有效性；从宏观的角度看，幼儿在社会中所处的地位、幼儿生活所在的地区经济和文化状况等，也都会影响幼儿园教育活动实施的有效性。

（四）与幼儿园教育有关的各种环境因素

与幼儿园教育有关的各种环境因素，包括物质环境（如幼儿园的地理位置、空间密度、设施设备、活动材料等）和心理、社会环境（如幼儿园的文化传统和办园风格、幼儿园与社区的关系、幼儿园与幼儿家庭的关系、幼儿园内各种人员之间的关系，以及幼儿园所在的地区经济、政治、文化等状况等）也都会影响幼儿园教育活动实施的有效性。

三、对幼儿园教育活动实施有效性的评估

幼儿园教育面临的是一个两难问题，那就是既要顺应幼儿的自然发展，又要将幼儿的发展纳入社会、文化所规范和要求的轨道。对这个两难问题的处置，会将幼儿园教育活动实施的关注点放在不尽相同的位置，从而对教育过程和结果的关注就会有不同的侧重。

对幼儿园教育活动实施的有效性的评估，与教育活动设计者和实施者所持有的教育理念和价值取向没有大的关联。这就是说，对幼儿园教育活动实施有效性的评估，关注的不是教育活动的过程重要还是结果重要等一类的问题。对幼儿园教育活动实施有效性的评估，关注的是通过教育活动的实施过程，教育活动设计者和实施者所期望获得的东西是否具有意义，例如是否具有社会、文化价值，是否有益于儿童发展，等等；关注的是这些东西幼儿能不能得到，有没有得到，得到了多少。

对幼儿园教育活动实施有效性的评估是一件十分复杂的事情，既可用客观的标准加以衡量，也可用主观的判断加以评定。幼儿园教育过程有复杂的情景性和不可预期性，教育活动实施的有效性取决于多种因素，有的能被量化，有的难以被量化。

在对幼儿园教育活动实施的有效性进行评估时，可以采用一些客观的标准和指标，以量化的方式进行。例如，在一些高结构的教育活动实施过程中，可以通过观察和记录，评估有多少幼儿达成了教育活动预定的、细化的教育目标（如：多少比例的幼儿通过教育活动学会了某一绘画技能等）；又如，运用某些指标，可客观地评估在一个教育活动过程中

幼儿与教师互动的状况；等等。

鉴于对幼儿园教育活动实施有效性进行评估时不可脱离具体的、真实的教育情景，以质化的方式进行过程性评估，是经常采用的方式。这种评估方式的评估者主要是教育活动实施者——教师。幼儿园教师是作为“反思的自我，互动的个体”而参与幼儿园教育活动实施有效性评估的，这种评估方式也会有其他教师和专业人员一起参与。这种评估，其目的是对幼儿园教育活动实施的有效性做解释性的理解，为的是提出新的问题，为的是对教育活动做出改进；评估的内容关注的是教育活动的整体，是事实，是过程，是教育活动所产生的意义；评估的结论具有情景性、独特性和地域性，一般不具有普适性的意义。

对幼儿园教育活动实施的有效性进行评估，特别是通过教师的反思进行的自我评估以及通过教师的对话等教师间的互动形式进行的评估，有益于教师在反思的基础上对教育活动的实施进行改进，从而进一步提高教育活动实施的有效性；有益于教师在教育、教学的实践中建构属于自己的实践性知识，并在此基础上自觉地改进教育、教学活动的实施技能，从而在根本上提高教师自身的教育、教学水平。

根据幼儿园教育活动的性质，教育活动可以相对分成低结构教育活动和高结构教育活动。不同结构的教育活动都应将“幼儿有意义的学习”和“教师有意义的教学”作为评估幼儿园教育活动实施有效性的基本着眼点，但是，相对而言，低结构教育活动的实施会更多关注幼儿自主的“有意义的学习”，高结构教育活动的实施会更多关注教育活动设计者和实施者预先计划的“有意义的教学”。

四、幼儿园教育活动实施的取向

为了达成幼儿园教育活动实施的有效性，教师在实施教育活动时会有不同的取向。

幼儿园教育活动实施的取向是指对教育活动实施过程本质的不同认识以及支配这些认识的相应的价值观。幼儿园教育活动实施的取向，集中地表现在对课程编制、教育活动设计与教育活动实施之间的关系的认识方面。换言之，不同的教育活动实施的取向，对课程编制、教育活动设计与教育活动实施之间的关系会有不同的认识。

幼儿园教育活动的实施大致可分为四个取向：“忠实取向”“相互适应取向”“创生取向”“得过且过取向”。这四个取向在对课程、课程变革、课程理论与教育实践之间的关系及教育活动的设计、教师的角色以及研究方法等方面的看法上是不相同的。

（一）幼儿园教育活动实施的忠实取向

幼儿园教育活动实施的忠实取向将教育活动实施的过程看作忠实执行教育、教学计划的过程。这种取向的基本假设是：幼儿园教育活动实施要忠实地反映教育活动设计者的意图，从而达成预定的活动目标。

忠实取向认定，已经设计好的幼儿园教育活动是一个程序，尽管可以稍做变动，但是在大体上却要遵循，并以此为评估依据。教育活动的目标和内容是由专家选择、组织和提供的，是教育行政部门认可的，教师没有过多的发言权，只需忠实执行和操作。

忠实取向也认定，幼儿园教师的角色是专家设计的教育活动的忠实执行者。这就是说，教师是“消费者”，教师应按照设计教育活动的专家编制的“使用说明”，循规蹈矩地实施教学。由于专家设计的教育活动不一定能被教师把握和实施，因此，在活动实施前需要对教师进行适当的培训，并在实施中对教师的教学进行支持和监督。

在研究方法上，忠实取向强调幼儿园教育活动设计者与活动实施者之间的单向线性关系，如强调活动设计者应对活动实施者实现有效的控制，而活动实施者应服从活动设计者的权威。因此，忠实取向在本质上是受“技术理性”支配的。

（二）幼儿园教育活动实施的相互适应取向

幼儿园教育活动实施的相互适应取向将教育活动实施的过程看作教育活动设计者与实施者之间通过协商来相互适应的过程。这种取向的基本假设是：教育活动的实施不可能完全预先规定精确的实施程序，活动实施的过程应由活动实施者自己把握和决定，由活动实施者根据自己的实际情况做出最适当的选择。

相互适应取向认定，已经设计好的幼儿园教育活动不应只是一套程序，也应包括教育实际情景中的各种因素，这些因素会影响甚至改变教育活动的实施。换言之，教育活动实施不是教师按照专家的设计不折不扣地去做，而是要考虑教育活动实施者以及受教育者的兴趣和需要，还要考虑教育现场中的各种条件和状况，教师在实施教育活动的过程中应对专家的活动设计做出调整。在活动实施过程中，知识不只是活动设计者规定的，活动的参与者（包括教师、幼儿以及社会其他人员）也能创造知识，这些知识都需要通过调整的过程来相互适应。

相互适应取向也认定，幼儿园教师是专家设计的教育活动的积极“消费者”，教师对专家设计的教育活动的积极改造，是教育活动实施获取成功的基本保证。

在研究方法上，相互适应取向往往采用的是“质的研究”，强调教育活动设计者与实施者之间的相互理解，强调对事件所赋予的意义的解释，强调教育活动实施的复杂性和过程性，因此，相互适应取向在本质上是受“实践理性”支配的。

（三）幼儿园教育活动实施的创生取向

幼儿园教育活动实施的创生取向将教育活动实施的过程看作活动实施者自身创造的过程。这种取向的基本假设是：活动实施是在具体教育情景中创生新的教育经验的过程，而已有的活动设计只是为这个经验创生过程提供平台而已。

创生取向认定，幼儿园教育活动是教师与幼儿共同创造的经验，这些经验都是教师和幼儿在实际中体验到的，是情景化的和人格化的。知识不是客观的事物，而是一个不断发展的过程，是经过教师和幼儿的审议活动而获得的。这就是说，尽管教师可以运用由专家设计的活动和建议，但是真正创生教育活动并赋予活动意义的还是教师和幼儿。因此，教师和幼儿不是知识的接受者，而是知识的创造者。

创生取向也认定，幼儿园教师的角色是教育活动的开发者。活动创生的过程是教师与幼儿共同成长的过程，教师是创生教育活动共同体中具有活力的成员。

在研究方法上，创生取向也倚重"质的研究"，特别是对个案性质的"深度访谈法"倍加推崇。创生取向强调教师与幼儿在活动实施中的主体性和创造性，尊重参与者的价值观，强调个性自由和解放，将教育活动创造和开发的过程视为个性成长和完善的过程，因此，创生取向在本质上是受"解放理性"支配的。

（四）幼儿园教育活动实施的得过且过取向

幼儿园教育活动实施的得过且过取向将教育活动实施的过程看作无所作为的过程。这种取向既不认真按照活动设计者的意图实施教育教学活动，又不想在创新教育中有所作为，因此是一种消极的教育活动实施取向。

（五）对幼儿园教育活动实施取向的权衡

在幼儿园教育活动实施过程中，根据影响幼儿园活动实施的各种因素以及它们之间的关系，选择和定位教育活动实施的基本取向，是有效实施教育活动的关键。

除了消极的得过且过取向，教育活动实施的忠实取向、相互适应取向和创生取向三者并不是非此即彼的。在包括教育活动实施的忠实取向、相互适应取向和创生取向在内的活动取向连续体上，活动实施的忠实取向和创生取向分别靠近活动取向连续体两个极端的区域，它们分别实施的是设计好的教育活动和创生的教育活动，而活动实施的相互适应取向则在连续体的中间，实施的是经过修改的教育活动。在活动取向连续体上，教育活动实施取向之间的差别，表现为程度上的差别。也就是说，越往忠实取向这一端，活动实施就越强调实施预先设计好的教育活动；越往创生取向这一端，活动实施就越强调在活动实施中教师和幼儿共同创造适合个性发展的教育经验。

对幼儿园教育活动实施取向的选择和定位，其依据并非孰优孰劣、孰是孰非，而是其适合性。权衡教育活动实施生态环境中的各种影响活动实施的生态因子以及它们之间的关系，使之发挥最佳的有效性，是选择教育活动实施取向的基本出发点。

例如，对于实施较高结构的幼儿园教育活动，一般会倾向于选择教育活动实施的忠实取向；对于实施较低结构的幼儿园教育活动，一般会倾向于选择教育活动实施的相互适应取向，甚至创生取向。应该看到，幼儿园教育活动实施的创生取向具有浓厚的理想色彩，它要求教师不仅善于对专家设计的教育活动做出正确的判断、选择和解释，也要求教师善于根据具体情景的特殊需要创编自己的活动，还要求儿童成为活动的主体。因此，教育活动实施的创生取向容易与教师自身的状况和条件产生距离，甚至产生难以逾越的鸿沟。

再如，当幼儿园教育活动过度强调让幼儿学习教材和教师预定的教学任务，过度强调知识和技能的传递，而不尊重幼儿自身的发展时，通过幼儿园课程变革，幼儿园教育活动的实施会从追求忠实取向发展到追求相互适应取向，甚至还会发展到追求创生取向。相反，当幼儿园教育活动过度强调幼儿自身的发展，过度强调幼儿自己生成的学习任务，而不太在意让幼儿学习教材和教师预定的教学任务，不太在意发挥教师在教育、教学中的主导作用时，通过幼儿园课程变革，幼儿园活动实施又可能从追求相互适应取向（或者创生取向）发展到追求忠实取向。

第二节　幼儿园不同结构化程度教育活动的实施

幼儿园教师在实施各种不同结构化程度的教育活动时，因为对教育活动所持有的实施取向有所不同，所以对教育活动目标、内容、方法和评估的把握都是不相同的。认定教育活动的实施取向，把握教育活动目标、内容、方法和评估的各个环节，是保证幼儿园教育活动实施有效性的根本。

一、幼儿园高结构教育活动的实施

幼儿园高结构教育活动是以教师教学为主的活动，除了完全结构化的教育活动（在教育实践中，这样的教育活动较少存在）以外，高结构教育活动中或多或少含有幼儿游戏的成分。幼儿园高结构教育活动主要是教师对幼儿实施的有目的、有计划的教学，是以教师为主导的教育活动。

在实施幼儿园高结构教育活动时，教师一般会以坚持忠实取向，以预设的教育活动目标为导向，以领域本身的逻辑为选择和组织活动内容的逻辑，以集体教学为主要的教学形式，以目标评价为主要的评价形式。

在幼儿园教育教学实践中，单一概念教学活动常被称为分科式集体教学活动，整合概念教学活动常被称为整合式（或综合式，或渗透式）集体教学活动。实施这类教育活动的过程，主要就是反映教育活动设计者的意图、达成设计者预定的活动目标的过程。

由此，实施幼儿园高结构教育活动的要点为：

（1）明确幼儿园教育活动的目标。

高结构教育活动主要由课程专家设计，幼儿园教育活动的目标由课程专家确定。幼儿园教师的作用主要是理解课程专家的设计意图，明确幼儿园教育活动的导向，并根据这样的导向展开活动。

在一般情况下，教师不要轻易改动教育活动的目标。因为一个有品质的幼儿园课程，其每个教育活动的目标之间存在严密的逻辑关系，任何局部改动都有可能使幼儿园课程的整体构架和逻辑一致性受损。

（2）理解幼儿园教育活动的内容。

高结构教育活动的内容，是依据目标达成的需要进行选择和组织的，活动内容的优劣，在相当的程度上决定了高结构教育活动的品质。一般而言，幼儿园课程的编制者往往会将经典的、经过千锤百炼的内容选为教育活动的内容，在故事、歌曲、舞蹈等载体中呈现，使教育活动具有“真”“善”“美”的特征。

在一般情况下，教师的作用就是理解课程编制者和活动设计者的设计意图，理解幼儿园教育活动内容的教育价值，挖掘教育活动内容的深层含义，而不要轻易改动。因为一个有品质的幼儿园课程，其每个教育活动的内容之间也存在严密的逻辑关系，任何局部改动都有可能使幼儿园课程的整体构架和逻辑一致性受损。

（3）把握幼儿园教育活动的过程。

高结构教育活动的实施过程，一般按照课程编制者和活动设计者的设计意图展开，通过活动材料的准备、活动环境的创设以及活动步骤的展开进行，在必要的情况下，还可增添活动的延伸部分。

一个高结构教育活动的实施，就是幼儿园教师“心中有明确的目标”，在理解教育活动内容的教育价值的基础上，展开教育活动的过程。高结构教育活动实施的质量，主要取决于幼儿园课程和教育活动本身的品质，取决于幼儿园教师对所选择的幼儿园课程和教育活动的理解与把握，以及在活动过程中教师与幼儿的有效互动。

以下以美术教育活动“陶罐画”为例，说明高结构教育活动及其实施要点。

案例 6-1

陶罐画

活动目标：

1. 学习、欣赏蒙德利安的绘画风格。
2. 根据自己对蒙德利安绘画风格的理解和感受绘画。

活动过程：

1. 简单介绍蒙德利安、他的绘画及其在现实中的运用。

（1）教师出示荷兰画家蒙德利安的几幅作品，并简单介绍蒙德利安。

蒙德利安的几幅作品

（2）教师出示蒙德利安作品在现代设计中的运用。

蒙德利安作品在现代设计中的运用

2. 欣赏、感受蒙德利安在爵士乐中所做的画，体验绘画的过程。

(1) 教师出示蒙德利安的另一幅画，告诉幼儿，这是蒙德利安边听爵士乐边画的画。

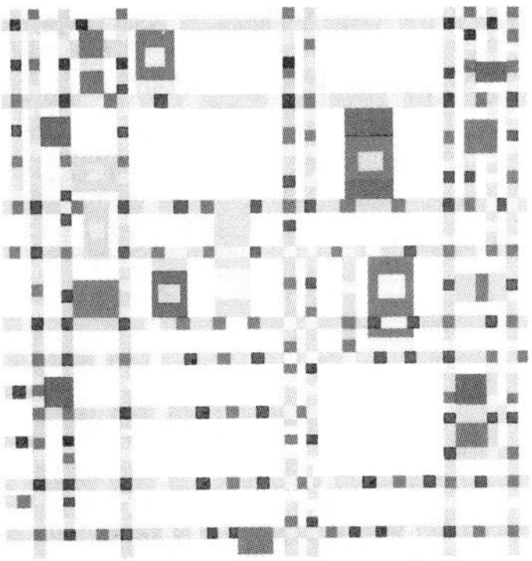

蒙德利安《百老汇爵士乐》

(2) 教师播放爵士乐，让幼儿感受绘画过程。

3. 让幼儿在爵士乐中做陶罐画。

教师播放爵士乐，让幼儿用粉笔在黑色的陶罐上画画。

幼儿边听爵士乐边作画

高结构美术教育活动“陶罐画”的实施要点：

(1) 明确幼儿园教育活动的目标。

教师在实施“陶罐画”这一教育活动时，心中要有目标，要理解活动设计者的设计意图，明确幼儿园教育活动的导向，并根据这样的导向展开活动。

这个教育活动的目标有两个：“学习、欣赏蒙德利安的绘画风格”以及“根据自己对蒙德利安绘画风格的理解和感受绘画”，教师要反复琢磨这些目标，不要轻易改动教育活动目标，否则有可能损害幼儿园课程的整体构架和逻辑一致性。

(2) 理解幼儿园教育活动的内容。

教师在实施“陶罐画”这一教育活动前，要熟悉教育活动的内容，查核有关蒙德利安及其绘画风格的资料，以使自己在教育活动实施过程中有一个“背景”。

在理解这个教育活动设计者设计意图和教育价值的前提下，教师要在目标导向下挖掘该教育活动内容的深层含义，不要轻易改动教育活动的内容，任何改动都有可能使幼儿园课程的整体构架和逻辑一致性受损。

(3) 把握幼儿园教育活动的过程。

教师在实施"陶罐画"这一教育活动的过程中，一般应该按照教育活动设计者的设计意图展开，通过活动材料的准备、活动环境的创设以及活动步骤的展开进行，在必要的情况下，还可增添活动的延伸部分。教师的作用，主要体现在激发幼儿的学习兴趣，通过师幼之间的积极互动，让幼儿有效地达成教育活动预设的目标。

资料来源：成都市机关三幼。

二、幼儿园低结构教育活动的实施

幼儿园低结构教育活动是以幼儿游戏为主的活动，除了无结构的幼儿本体性游戏以外，低结构教育活动中或多或少含有教师教学的成分。幼儿园低结构教育活动主要是幼儿自发的、自主的活动，是以幼儿为主体的活动。

在实施幼儿园低结构教育活动时，教师一般会坚持创生取向，以幼儿已有经验为逻辑组织教育活动的内容，以幼儿选择和生成为主线展开活动，以小组、个人为主的形式组织教育活动，以过程评价为主要的评价。

在幼儿园教育教学实践中，实施这类低结构教育活动的过程，主要是让幼儿获得经验以及运用已有的经验自主建构知识的过程，是让幼儿的兴趣和需要得到满足的过程。

由此，实施幼儿园低结构教育活动的要点为：

(1) 先内容，后目标。

低结构教育活动的目标是不确定的、游离的、可变化的，主要不是预设的，因此，教育活动的展开往往不是先制定活动目标，后展开活动内容，而是先由幼儿根据自己的经验开展活动内容，而后由教师解读，并在心中配置与之相应的目标，用于指导幼儿的学习过程。

(2) 跟随幼儿的兴趣和需要展开活动。

低结构教育活动的实施过程，一般跟随幼儿的兴趣和需要，围绕幼儿的经验展开。虽然教师预先可以有所设计，但是，教师的活动设计只是为了有益于幼儿经验的重现、重组或创生，而不是为了完成预设的目标。在实施这类教育活动时，活动目标、内容主要不是预设的，而且在活动过程中是可以变化的，教师的作用主要在于根据幼儿的发展水平，将幼儿的活动引向教师认定的关键经验。

(3) 在该教学时给予幼儿必要的教学。

除了幼儿本体性游戏以外，低结构教育活动中或多或少含有教师教学（常被称为指导、介入等）的成分，在活动过程中，给予幼儿必要的教学，有益于幼儿得到更好的发展。但是，没有足够经验、没有达到一定专业水平的幼儿园教师对幼儿的教学常常会成为对幼儿学习和发展的干扰。

在实施低结构的、以幼儿为主体的教育活动中，有很多教师难以把握的因素，诸如幼儿的兴趣和需要、幼儿已有的生活经验等，在活动实施过程中很容易出现“游戏幼儿”的倾向。这不同于纯游戏（玩），纯游戏无须教师的教学。这也不同于高结构教学，在高结构教学时，能否顾及幼儿的游戏并非十分重要。

在实施低结构教育活动中，教师一定会遇到有关教学的诸多问题，诸如“为什么教学（指导）”“教学（指导）什么”“如何教学（指导）”等，而这些都是难以回答的问题。

迄今为止，人们对于实施低结构教育活动的认识为“教得太多，必然伤害幼儿；教得太少，光开花没有结果”，能够认同的只是这样一个道理：“做幼儿园教师难，难就难在该教的时候就要教，不教就是丧失机会；在不该教的时候就不要教，教就是干扰幼儿。”然而，何时该教，何时不该教，该教的时候应该教什么，不应该教什么，这些都不是教师轻易能够把握的。

一个低结构教育活动的实施过程，就是幼儿园教师“心中有幼儿”，在观察、记录中去解读幼儿，在跟随幼儿的兴趣和需要的基础上展开教育活动的过程。低结构教育活动实施的质量，取决于幼儿园教师的专业水平，取决于幼儿园教师对幼儿及其发展的理解与把握，以及在活动过程中与幼儿的有效互动。

“幼儿是本读不懂的书。”多少年以来，各种学科都在尝试从不同的角度去研究幼儿。既然幼儿是本读不懂的书，只能运用解读的方式去探讨、理解低结构教育活动，选定某个或某些理论立场去观察、记录幼儿以游戏为主的活动，并赋予其教育意义。从不同的立场、不同的视角观察低结构教育活动，看到的是不同的表象，赋予的是不同的教育意义。

需要特别指出的是，解读幼儿以游戏为主的低结构教育活动，实施不确定的、情景化的教学（指导）策略、内容和方法是十分不容易的事情，只有高水平的幼儿园教师才能实施。换言之，对于水平一般的幼儿园教师，不如先放手让幼儿尽情地做游戏，在自己获得诸多的教育经验以后再着手去加入教学（指导），这样的做法更加务实。

以下以“管子的秘密”为例，说明低结构教育活动及其实施要点。

案例 6-2

管子的秘密

活动环境和材料的准备：

透明的塑料管若干，连接塑料管的三通、四通、弯头、束节、闷头等，泡沫塑料小球、用薄纸团成的小球、其他材料做的小球等，小型鼓风机，等等。

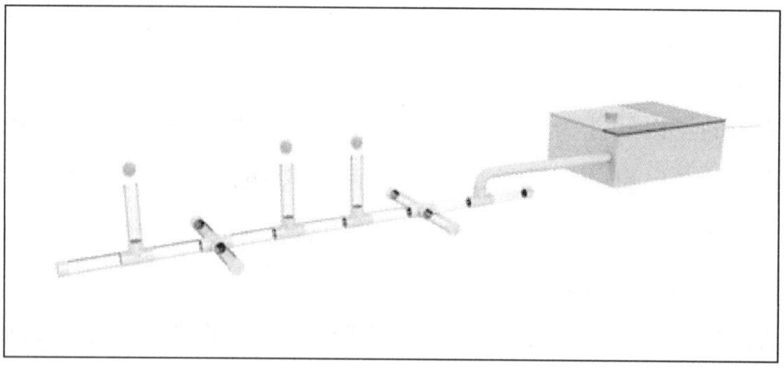

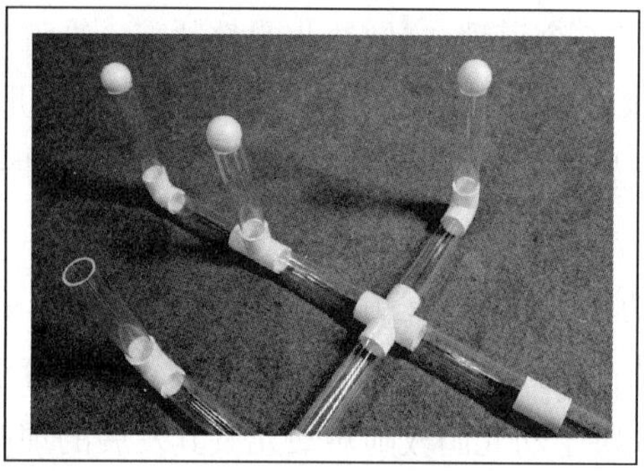

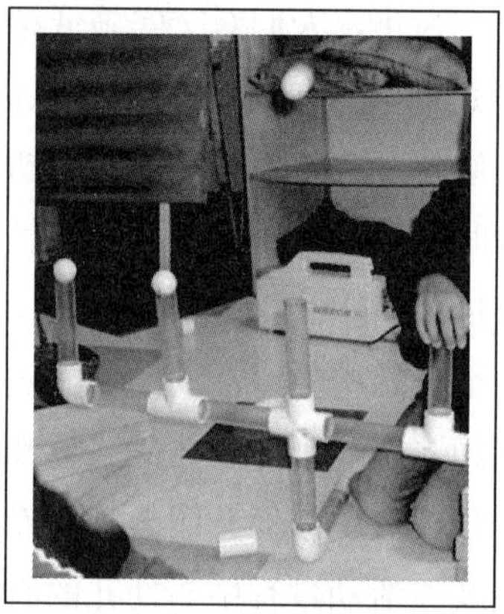

“管子的秘密”活动材料

活动中幼儿可能获取的有益经验①如下：

1. 关于流动的水、空气和声音的经验。
2. 关于管子用途的经验（能通水、能通气、能通话等）。
3. 管子长短、弯直与水流（气流、声流）之间关系的经验。
4. 泡沫球飞的高度与管子开口多少之间关系的经验。
5. 不同球飞的高度与重量之间关系的经验。
6. 与人交流和合作，可学得更多本领的经验。

…………

活动建议：

1. 玩水：让幼儿以自己的方式连接管子，在管子的一端灌入水，看水在管子内的流动（注：水中可放入少许颜料，使水有颜色效果更好）。

2. 打电话：让幼儿以自己的方式连接管子，让一个幼儿在管子的一端讲话，让其他

① 对于幼儿可能获取的有益经验的设定，只是通过解读幼儿的方式进行的。在“管子的秘密”中，活动设计者选定的是建构主义理论立场，根据幼儿通过活动可能获取的物理经验和逻辑数理经验去设定这些宽泛的、不确定的、可变的活动目标，提示教师在可能的情况下将幼儿的活动引向这些目标。

幼儿在管子的另一些端听话，感知所出现的现象。

3. 找空气：让幼儿以自己的方式连接管子，并在管子内放入一些羽毛、纸片等东西，在管子的一端连接鼓风机，看羽毛、纸片的飞舞，感知空气的存在。

4. 小球飞起来了：让幼儿以自己的方式连接管子，并在口子向上的管子端口放上各种小球，在另一端连接鼓风机，感知小球飞起的状况与哪些因素有关。

…………

该活动的实施要点如下：

(1) 活动环境和材料的创设是关键。

"管子的秘密"的活动材料为幼儿尽情地玩、有创意地玩，并生成自己的活动创造了很不错的条件，幼儿可以根据自己的经验运用管子开展活动。教师应跟随幼儿的兴趣和需要并为其创设环境来展开活动。

(2) 教师的教学（指导）在于将幼儿的学习朝着有益经验的方向引导。

教师依据建构主义理论立场以及活动材料的性质，设置了"有益的经验"，这些所谓的活动目标并非必须达成的，是可以根据实际情况发生变化的。它们旨在帮助教师认识这类低结构教育活动的部分教育价值，旨在让教师在实施活动的过程中在可能的情况下有意识地将幼儿的活动朝着这些方向引导。

(3) 强调活动的过程。

这类低结构教育活动强调的是活动过程。因此，通过活动，幼儿是否学到什么知识、技能等并不重要，活动的目标是否达成也并不重要，重要的是，幼儿对活动的参与程度，幼儿在活动中是否能满足其需要和兴趣，幼儿能否积极生成自己的活动，等等。

资料来源：上海市芷江中路幼儿园。

三、幼儿园介于高低结构之间的教育活动的实施

幼儿园介于高低结构之间的教育活动，既有幼儿的游戏，又有教师的教学，而且游戏与教学的比例相差并不悬殊，有时在活动实施过程中，游戏和教学的比例还会发生变化，表现为这类活动会兼顾幼儿知识、技能的获取以及幼儿自发、自主需要的满足两个方面。

一般而言，在实施幼儿园介于高低结构之间的教育活动时，教师较多采用活动实施的相互适应取向，也可以兼用忠实取向、相互适应取向和创生取向等，兼顾活动设计者预设的教育活动目标和幼儿已有经验，兼顾集体教学、小组和个人学习的活动形式，兼顾目标评价和过程评价。

幼儿园介于高低结构之间的教育活动虽然都位于从游戏到完全结构化的教育活动组成的连续体的中段，但是它们的相对位置存在差异，反映在实施取向上会有所不同。例如单元教学活动、主题教学活动、方案教学活动等在结构化程度上存在差异，因此在活动实施的取向上也会有所不同。

由此，实施幼儿园介于高低结构之间的教育活动的要点为：

（1）将处理好预设与生成之间的关系作为实施教育活动的主线。

幼儿园介于高低结构之间的教育活动兼有教师预设和幼儿生成两个方面的特征，兼有高结构教育活动和低结构教育活动不同的性质，表现为明显的“在玩中教”和“在教中玩”的特征。

实施幼儿园介于高低结构之间的教育活动的质量，取决于幼儿园教师是否能够处理好教师预设与幼儿生成之间的关系。处理好这两者之间的关系，旨在在实施教育活动的过程中最大程度地获取高低结构教育活动分别具有的价值，旨在以此为主线，有效地推进教育活动的实施过程。

（2）以不同结构化程度的教育活动性质为权衡活动预设与生成比例的依据。

从理论上讲，有无数种介于高低结构之间的幼儿园教育活动，它们之间的差异主要是结构化程度上的差异。幼儿园教师在实施这类教育活动时，要以教育活动的结构化程度为确定该教育活动预设与生成比例的依据。具体地讲，结构化程度较低的活动，幼儿生成的成分较多；结构化程度较高的活动，教师预设的成分较多。

（3）实施活动的难点在于有效回应幼儿生成的活动。

幼儿园教师实施幼儿园介于高低结构之间的教育活动的难点在于对幼儿生成活动的有效回应。幼儿生成的活动并非都是具有教育意义的，并非都需要教师给予回应，特别是在教师面对群体幼儿的情景下，教师更要关注对幼儿生成活动回应的适合性。幼儿生成的活动具有即时性，教师无法做好应对活动的准备，回应幼儿生成活动的有效性取决于教师的经验、智慧和能力。

以下以“螃蟹”为例，说明幼儿园介于高低结构之间的教育活动及其实施要点。这个教育活动兼有低结构的主题教学活动和方案教学的特点。

案例 6-3

螃蟹

活动过程：

1. 教师通过观察，注意幼儿的兴趣所在，在此基础上编制主题网络。这是教师预设的教育活动内容，以此为开展活动的一个依据（见图 6-1）。

2. 教师创设活动情景，让幼儿选择，以小组的形式为主开展活动。

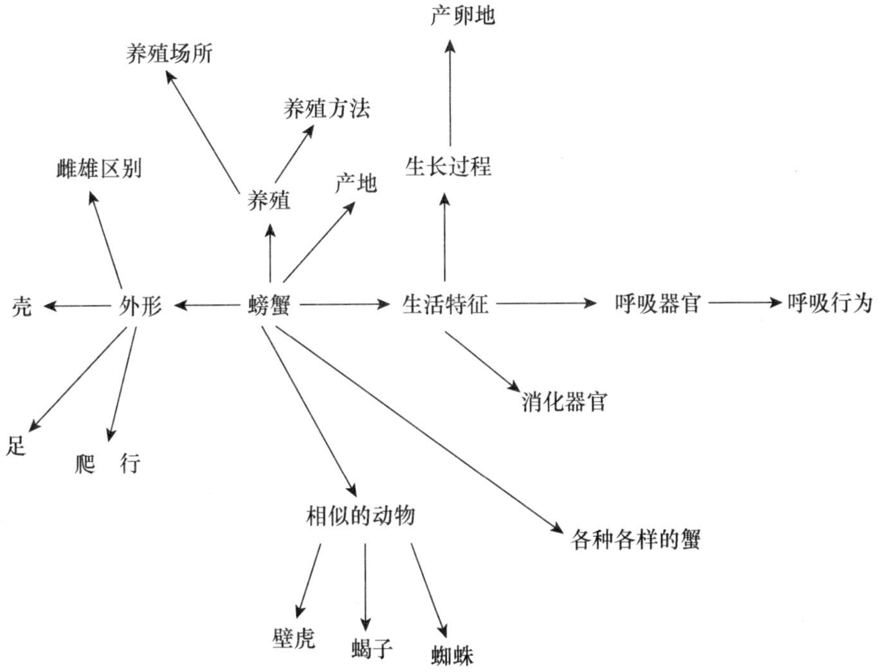

图 6-1　教师编制的主题网络（教师预设）

在教师编制的主题网络中，可能有部分内容引起了部分幼儿的兴趣，也可能需通过教师的引导，激发起部分幼儿的兴趣。在前一种情况下，教师给予空间和时间，让幼儿自主地去选择，根据他们自己选择的内容，按自己的方式，或在与教师、同伴的交互作用中主动地开展活动；在后一种情况下，教师则创设活动情景，通过对开放性问题的讨论、让幼儿寻找资料、组织参观访问、让幼儿制作和展示作品等活动，激发幼儿的兴趣，满足幼儿进一步探索的需要。

在教师编制的主题网络中，并非所有的内容都是幼儿感兴趣的。例如，尽管教师创设了一些活动情景，试图引导幼儿学习主题网络中设置的螃蟹的产地、螃蟹的养殖场所和养殖方法等，但是没有幼儿愿意去学习。对此，教师取消了原先预定计划中的这些内容。

3. 给予幼儿自发生成活动的机会，为他们生成活动创造条件。

幼儿在探索螃蟹的活动过程中生成了研究螃蟹的气味、动物的自卫方式等活动，在探索螃蟹呼吸器官的过程中生成了研究鱼鳃的活动，在探索螃蟹外形的过程中生成了研究螃蟹的眼睛的活动，在探索螃蟹产卵的过程中生成了研究海龟产卵的活动……

4. 教师捕捉随机的教育时机，生成能引起幼儿兴趣的活动，促进活动朝纵深方向发展。

教师在教育过程中抓住契机，创造新的活动，有可能进一步激发幼儿的兴趣，扩大幼儿学习的范围，在较高的程度上满足部分幼儿的兴趣和需要。但是，教师生成的活动往往带有一定的主观色彩，并不一定能够真正反映幼儿的所思、所想和所感，并不一定能激发幼儿的兴趣和满足幼儿的需要。在这种情况下，教师要根据实际情况加以取舍。

图6-2是活动实施后主题活动的实际状况。

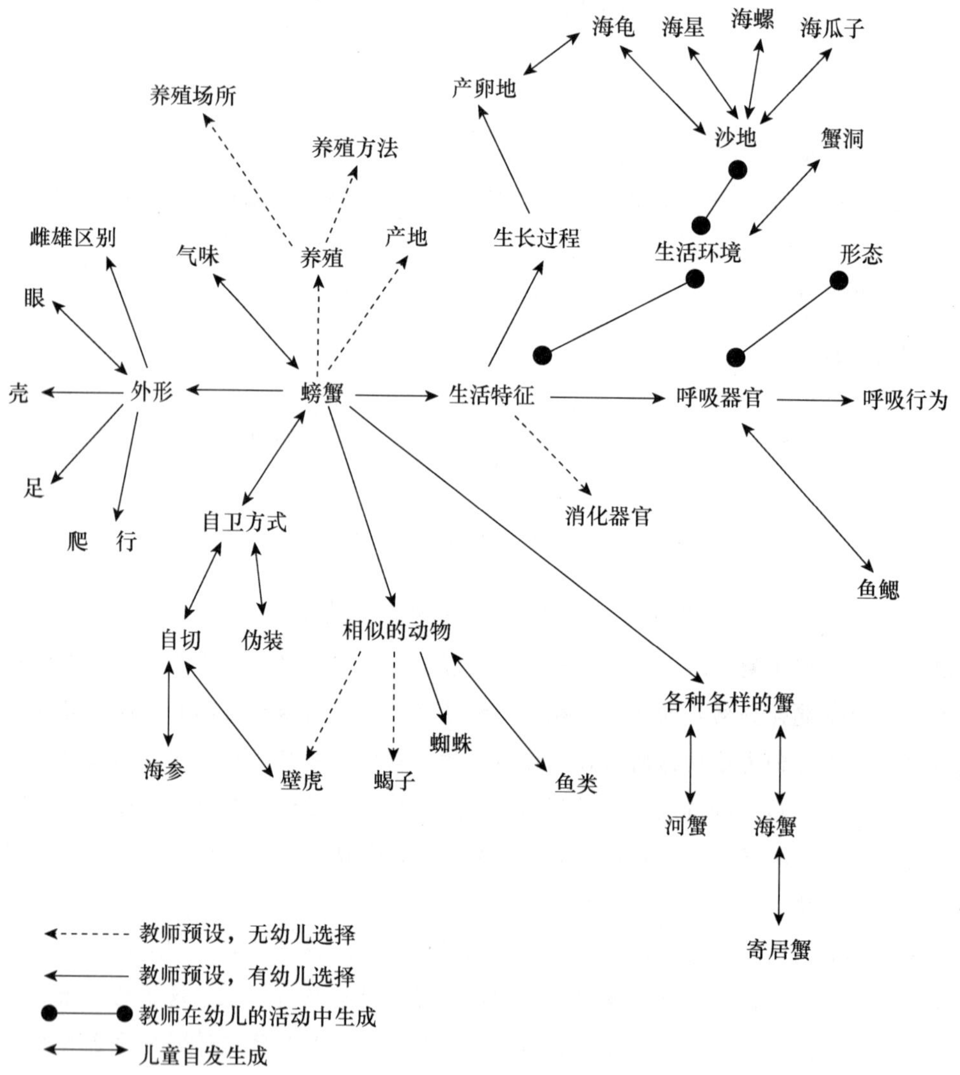

图6-2 活动实施后主题活动的实际状况

这是一个介于高低结构教育活动之间的一组教育活动，由多种异质的主题教育活动组成，每种主题教育活动虽然表现形式不尽相同，但是都在教师预设与幼儿生成之间寻找平衡。具体地说，教育活动并不是完全以预设的方式展开和进行的，教育活动期望的归宿也不一定是预期的，表现为：(1) 同一个教师，在不同的班级，运用同样的、预设的主题网络，活动实施以后，结果是不相同的；(2) 同一个教师，在不同的时间，运用同样的、预设的主题网络，活动实施以后，结果也是不相同的；(3) 两个不同的教师，在同一个班级，运用同样的、预设的主题网络，活动实施以后，结果还是不相同的。

因此，在设计和实施低结构的主题教育活动时，教师对幼儿活动的解读以及对活动过程的把握就显得特别重要。这就是说，一个设计得很好的低结构教育活动，如若教师不懂得如何尊重和理解幼儿，如若教师不能处理好教师预设与幼儿生成之间的关系，那么他所实施的教育活动就会失去活动本该具有的价值。

资料来源：毛美娟，等．走向方案教学．上海：百家出版社，2001.

四、幼儿园不同结构化程度的教育活动实施的比较

幼儿园不同结构化程度的教育活动在实施过程中，其活动目标、活动内容、活动评价、活动组织主要形式以及教师的主要角色都是不相同的。现将幼儿园不同结构化程度的教育活动实施进行比较，可以概括成表 6－1。

表 6－1　幼儿园不同结构化程度的教育活动实施的比较

	区角活动中的教育活动	方案教学中的教育活动	主题教学中的教育活动	单元教学中的教育活动	整合式集体教育活动	分科式集体教育活动
活动目标	泛化	比较泛化	兼有细化和泛化	比较细化	细化	细化
活动内容	幼儿经验	幼儿经验为主，兼顾知识、技能	兼顾知识、技能与幼儿经验	知识、技能为主，兼顾幼儿经验	知识、技能	知识、技能
活动评价	过程	过程为主	兼顾结果与过程	结果为主，兼顾过程	结果	结果
活动主要组织形式	个人、小组	小组、个人	大组、小组	大组、小组	大组	大组
教师的主要角色	活动环境创设与材料提供者、观察者、指导者	活动预设者与幼儿生成活动的回应者	教学者与幼儿生成活动的回应者	教学者	教学者	教学者

第七章

幼儿园教育活动实施中的教研与园本教研

为了保证幼儿园教育活动设计和实施的有效性，幼儿园教师需要对幼儿园教育活动实施的过程和结果进行研究，以省思幼儿园课程编制和教育活动设计的合理性，从而为幼儿园课程和教育活动的选择和调整提供依据；以反省幼儿园教育活动的实施过程和结果与幼儿教育目的、幼儿园课程目标以及教育活动目标之间的契合度，发现需要解决的问题，从而改进教育活动的实施过程；以提供幼儿园教师实施教育活动的研究平台，提高教育悟性，提升教育智慧和能力，从而促进幼儿园教师的专业发展。

第一节　幼儿园教育活动实施的两种研究

按幼儿园教育活动实施的性质区分，教学研究可以分为两种——“幼儿园教学研究”（简称教研）和“以幼儿园为本位的教学研究”（简称园本教研）。之所以做这样的区分，是因为这两种不同的教学研究的教育价值、性质、研究方法、适用的场合、针对的问题、关注点和实施要点都是不相同的。

幼儿园课程由各种教育活动组成。从狭义上讲，幼儿园课程由游戏和教学两类活动组成。一般而言，以高结构教育活动为主的幼儿园课程，以开展教研活动为主；以低结构教育活动为主的幼儿园课程，以开展园本教研活动为主，这是因为前者倾向于共同性课程，后者倾向于园本课程。

幼儿园教师在实施教育活动的过程中所开展的这两种研究活动的不同之处以及它们之间的关系，大致可以用图 7－1 说明。

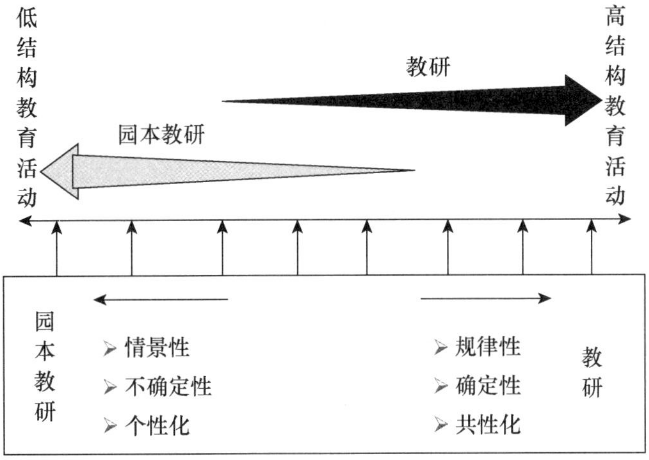

图 7-1　两种不同的教研活动以及它们之间的关系

不同结构化程度的幼儿园教育活动承载着不同的教育价值，对不同结构化程度的幼儿园教育活动实施过程和结果进行研究，应该运用与研究对象——不同结构化程度的幼儿园教育活动的性质相匹配的研究方法。

从图 7-1 中可以看到，教研主要是教师对高结构教育活动实施的研究，针对的是规律性、确定性和共性化方面的问题；园本教研主要是教师对低结构教育活动实施的研究，针对的是情景性、不确定性和个性化方面的问题。

从图 7-1 中还可以看到，在有些情况下（例如实施介于高低结构之间的教育活动），幼儿园教研和园本教研难以严格区分，常表现为“你中有我，我中有你”的状况。

在性质上将教研与园本教研界定清楚是具有实践意义的，这样做能使幼儿园教师准确地、到位地开展这两种不同性质的研究活动；在教育实践中，虽然两者有不同的价值取向，但是不必非此即彼，有时可以兼而有之。

第二节　幼儿园教研活动

一、幼儿园教研的性质和研究的问题

幼儿园教研，主要指的是幼儿园教师对高结构教育活动实施的研究，大多是在教育活动实施的忠实取向的引导下，也可在相互适应取向的引导下研究如何提高幼儿园高结构教育活动实施的有效性问题。

在一般情况下，高结构教育活动由幼儿园课程专家编制和设计，有时也会由实践经验丰富的幼儿园教师设计或做调整。高结构教育活动虽然或多或少包含有幼儿游戏的成分，但是主要是教师的教学。在教研活动开展的过程中，幼儿园教师主要需要反省的问题是：

（1）是否明确了教育活动的目标；（2）是否理解了教育活动的内容；（3）是否把握了教育活动的过程。这三个主要的问题，分别对应的问题是教师“为什么要教”“教些什么”“如何去教”。

具体地说，幼儿园教研活动主要研究的是：

● 在某种确定的情景和条件下，面对群体的儿童，教师的教学应该是什么样的。

● 如何加深对所设计、选择和实施的教育活动的认识与理解，以及如何将这些活动以幼儿感兴趣的、能够接受的方式给予幼儿。

● 一般性、科学性、规律性和去情境化的问题，即教师如何准确把握教育活动实施的各个环节（目标、内容、评价）。

● 教师如何获得一般的、解决问题的理论、策略和方法。

…………

当然，教研活动在研讨中也要适当顾及实施教育活动的情景和条件等问题，以此调整教育活动实施中的师幼互动等问题，但是这些都不是教研需要主要解决的问题。

幼儿园教研活动的要点也可以运用图 7－2 来表述。

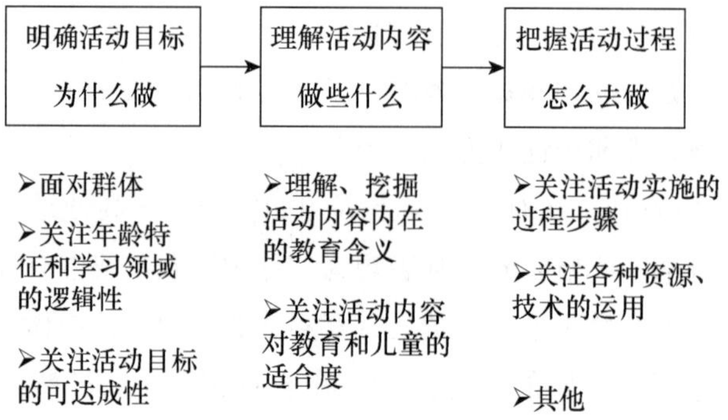

图 7－2　幼儿园教研活动的要点

二、幼儿园教研的研究方法

幼儿园教研可以是幼儿园教师对高结构教育活动设计的研讨，但是主要是幼儿园教师对活动实施过程的研讨，包括对教育活动实施的观察和记录，以及对观察、记录的理解、解释和研讨。在方法学上，对教育活动实施过程的观察和记录是以客观主义和理性主义为支撑的。

在幼儿园教研活动实施过程中，教师在做记录前，先假定了观察的对象具有其固有的、基本的特征，教师依据客观的或规定的标准，去说明观察对象已存在的问题。记录关注的是事实、原因或影响因素，其所要解决的问题是预先确定的。

例如，幼儿园课程和教师参考用书规定的某领域教育的标准以及活动目标常被认作客观的标准，通过观察和记录，可以将幼儿和/或教师是否达成这些标准和目标的状况进行登录和记载，用作评估教学成效的依据。

在幼儿园教研活动中，观察、记录为的是展示曾经发生过的事件，为的是让教师在以“教师为主导”的教育活动中客观思考“曾经发生过什么?”“与预设的目标是否相符?”“提供的教学材料是否适当?”“出现了什么预料之中或预料之外的事情?”“如何从中去寻找普遍适用的方法?”等等。

在“以教师为主导”的教育活动中，教师所面临的教育教学情景是较固定的和变化不多的，这是因为教师预设的教育活动目标是确定的，在一般情况下是不会变化的，或者只需做有限的变化，教育活动内容也是精心选择和组织的，教师教学的过程就是一个标准化、程序化的过程，评估教学的质量主要依据的是教育活动的结果能否达成预定的目标。

在“以教师为主导”的教育活动设计和实施过程中，并不鼓励教师过多地创新。因为课程标准是专家们基于研究制定的，教学活动是专家们精心设计的，教师往往不可能在课程发展和活动设计上达到课程专家水平，在一般情况下对课程和教学活动的修改，往往会造成“所失大于所得”的结果，甚至会逾越教学的底线。

基于以上的基本思考，对幼儿园教学活动设计和实施所开展的教研活动，在研究方法上会以客观标准为研究的出发点和归宿，研究的内容会是在达成客观标准过程中出现的问题、导致这些问题的影响因素以及解决这些问题的办法，研究会倾向得出概括性的、普适性的和权威性的意见。

三、幼儿园教研活动的实施

(一) 开展幼儿园教研活动的三个主要方面

开展幼儿园教研活动，主要涉及幼儿园教育活动的目标、内容和实施过程三个方面。

1. 明确教育活动的目标

幼儿园高结构教育活动实施的有效性，主要体现在所预设的活动目标是否具有教育意义以及在实施教育活动后所预设的教育活动目标是否达成。幼儿园教研活动从教育活动的目标方面省思教育活动实施的有效性，主要解决的是幼儿园教师“为什么要教学”的问题。

根据幼儿园教育活动设计的原理，幼儿园高结构教育活动的目标通常是行为目标一类取向的目标，活动目标比较具体，活动目标的指向性明确，即通过这个教育活动幼儿在其行为中可被觉察的变化，较多反映的是知识、技能的获得以及行为习惯的训练，而不是情感、态度的改善。如若在高结构教育活动的目标中设置情感、态度和能力一类的目标，往往会使这些目标形同虚设，让幼儿园教师在实施活动的过程中拿捏不住。

在幼儿园教研活动中，可以从许多角度对幼儿园教育活动目标开展研究。下面通过一些案例，说明幼儿园可以如何就教育活动的目标问题开展教研活动，说明幼儿园教研活动可以如何通过对这些问题的研究改善教师实施活动的有效性。

案例7－1

春雨沙沙（中班）

教研活动聚焦点： 活动目标要具体，要具可操作性。

（1）教研活动的展开过程。

原活动的设计和活动的实施	教研活动研究的聚焦点	教研活动后所做的修正
活动目标： 1. 通过看看、说说、唱唱进一步感受春天的气息。 2. 参与歌唱活动，体验与同伴一起表演的乐趣。	目标太宽泛，不够细化。	活动目标： 1. 通过看看、说说、唱唱，了解春天的特征。 2. 通过观察图谱，能学唱歌曲《春雨沙沙》。
准备： 舞蹈房布置春天的场景、歌曲图谱。		准备： 教室布置春天的场景、歌曲图谱。
活动过程： 一、感受春天的景色 幼儿看看春天图片，自由交流。教师："我们把春天请进了教室，一起去看看春天。你找到的春天是什么样的？" 二、谈春雨 教师："下小雨了，孩子们快回家躲躲雨吧。谁喜欢小雨？为什么？" 三、学习新歌 1. 幼儿欣赏歌曲《春雨沙沙》。"你听到了什么？" 2. 教师清唱，同时出示图谱，幼儿再次欣赏。 3. 教师分析图谱，帮助幼儿记忆歌词。 4. 幼儿学唱歌曲。 5. 分角色表演春雨沙沙。	"说春天"，比"看看春天图片，自由交流"更明确。 应该让幼儿更具体地说一说自己已有的经验。 这个过程的重点在于图谱，但活动目标中并没有提到，目标与过程应当统一。	活动过程： 一、说春天、唱春天 老师和孩子一起把收集来的有关春天的资料布置在教室内。 1. 让孩子说说自己眼中的春天。教师："孩子们你们找到的春天是什么样的？" 2. 幼儿歌唱春天。 二、谈春雨 1. 说说雨打在脸上的感觉。教师："春天天气很好，可有时候也会下小雨，我们把这雨叫春雨。小雨落在脸上什么感觉？""春雨冰冰的、凉凉的。" 2. 教师："谁喜欢春雨？为什么？" 三、学习新歌 1. 让幼儿欣赏歌曲《春雨沙沙》。让幼儿说说听到了什么。 2. 教师清唱，同时出示图谱，让幼儿再次欣赏歌曲。 3. 教师分析图谱，帮助幼儿记忆歌词。 4. 幼儿学唱歌曲。 5. 分角色表演春雨沙沙。

（2）教研活动的聚焦点。

1）活动目标不能太宽泛。

在原活动"春雨沙沙"中，第一条目标中"感受"二字过分宽泛，这个活动目标难以操作，究竟什么叫"感受"？每个幼儿的"感受"都不一样，教师和幼儿的"感受"也不一样，宽泛的目标在活动过程中难以实现，会显得空泛，幼儿究竟有没有感受到，教师有没有实现活动目标不得而知。修改后的目标“了解春天的特征”具有较强的目标导向性，幼儿可以说出、画出、表演出春天的特征，这些都是可以实现的活动目标。

2）要将活动目标落实到活动过程中。

原教育活动的第二条目标是“参与歌唱活动，体验与同伴一起表演的乐趣”，这个活动目标也太宽泛。活动过程的第三个环节重点在于认识图谱和学唱歌曲，这一点应该列入活动目标中。教师在制定活动目标时，一定要考虑到活动过程，在过程中实现目标，将目标细化到活动过程中，这样教师就可操作了。因此，将第二条目标改成“通过观察图谱，能学唱歌曲《春雨沙沙》”就会比较贴切一些。

(3) 通过教研活动得出的结论。

如果一个高结构教育活动的目标太宽泛，就弱化了目标，甚至等同于没有目标。根据高结构教育活动的价值取向，其目标应该是较为具体的、具有指向性的，是可以实现的，是能够被细化到活动过程中去的，这样的目标才是有价值的，这样的活动才是有意义的。

案例 7-2

关爱动物（大班）

教研活动聚焦点：关于情感、态度类的活动目标。

(1) 教研活动的展开过程。

原活动的设计和活动的实施	教研活动研究的聚焦点	教研活动后所做的修正
活动目标： 1. 说说自己喜爱的动物及理由，语句完整。 2. 萌发对动物的喜爱之情。 3. 初步了解大熊猫等野生动物面临的困境，激发保护动物的情感，尝试为它们做些力所能及的事情。	“萌发对动物的喜爱之情”和“激发保护动物的情感”这类情感性目标在这类活动中无法实现，形同虚设。	活动目标： 1. 说说自己喜爱的动物及理由，语句完整。 2. 初步了解大熊猫等野生动物面临的困境。 3. 尝试说出自己能为野生动物做的力所能及的事情。
准备： 1. 大熊猫等一级保护动物的录像。 2. 幼儿收集的有关大熊猫的资料。 3. 海报一张，记号笔若干。		准备： 1. 大熊猫等稀缺野生动物的录像。 2. 有关保护大熊猫等的资料。 3. 海报一张，记号笔若干。

活动过程： 一、让幼儿说说自己喜欢的动物及喜欢的理由。 二、师生一起说说“我”了解的大熊猫。 1. 观看录像，引导幼儿说说大熊猫的外形特征及本领。 2. 资料展：鼓励幼儿说说大熊猫为什么珍贵，介绍自己收集的资料。教师介绍自己找到的资料。 3. 看录像，看看讲讲“一级保护动物”还有哪些，它们的困境在哪里。 三、我们怎样保护动物 1. 引导幼儿讨论保护动物的方法。 2. 幼儿以自己的方式记录讨论的结果。 3. “救救野生动物”海报签名。	“说说自己喜欢的动物及喜欢的理由”，目标太不集中，有点偏离了主题，能集中在野生动物，甚至集中在大熊猫上会好一些。 这个过程的目标与过程应当统一，聚焦于引导幼儿讨论自己能为保护大熊猫做些什么。 活动聚焦于大熊猫，比聚焦于野生动物更具可操作性。	活动过程： 一、让幼儿说说自己喜欢的野生动物及喜欢的理由。 二、师生一起说说“我”了解的大熊猫。 1. 观看录像，引导幼儿说说大熊猫的外形特征及本领。 2. 资料展：鼓励幼儿说说大熊猫为什么珍贵，介绍有关的资料。 3. 看录像，看看讲讲稀缺的“野生动物”还有哪些，它们的困境在哪里。 三、我们怎样保护大熊猫 1. 引导幼儿讨论保护大熊猫的方法。 2. 引导幼儿讨论自己能为保护大熊猫做些什么。 3. “救救大熊猫”海报签名。

（2）教研活动的聚焦点。

1）活动目标一般不应包括无法达成的情感、态度类目标。

在原活动“关爱动物”中，第二条目标“萌发对动物的喜爱之情”和第三条目标中的“激发保护动物的情感”这类的情感、态度类目标可以在众多的低结构教育活动中慢慢形成，不可能在一个高结构教育活动中即时获取。因此，这样的活动目标形同虚设。

修改后的目标删掉了这两个目标，使活动目标具有了较强的指向性。

2）活动的标题要具体、实在。

活动的标题是教育活动目标的集中体现，活动“关爱动物”的标题太过宽泛，改为“救救大熊猫”更实在，目标指向明确，也容易被幼儿和教师把握。

（3）通过教研活动所得出的结论。

一般而言，情感、态度类的活动目标是在许多个低结构教育活动中逐渐形成的，而非在一个高结构教育活动中即时获得的，因此，这类目标在高结构教育活动中不仅形同虚设，而且会让教师失去方向。

2. 理解教育活动的内容

在设计教育活动的层面上对幼儿园高结构教育活动内容的考察，主要集中在活动内容是否与活动目标相匹配；在实施教育活动的层面上，对幼儿园高结构教育活动内容的考察，则主要聚焦于幼儿园教师能否理解教育活动设计者的意图，能否挖掘活动内容的教育意义。幼儿园教研活动从教育活动的内容方面省思教育活动实施的有效性，主要解决的是幼儿园教师要“教些什么”的问题。

根据幼儿园教育活动设计的原理，幼儿园高结构教育活动内容的选择和组织通常是围绕活动目标的实现进行的，主要依据学习领域的逻辑以及该领域的关键概念展开的，在选择和组织教育活动内容时，要充分顾及幼儿的年龄特点，并以与幼儿兴趣相符的方式呈现。

在幼儿园教研活动中，可以从许多角度对幼儿园教育活动内容开展研究。下面通过一些案例，说明幼儿园可以如何就教育活动的内容问题开展教研活动，说明幼儿园教研活动可以如何通过对这些问题的研究改善教师实施活动的有效性。

案例 7－3

小老鼠打电话

教研活动聚焦点：选择有教育意义的材料进行教学。

一、教育活动的设计与活动的实施过程

活动目标：

1. 理解歌曲内容，学会看图谱演唱歌曲。
2. 清楚地、有表情地演唱歌曲。
3. 尝试仿编歌曲。

活动过程：

1. 幼儿回忆打电话的已有经验。
2. 看表演，帮助理解歌曲内容；看图谱，学唱歌曲《小老鼠打电话》。

欣赏第一遍歌曲。教师提问：歌曲叫什么名字？歌曲里有谁？发生了什么事情？小老鼠为什么打错了电话？

欣赏第二遍歌曲，结合图谱学习歌词。

（1）第一句引导幼儿按节奏来说，第三句学习延长音，第七、八、九、十句引导幼儿自己看符号学说歌词。

教师提问：这两句为什么是一样的？

（2）幼儿完整念歌词。

（3）幼儿完整唱歌曲。

（4）挖掘情感演唱。用响亮的声音演唱第一句，第三句唱得要慢，第四句说得要清楚，第五句和第六句要大声唱，最后两句换角色唱。

3. 仿编歌曲。

（1）引导幼儿动脑筋想一想：谁还会跟谁打错电话？知道弱小的动物要放在前面。

（2）教师带幼儿集体编一首歌曲，解决创编电话号码的问题。

（3）幼儿仿编表演。

1）个别幼儿仿编歌曲演唱。

2）两人一组协商分配角色仿编歌曲进行演唱。

附： **歌曲：小老鼠打电话**（歌词）

小老鼠，打电话，找个朋友过家家，

电话本呀手中拿，5 4 3 2 6 7 8。

“喂，喂，你好吗？请你快到我的家。”

“好，好，知道了，马上就到你的家。”

咚，咚，咚……喵呜……

朋友怎么会是它？原来电话打错了。

教育活动的实施（实录简要）：

1. 让幼儿回忆打电话的已有经验

教师：你有没有打过电话，你给谁打电话了？

幼儿1：“我给姥姥打过电话，我想到姥姥的家去。”

幼儿2：“我给妈妈打过电话，我想叫她早点回来。”

…………

2. 看教师表演，帮助理解歌曲内容；看图谱，学唱歌曲《小老鼠打电话》

（1）欣赏第一遍歌曲。

教师提问：“歌曲里有谁？发生了什么事情？”

幼儿：“小猫会很高兴，因为它有东西吃了。”

…………

（2）欣赏第二遍歌曲，结合图谱学念歌词：

1）第一句引导幼儿按节奏来说，第三句学习延长音，第七、八、九、十句引导幼儿看符号学说歌词。

2）幼儿完整地念歌词。

3）幼儿完整地唱歌曲。

4）带着情感演唱，用响亮的声音演唱第一句，第三句唱得要慢，第四句说得要清楚，第五句和第六句要大声唱，最后两句要换角色唱。

3. 仿编歌曲

（1）引导幼儿动脑筋想一想：谁还会给谁打错电话？知道弱小的动物要放在前面。

幼儿 A：“小兔给狼打电话。”

幼儿 B：“小羊给狮子打电话。”

幼儿 C：“穿山甲给蚂蚁打电话。”（这一回答马上受到大家质疑，一致认为应该是蚂蚁给穿山甲打电话）

幼儿 D：“水母给海龟打电话。”

…………

（2）教师带领幼儿继续集体创编歌曲，改变电话号码。

“小兔子，打电话，找个朋友过家家……1234876……”

…………

老师和同学们跳兔子舞

（3）幼儿仿编表演。

幼儿两人一组，协商分配角色，各组仿编歌曲，在音乐声中进行演唱。

二、教研活动的聚焦点

活动内容选得好，活动材料的价值挖掘得好，这些都是教育活动成功开展的奥秘。

这个教育活动得到大家一致好评，原因之一就是选择了一个好的活动材料《小老鼠打电话》。这个活动材料既可以唱，也可以表演，深得幼儿的喜爱；这个活动材料内涵丰富，教师在实施活动中涉及了许多教育要素，诸如：自然界中的生物链（如猫要吃老鼠，狼要吃小兔，等等），类比的方法（如与小老鼠类似的弱小动物有小兔、小羊、蚂蚁等），数字符号、数字号码、逻辑关系、顺数、倒数（如背诵或编写电话号码，谁给谁打错了电话），以及如何表现自己（如运用脸部表情、上下肢和躯体动作及演唱歌曲等方式表现、表达活动内容）等。

三、通过教研活动得出的结论

教育活动材料如同烹饪材料，好的烹饪材料才有可能烹饪出好的菜肴。此外，烹饪方法也很重要，同样的材料可以烹饪出不同质量的菜肴。栾晓芳的活动获得大家的一致好评，就在于她选择了一个好的教学材料，并充分运用了材料中的很多教育元素。

资料来源：青岛实验幼儿园栾晓芳。

案例 7－4

“逃家小兔”

教研活动研讨的聚焦点： 选择活动内容的价值判断。

一、教育活动的设计与活动的实施过程

活动目标：

1. 通过猜猜讲讲兔妈妈与宝宝间对话，理解和感受妈妈对孩子的爱。
2. 在问题情景中较清楚地表达自己的想象。

活动过程：

1. 出示图片，引发兴趣。

呈现兔妈妈和兔宝宝的家，请幼儿说说看图片之后的感受：这是个怎样的家？

2. 在阅读和想象中理解和感受“妈妈的爱”。

（1）看图讲述，让孩子在观察和表达中理解“妈妈的爱”，妈妈是“和你在一起”的。

（2）看图猜想，鼓励孩子在创造想象中，进一步理解“妈妈的爱”是对宝宝辛勤的付出。

了解“园丁”是什么意思，知道妈妈想要使孩子快快长大。

（3）寻找猜想，体会“妈妈的爱”是“关心爱护”，“如果你变成一个园丁发现了我，我就变成什么？”（出示图片一半，仔细观察）你们该怎么办呢？妈妈这次到底变成了什么？（注意幼儿在表达想象时的语言表达是否完整）

（4）继续理解妈妈的爱是无私的付出和帮助。

“如果你变成一棵树，我就变成一艘小船，扬着帆，离开你。”

教师：如果你是妈妈，你会怎么回答呢？

小结：妈妈的爱化为风，把小兔吹回家。妈妈一直都在为小兔提供帮助。

3. 想想：小兔和妈妈还会有些什么对话呢？

（这个环节中，通过结对表演，进一步体验和理解妈妈的爱）

4. 完整欣赏故事内容。

小结：调皮的小兔上山入海，千变万化，但是妈妈不管多辛苦，都心甘情愿地陪着小兔，爱护它、帮助它。我们的妈妈不也是这样爱着我们小朋友吗？请小朋友今天回家把这个有趣的故事讲给妈妈听，还可以和她一起做对话游戏。

附：　　　　　　　　　　　　**故事：逃家小兔**

从前有一只小兔子，他很想要离家出走。

有一天，他对妈妈说："我要跑走啦！""如果你跑走了，"妈妈说，"我就去追你，因为你是我的小宝贝呀！"

于是接下来，一场特殊的捉迷藏在母子二人的对话中展开了。

小兔："如果你来追我，我就要变成溪里的小鳟鱼，游得远远的。"

兔妈妈："如果你变成溪里的小鳟鱼，我就要变成捕鱼的人去抓你。"

小兔："如果你变成捕鱼的人，我就变成高山上的大石头，让你抓不到我。"

兔妈妈："如果你变成高山上的大石头，我就变成爬山的人，爬到高山上去找你。"

小兔："如果你变成爬山的人，我就变成小花，躲在花园里。"

兔妈妈："如果你变成小花，我就变成园丁，我还是会找到你。"

小兔："如果你变成园丁，找到我了，我就变成小鸟，飞得远远的。

兔妈妈："如果你变成小鸟，飞得远远的，我就变成树，好让你飞回家。"

小兔："如果你变成树，我就要变成小帆船，漂得远远的。"

兔妈妈："如果你变成小帆船，我就要变成风，把你吹到我要你去的地方。"

小兔："如果你变成风，把我吹走，我就要变成马戏团里的空中飞人，飞得高高的。"

兔妈妈："如果你变成了空中飞人，我就变成走钢索的人，走到半空中好遇到你。"

小兔："如果你变成走钢索的人，走到半空中，我就变成小男孩跑回家。"

兔妈妈："如果你变成小男孩跑回家，我正好就是你妈妈，我会张开手臂好好地抱住你。"

…………

最后，小兔子逃累了，依偎在妈妈的身边说不再逃了，于是妈妈便喂了他一根象征爱的胡萝卜。

二、教研活动的研讨过程（简要）及聚焦点

专家：看了这个活动的实施过程，我想提的问题是教师为什么选择这个故事？古人说"水能载舟，亦能覆舟"，故事也是这样，看你怎么用，如果用得好，就会有价值，如果用得不好，就没有什么意义。活动的价值何在？其意义在什么地方？这是我们在实施教育活动时需要关注的本质问题。

教师1：教师的活动停留在对话上，孩子是否真的能感受到妈妈的爱？我认为教师如果引导不当，很容易对孩子产生一个负面的影响，即把妈妈的爱误认为是一种"逃"和"抓"的关系。

教师4：这个教材用不好很危险。这个故事是按照有些西方人的思维方式编写的，中国人不容易理解，特别是中国的孩子更难理解。所以，我认为外国人的东西不是都能照搬过来用的，在没有理解的情况下更不要轻易使用。

教师 2：这个教学活动到底要给予孩子什么呢？我也认为如果让孩子获得的是“可以逃家”的概念，那么这个活动对孩子的成长起的是反作用。

专家：教师如何将这个故事朝有价值的方向引导，将教学的落脚点放在母子间关爱、真切、血肉相连的关系上，而不是逃走了抓回来的关系上，这确实是一个关键的问题。中国的幼儿园教师很难理解和把握西方人的幽默，中国的孩子也容易反面理解这样的故事。

教师 4：这个活动看似在发挥孩子的想象力和主动性，教师的本意是不错的，但是正如大家刚才所说的，只是在这样的层面上思考问题，而不是从活动的根本价值上去思考问题，那么活动有可能出问题，故事的本意弄反了、变味了，教育教学变得无意义了，甚至有害了。

三、通过教研活动得出的结论

现在，在有些教材中有一些翻译过来的故事，教师也在使用这些故事对幼儿实施教育。外国的文化价值取向与我国的文化价值取向不尽相同，反映在外国人在编制故事时赋予故事的内涵以及表达方式上都带有浓郁的异国文化色彩。因此，在理解外国故事和选用这样的故事设计教育活动的时候，教师要吃透故事的教育价值，不要误解甚至曲解故事的原意，否则会对幼儿的成长造成损害，在不能把握的情况下，就不要选用这样的材料。

资料来源：上海小龙鱼海棠幼儿园孟莉。

3. 把握教育活动的实施过程

幼儿园教研活动从把握教育活动的实施过程方面省思教育活动实施的有效性，主要解决的是幼儿园教师“如何教学”的问题。

是否能把握教育活动的实施过程，实现教育活动实施的有效性，主要取决于教师的专业水平，包括教师对教育活动目标的把握、对教育活动内容的理解和挖掘、对教学语言和技能的运用、对活动过程中师幼关系的处理等。

在幼儿园教研活动中，可以从许多角度对幼儿园教育活动的实施过程开展研究。下面通过一些案例，说明幼儿园可以如何就教师把握活动过程的问题开展教研活动，说明幼儿园教研活动可以如何通过对这些问题的研究改善教师实施活动的有效性。

案例 7-5

学扮爸爸妈妈（小班）

教研活动聚焦点：提问要适合幼儿年龄特点。

一、教育活动的设计

活动目标：

1. 区分爸爸妈妈的衣服、鞋子与用品。

2. 模仿爸爸妈妈的活动。

活动准备：

收集爸爸的衬衫、帽子、打火机、皮带、领带和手提包。

收集妈妈的裙子、围巾、耳环、项链、皮带、别针和手提包。

爸爸妈妈的自画像。

活动过程：

1. 区分物品，说一说这是谁的东西

（1）看一看：这里有什么东西？

（2）说一说：你看到了什么东西？谁用过这些东西？为什么要用这些东西？

（3）将东西分别放置在爸爸或妈妈的自画像前。请幼儿说说是否放对了。

2. 装扮爸爸妈妈

模仿爸爸妈妈使用这些东西的样子。

二、教研活动的聚焦点：提问要适应幼儿的年龄特点

对年龄小的幼儿要少问“为什么”这样的问题。小班的幼儿对于“谁”“什么”的问题都可以回答得很顺利，但是对于“为什么”“怎么样”的问题往往会感到困惑，因为这样的问题往往不是他们能回答的。

教师的提问很重要，问得不好，师幼互动就会成问题。

三、通过教研活动得出的结论

教师的提问要考虑幼儿的年龄特点。

教师与幼儿的互动就好比打乒乓球，你来我往，才能打起来，如果一个球太急了，速度太快了，对方就接不住。教师的提问就是如此，一个好的提问好比一个支架，幼儿顺着该问题很容易表达、思考和创造；相反，一个不好的提问，会将教学活动引向很尴尬的状态。

案例 7-6

小脚丫（小班）

教研活动聚焦点：如何增加活动趣味性？

一、教育活动设计与实施

活动目标：

1. 幼儿观察自己的脚丫，对自己的脚丫外形有初步了解，知道有五根脚趾。

2. 幼儿学用脚趾撕纸。

活动准备：

报纸、白纸、颜料等。

活动过程：

1. 观察小脚丫

（1）组织幼儿入座，脱下鞋子。

（2）教师：你看到的小脚丫上有些什么？是什么样的？

（3）教师：脚趾有什么用？可以做什么事？

2. 学用脚趾撕报纸

（1）出示报纸，请幼儿想办法把它撕成一条一条的。

（2）请幼儿尝试用脚趾撕报纸。

（3）游戏：给麦当劳送薯条。

玩法：幼儿用脚趾把报纸撕成一条一条，然后用脚夹住纸条走到指定位置，把纸条放进盒子内。

3. 给脚丫留个印

（1）出示颜料，交代方法：让幼儿取张白纸，找一个自己喜欢的颜色，用脚丫蘸上颜料，印到纸上。

（2）让幼儿擦干净脚丫，教师总结。

二、教研活动的聚焦点：如何让活动过程更有趣？

在教研活动中，教师们的话题集中在既要完成活动目标，又要增加活动的趣味性上。

小班的幼儿注意时间比较短，因此，教师在活动中安排什么内容要十分明确地提出来，而且需要增加活动的趣味性以保持幼儿的注意力。

这个活动做得不错，观察脚丫能引起幼儿的兴趣，他们很乐于看看自己的脚丫，看看别人的脚丫。小班的幼儿也很喜欢撕报纸，用脚丫撕报纸也是他们意想不到却很愿意尝试的事情，再加入游戏的成分，幼儿会觉得很有趣，也会很开心。幼儿重复地撕纸，让他们感到很痛快，也锻炼了他们撕纸的动作技能。用脚丫蘸颜料，并印在纸上，这也是幼儿愿意做的事情。集体教学活动不是纯游戏，但是不能缺少游戏的成分。在撕纸的过程中，教师不时地询问幼儿撕了多少条，一条一条地撕，也能给予幼儿数的刺激。

综观整个活动，很有条理，也很有趣。

三、通过教研活动得出的结论

在保证教育活动目标完成的前提下，增加活动的趣味性是十分重要的，这样做会提高教育活动实施的有效性，让幼儿在快乐的体验中学习，可望获得较好的结果。

（二）开展幼儿园教研活动的时段和场合

幼儿园的教研活动可在实施高结构教育活动以前，也可在实施高结构教育活动以后。

1. *在高结构教育活动实施前的教研活动*

在实施高结构教育活动以前，教师若能根据自己的教育情景对教育活动的设计进行思考，或通过与他人的共同研究，集思广益，调整或改变教育活动的设计方案，有可能增加教育活动在实施过程中的有效性。

在实施高结构教育活动前可思考的问题：

在实施高结构教育活动前，教师可围绕教育活动的目标、内容等对教育活动的设计进行思考并做调整。例如：

- 通过教育活动，期望幼儿学得一些什么？期望幼儿学得的东西是否有意义？（例如，教育活动的目标与幼儿的年龄特点是否相适合？教育内容是否是幼儿感兴趣的和所需要的？教育内容是否是幼儿所处的文化要求幼儿学习的？……）
- 通过教育活动的过程，幼儿能否学得教师期望幼儿学得的东西？
- 如何改进教育活动的设计方案？

…………

2. *在高结构教育活动实施后的教研活动*

在实施了高结构教育活动以后，教师若能对教育活动进行反思，就有可能通过自己的思考，或通过与他人的共同研究，集思广益，从而在反思中得到感悟，为以后实施教育活动提供有益的经验。

在实施高结构教育活动后对活动进行反思，主要可以围绕以下问题进行：

- 幼儿对实施的教育活动是否感兴趣？幼儿参与活动的程度如何？
- 通过教育活动，期望幼儿学得的东西幼儿是否获得？
- 期望幼儿学得的东西是否有意义？
- 通过教育活动的过程，幼儿还学得了哪些在活动设计中没有涉及的却是富有意义的东西？
- 如何改进所设计和实施的教育活动？

…………

第三节 幼儿园园本教研活动

一、幼儿园园本教研的性质和研究的问题

幼儿园园本教研，主要指的是幼儿园教师对低结构教育活动实施所做的研究，大多是

在教育活动实施的创生取向的引导下，也可在相互适应取向的引导下研究如何提高幼儿园低结构教育活动实施的有效性问题。

在一般情况下，低结构教育活动是由以幼儿自己生成为主的方式展开的，或者是由幼儿园课程和教育活动设计者追随幼儿的兴趣和需要的方式展开的，是师幼共同创生的。低结构教育活动虽然或多或少包含教师教学的成分，但是主要是幼儿的游戏。在园本教研过程中，幼儿园教师主要需要反省的问题是：（1）如何通过观察、记录去解读幼儿？（2）如何通过案例平台进行对话？（3）如何通过共同建构，让每个教师去建构属于个人的默会性知识（教育智慧）？

具体地说，幼儿园园本教研活动主要研究的是：

- 教师在不确定的情景下，面对幼儿的不同兴趣和需要，应该怎样思考教育问题？
- 教师如何把握教育过程中的特殊性、过程性问题，如何应对个性化和情境化的问题。
- 教师如何在研究团队的对话过程中获取个人化的、只能意会而难以言说的默会性知识。

…………

二、幼儿园园本教研的研究方法

对幼儿园教育活动设计和实施所开展的园本教研活动，在研究方法上不是以客观标准为研究的出发点和归宿，而是强调对特定事件所做的解释性理解，强调让研究者提出新的问题；研究的内容会是活动过程中出现的“故事”，以及研究者对这些“故事”所给予的解释和所赋予的教育意义；研究的结论一定会具有独特性、地域性和情景性，而不是具有规律性、概括性和普适性。

园本教研是以解决幼儿园“以幼儿为中心”的教育教学实践问题为出发点的教学研究。具体说来，园本教研的目的并不在于要求教师去获取外在的技术性知识，而是要求教师以自己面临的幼儿园实际教育教学情境为本位，通过在理论和实践之间的来回追溯，以及不断的自我反思和探索实践，来根据实际的教育情况和需要做出教育活动实施的有效判断和选择。园本教研将教师放置于解决“不确定”的、实际的教育教学问题的情景之中，要求他们在不确定的、疑惑的、困顿的、迷茫的、多种可能的、多种选择的思绪中做出自己的谋划。这种教师专业发展和成长范式为教师提供了一个平台，促使教师的个人实践知识得到发展，提高应对千变万化的实践情境的能力。

幼儿园园本教研常常是在一群人的共同研讨、共同反思和共同建构中进行的，每一个园本教研的参与者都是研究团队中的成员。园本教研作为促进教师专业成长的一种范式，关注群体合作，关注能够彼此沟通的研究共同体的建立，这个研究共同体既包括教师，也包括园长等行政管理人员，还包括专业研究者。一个由有着不同背景、经验、才能和观点的成员所构成的研究共同体，对幼儿园教育活动的实施进行共同探讨和决策，是可以为教师专业素养的持续提升提供一个较之单个教师的努力更可靠、更有效的基础的。具体说来，在合作研究中，研究共同体的每位成员都需要就某个教育、教学问题进行思考、讲述、解释甚至是质疑。由于团队中的每个成员都有着各自不同的视角，他们会从不同角度对问题进行分析，因此各个成员之间不同的思维方式和观念就会产生相互补充的效果，促使教师集结更多的角度去思考问题，或者会发生激烈碰撞，进而迸发出火花，达到相得益彰的效果。简言之，研究共同体有利于教师产生自己独处时不会产生的一些想法和感受。

在开展园本教研的过程中，研究共同体开展共同建构、共同研究的活动机制是“对话”。在“对话”的过程中，研究共同体中的每个个体所持有的教学理念或假设能够不断地显露和涌现出来，对教育教学问题的思维过程也同样显露出来。当“对话”的机制被启动时，内隐的理论和思维过程就外化，“对话”个体就能由此互相了解和共享各自的内在理念和彼此的思维过程，并能够开始实现各自观点的交汇、包容、相互启发、激荡、冲撞，以及不断的互动。而这实质上就已经进入了共同反思、共同建构的境况，并最终导致教师的专业观念发生某种积极的转变。其实，这也就实现了研究共同体所追求的目标。

在园本教研中，这种“对话”是开放性的。由于“对话”是基于不确定的教育教学情境的，因此它表现为“对话”的话题不是预设的，而是在“对话”的过程中被即兴捕捉和发展出来的；“对话”的进程也不是预设的，而是随着“对话”的开展逐步演变的，“对话”的过程是一个流动的、不断生长和生成的过程；“对话”也没有固定的终点，只要“对话”双方没有结束的意愿，“对话”就可以无休止地进行下去；“对话”的结果不是固定的，也是无法预知的，“对话”的任何一方都不可能事先知道在“对话”中会产生什么结果。

在园本教研中，这种“对话”强调相互理解。由于研究共同体之间展开的“对话”强调“对话”各方的视界的融合，强调“对话”各方的反思和共同建构，从而使各方都达到一种新的、更高层次的境界，因而这里的“对话”非常强调对话者之间的相互理解，强调在相互理解的基础上提升和拓宽“对话”主体对教育教学问题的看法。

在园本教研中，这种“对话”强调民主、平等，强调双赢。由于园本教研强调把言说权利还给教师，使教师愿意也能够充分表达自己的看法。研究共同体各成员之间的“对话”各方都有平等地发表自己观点的权利，“对话”各方的观点没有高低优劣之分。在“对话”过程中，不追求某个正确答案的获取，没有人试图去赢，也没有人强求让别人接受自己的观点。

应该看到，建立“对话”的机制不是一件简单的事情，存在诸多困难，包括需要建立某种“对话”语系、需要确立某种“对话”制度等，其中最突出的就是需要对“对话”各方的关系进行调整，包括对教师与行政管理者之间的关系、教师与专业研究者之间的关系以及教师与教师之间的关系等的调整。

三、幼儿园园本教研活动的实施

相对高结构教育活动而言，低结构教育活动更多反映的是以幼儿自主学习、主动探索为主的活动倾向，更多强调的是完成幼儿自己发起和生成的学习任务。因此，对低结构教育活动有效性的思考会更多关注幼儿自主的、主动的、有意义的学习，对低结构教育活动的改进会更多着眼于“让幼儿的学习有意义”。

幼儿“有意义的学习”，指的是能够顺应和促进幼儿发展的学习，是能够满足幼儿的兴趣和需要的幼儿主动的学习，当然也不排斥幼儿所处文化要求传递给幼儿的东西。“让幼儿的学习有意义”，首先要做的事情是“让幼儿的学习看得见”，因为只有聆听童声、解读童心，理解幼儿的所思所想，理解幼儿的言语行动，才能在此基础上做到“让幼儿的学习有意义”。

在对低结构教育活动进行观察、记录、反思和研究时，可以围绕以下问题进行：

- 在教育活动实施过程中，幼儿在学习吗？
- 在教育活动实施过程中，幼儿在学习什么？
- 在教育活动实施过程中，幼儿是如何学习的？
- 如何激发幼儿生成有意义的学习活动？
- 如何回应幼儿生成有意义的学习活动？

…………

以下列举一些幼儿园园本教研活动的案例，以此说明在幼儿园如何开展有效的园本教研活动。

案例 7－7

谁来做老师

以下案例“谁来做老师”，记载的是上海市普陀幼儿园一些教师和幼儿教育专家在观看一段有关幼儿区角活动实况的录像时所进行的实践性反思活动，从中可以帮助教师看到在低结构活动中幼儿是否在学习、在学习什么以及他们是如何学习的，也可以帮助教师理解和对待幼儿的学习。

观察与记录：

离园前，几个孩子围成一圈，在讨论“谁来做老师”。

在这些孩子中，红红是一个特别引人注目的人，她的说话语气和身体姿势，让人感到她就像是一个小老师。

谁都想做老师，特别是红红，更急于要求大家让她做老师。

很显然，最初红红低估了别人想当老师的想法，或者她太急于表达自己想当老师的愿望，她对大家说："谁想当老师，谁就当老师。"

别人给她的回应是每个人都想当老师。她的这个提议没有达成她原有的目的。她马上改口说："谁真正、真正喜欢做老师，谁就做老师。"也许在她的眼里，只有她才是"真正、真正喜欢做老师"的。

然而，出乎她的意料，好几个人都表达了自己"真正、真正喜欢做老师"的愿望。

强强发言了，他说："我们假装来上课，谁举手最多，谁就来做老师。请回答：小猴怎样才能吃到树上的葡萄呢?"

强强的提议，让大家有点措手不及，在大家还没有反应过来以前，强强就理所当然地当上了老师，事实上，有些孩子甚至还没有察觉到他已经当上了老师。

强强以"老师"的身份让"学生们"通过举手发言的方式"回答"问题。由于红红平时的"威慑"作用，强强先请红红发言。红红以"学生"的身份回答了"老师"的提问，也有的孩子对"老师"的问题提出了质疑。也许这时，红红已经意识到了自己扮演了不愿扮演的"学生"角色，当别人对"老师"提出质疑时，红红马上觉得有机可乘，以"老师提出的问题不好""这个老师太凶了"等理由让"老师""下课"了。

谁来做老师的争论在继续。红红提议："谁坐得最好，谁最听话，谁就可以第一个做老师。"只有一个孩子赞同这个提议，开始坐得规规矩矩的，其他的孩子对她的提议没有任何反应。在这种情形下，红红的这个办法又失败了。

这时，红红又想出了一个新的主意，她说："我有一个好办法，叫爸爸妈妈做小朋友不就行了吗?"接着，她就像老师一般地分配起任务来了："你做中（二）班的，我做中（三）班的……"

这个办法似乎没有引起太大麻烦，因为它满足了每个人当老师的愿望。

孩子们开始打理如何做老师的事了。夏夏与红红坐在一起，夏夏对红红说："我们都是老师，老师有两个。"她开始像老师一般地关心"学生"了，把红红当作了自己意想中的"学生"，用手抚摸了红红的头发。红红从心底里就不愿接受大家都当老师的事实，夏夏的这个动作让红红抓住了难得的机会，打破了她们暂时达成的一致。红红故意夸大事实地大声嚷道："你干吗拉我头发？难道老师可以拉人的头发？真没知识!"

夏夏或许是为了弥补自己"没知识"的行为，她不再争做老师，而是请红红坐到老师的位置上。但是，老师的位置却被另一个孩子抢占去了。

这时的红红真有点耐不住性子了，她大声吆喝着："大家坐成一排，谁的声音轻，谁坐得好，谁就做老师。"有个孩子再次提出："每个人都是老师。"红红马上接口说："不对，应该是谁坐得好，谁就做老师。”接着，红红就像一个老师，一一给大家分配座位。

结果，谁也没做成老师。但是，事实上红红一直在活动中起着“主导”作用，她做了真正意义上的老师。

重温与对话：

对话者：陈茹彦（观察记录者，幼儿园教师）、教师乙、教师丙、专家甲、专家乙、园长。

陈茹彦：在我的班级中，红红是一个核心人物，她主意多，又能说会道，有些事情常常会围绕着她展开。在这段录像中，我们可以看到这样的情景。

教师丙：在我的班级中，也有这样的孩子，他们很善于让别人都听自己的意见和安排，在与别人的交往中，会运用很多的策略，而且会随着事情的进展不断变化和调整自己的策略。

教师乙：观看这一段录像后，我似乎感到每个孩子都在积极地学习，但是，我又说不清楚究竟发生了些什么。

专家乙：我很喜欢这一段录像，它让我看到了孩子在他们自己的游戏活动中如何学习与人打交道，包括对话、商量、妥协和分享等。整个活动如此生动、一气呵成，确实让我大开眼界。我以后一定会在课堂上将这段录像放给我的学生看，让他们体会一下幼儿究竟是如何“社会化”的。

陈茹彦：说句老实话，红红这个孩子是很聪明的，但是，她的聪明有时也会给我带来不少“麻烦”，如：有时即使犯了错，还想尽办法为自己“辩解”，在班级中，孩子之间的矛盾和问题也常常来自她。但是，有时我又觉得她也蛮可爱，小小的年纪，脑袋就那么好使，人小鬼大，将来一定是个了不起的人物。

专家甲：我也在纳闷，红红的“本领”是从哪里学来的。你看她，心中要想当老师的目标是那么的明确，她围绕着这一个目标，找来了解决问题的对策，一计不成，又生一计，而且，所用的办法越来越高明。我大约计算了一下，她前后居然想出了七八种办法来达成她的目标，这使我觉得她的社会能力确实非同一般。

园长：你们较多地关注红红，而我却对红红以外的孩子更感兴趣。这是一个自发、自主的游戏活动，所有的事情都是孩子们在小组的情景中发生的。我认为，每个孩子都是集体中的一分子，每个人都是关系网络中的一个部分，如果这样去想问题，那么我们可以这样认为，在这一场“谁来做老师”的争议中，每个孩子都在与他人的交互作用中获得了长进，学习了如何与别人打交道。同认知发展相似，幼儿的社会性发展也存在不同的水平，在交互作用的过程中，他们会在自己原有的水平上以个体建构的方式建构知识和人格，也会以社会建构的方式共同建构知识和人格。

教师乙：您这样讲，我觉得太抽象，能不能具体一点？

园长：可以。大家也许都承认，在这段录像中，红红是社会生活中的强者，当然她会占到很多的便宜。但是，在与强者共同生活，特别是与强者相互争斗的过程中是最能学到东西的。这段录像的拍摄过程，始终是以红红为中心展开的，导致我们会较多地从红红的视角去思考问题。可以设想，如若拍摄者从另一视角去拍摄，那么也许就会让我们更清楚地看到某孩子是如何回应红红的。例如：强强曾经智慧地利用了一个机会，在旁人不觉察的情况下当上了老师，他的这一招最初还使红红蒙在鼓里。又如：强强当老师的事被大家"识破"，这种情景一定会刺激他去做进一步的思考，起码能给予他一个经验。我认为，这些都是孩子们真正意义上的学习。

教师丙：我认为，每个孩子在这个过程中都有可能学习到不同的东西。每个孩子身临其境，在真实的情景中思考问题，做出决策，解决问题。从教育的价值方面看，重要的并不是"有没有当上老师"，或者是"谁当上了老师"，重要的是，通过这类活动，幼儿获得了经验，幼儿在成长过程中学习如何调节自己的行为以适应社会。

陈茹彦：我没有想到我拍摄的这一段录像会引发出这么多的议题。我在想，反复地看这段录像，也许对幼儿园教师认识幼儿的社会化过程是很有益的。讲到幼儿社会化的问题，我们常常会编制一些活动，让幼儿按我们的方式去完成任务，我们认为，通过这些活动，幼儿会达成我们制定的社会化目标。看了这段录像，并与大家一起讨论以后，我似乎对此问题有了一些新的认识。我认为，幼儿的社会化过程原来是那么自然、那么有效地发生在日常生活和游戏的情景之中。这样，我们应该好好地去思考我们该做些什么，不该做些什么了。

专家甲：我同意陈茹彦老师的看法。解读孩子的社会化活动，一个重要的目的就是改进教师的教育行为，使他们领会自己该做些什么，不该做些什么。

反思与启示：

1. 幼儿的社会化过程是在日常生活、本体性游戏以及其他低结构活动的情景中逐渐形成的，这就是说，幼儿的交往、合作、争议、妥协和分享等社会行为和技能主要是幼儿在活动过程中自己建构的，而不是被迫接受的。

2. 幼儿在社会性行为和技能等方面存在明显的个体差异，幼儿是在不同的水平上通过与人交往实现社会化的。在幼儿实现社会化的过程中，关系是重要的。在关系网络中，幼儿不仅自身建构了社会认知和人格，而且与他人共同建构了社会认知和人格。

3. 教师应认识到幼儿的社会化过程是很自然的过程，常常发生在幼儿的日常生活和主要是游戏成分的低结构活动的情景之中。为了让幼儿实现社会化，教师要认真思考自己该做些什么，不该做些什么。

资料来源：邵乃基．解读童心．上海：百家出版社，2004：8-13.

案例 7-8

玩平衡架

观察与记录：

在活动区中，有一种名叫“平衡架”的活动材料，引起了龙龙的兴趣。在每一次区角活动时，教师发现龙龙都选择“平衡架”，而且在玩这种材料时龙龙的神情十分专注。

“平衡架”貌不惊人，一块直径25厘米左右的圆形薄木板，中央穿有一根细的绳子，可将木板悬在一个支架上。支架的一边有个盒子，里面盛放着许多直径相同、长短不一的木制圆柱体。

开始时，龙龙无规则地将大小不同的木制圆柱体放在平衡盘上，平衡盘翻了。慢慢地，他尝试着将三块圆柱体放在离平衡盘中心几乎等距的三点，以求得平衡，他发现这样做容易放得稳一些。但是，由于圆柱体的重量（长短或颜色）不同，平衡盘又翻了。

龙龙渐渐地开始尝试用两只手将两个相同的圆柱体同时摆放在圆盘上，他发现这样做的效果不错，特别是当他注意到圆盘上画有大小不同的同心圆，而且有八条将整个圆分成八等份的半径，他又尝试着在里圈的圆周上摆放圆柱体。

摆放了一次又一次，虽然放在圆盘上的圆柱体越放越多了，但是龙龙似乎并不满意他的“进展”，他从同伴那里借来了另一个圆盘，他比较了这两个圆盘上的悬线，他也许在想，借来的那个圆盘上的悬线长，圆柱体容易被摆放得稳。

龙龙在悬线长的圆盘摆放着圆柱体，一次又一次的尝试，使他发现在摆放圆柱体时悬线长的圆盘晃动得很厉害，稍不小心，平衡盘就翻了。

尽管如此，龙龙还是耐心地在悬线长的圆盘上摆放着圆柱体。他每一次都将两块相同重量（长度）的木圆柱体同时摆放在圆盘中心的两边，而且尽可能地使圆柱体靠近中心。

能够解释他这样做的合理理由，就是他已经有了“木圆柱体离圆盘中心越近，圆盘就越不容易翻”的经验。有几次，为了使圆柱体能靠近圆盘中心，他还将圆柱体堆放到了原先已经放置于绳边的圆柱体的上面。

在摆放了几次以后，或许他已经明确地意识到了悬线长的平衡盘容易晃动，摇摆不稳，他又换回原来悬线短的圆盘。

悬线短的圆盘显然比悬线长的容易把握多了。龙龙轻而易举地将一些圆柱体稳稳地放在圆盘的中央，然后，他一次又一次地尝试着用双手同时将两块相同重量的圆柱体放在与平衡盘中心等距的两端。

每一次失败也许多少会给龙龙带来一些经验。圆盘上的圆柱体越多，龙龙的兴致就越高，他每摆放一次圆柱体所比量的时间就越长，动作就越轻，摆放时的即时速度就越快。

龙龙对平衡架的把握，使圆盘上摆满了圆柱体，已经没有多余的空间可以让他继续摆放圆柱体了。这时，龙龙似乎依然十分理智，他继续在圆盘上添加圆柱体，他将添加的圆柱体摆放在离圆盘中心较近的圆柱体上，而不是在其他的圆柱体上。

重温与对话：

对话者：谢佩（观察记录者，幼儿园教师）、教师乙、教师丙、专家甲、专家乙、园长。

专家甲：这是一个再普通不过的活动了，而且是一个幼儿在自己自发、自主状态下所进行的活动，是一个幼儿在与材料进行积极互动的活动。我非常感谢谢佩老师通过拍摄的录像，给我们展示了龙龙的这些活动镜头，使我们看见了龙龙的学习过程。

谢佩：我似乎感到也看到了龙龙的学习过程，但是，我又有点说不清楚。我很想通过大家的讨论，理一下自己的思路。

专家甲：我认为，运用皮亚杰的建构主义理论解释龙龙的活动过程，能让我们较好地理解儿童主动建构知识的内涵。龙龙玩平衡架，已经不是一次两次了，他总是乐此不疲，我深信龙龙是在进行真正的学习。

龙龙在玩的过程中有可能体验了或获得了不少的物理经验和逻辑数理经验，特别是非常丰富的逻辑数理经验。一个小小的活动材料，一旦儿童与它发生了作用，它的内涵就一下变得丰富起来，很多的“关系”都被作为主体的人“创造”出来了，例如：木圆柱体离圆盘中心越近，圆盘就越不容易翻身；悬挂圆盘的绳越长，圆盘就越容易摇晃，越容易翻身；摆放的动作越轻，圆盘就越能保持平稳；摆放圆柱体时的即时速度越快（一放就松手），圆盘就动得越少，就越平衡……在这些逻辑数理经验不断积累的基础上，儿童才有可能通过抽象建构逻辑数理知识。

园长：我很同意这个意见。我建议，大家还可以思考一下：除了刚才所提到的这些逻辑数理经验外，玩平衡架的活动还有可能使孩子获取什么经验?

教师乙：同样粗细的圆柱体，长的重，短的轻。

专家乙：这是一种逻辑数理经验。

教师丙：圆盘上的圆柱体放得越多，圆盘就越稳定，就越不容易翻身。

专家乙：这也是一种逻辑数理经验。

教师丙：圆盘往上翘的位置应该摆放圆柱体。

专家乙：这又是一种逻辑数理经验。

教师乙：与圆盘中心对称的两边，如果一边放一个重的圆柱体，另一边放一个轻的圆柱体，为了使圆盘保持平衡，重的圆柱体应该离中心近，轻的圆柱体应该离中心远。

专家乙：这是一个较复杂的逻辑数理经验，我不知道龙龙有没有这样一种经验，哪怕是在很模糊的水平上。

专家甲：更复杂的经验，是涉及数块圆柱体的不同重量、不同位置（包括与中心的距离以及它们之间所形成的角度）之间所形成的关系，这种关系，有时连我们成人也不容易把握好。

谢佩：听大家这么一说，我对自己拍摄的录像的感觉越来越好了。

教师丙：以前，我根本不会这样去看孩子的活动，并思考这么多的问题。这段录像让我更加相信，游戏能让幼儿变得聪明，或者说，聪明是幼儿自己玩出来的。以前，只是在大学的课堂里听教授们这样跟我们讲过，现在，我自己亲眼看到了。

教师乙：听大家这么一说，我的体会则是，教师为幼儿选择的活动材料是至关重要的，平衡架就是这样一种能对不同水平的幼儿提出挑战的活动材料，它具有多功能性，能让幼儿以各种不同的方式作用于它，能给予幼儿即时动作而产生的回应，因此这种材料是十分有益于幼儿主动建构知识的。

专家乙：我很想听谢佩老师讲一讲她当时为什么会选择平衡架这个活动材料。

谢佩：我注意这一副活动材料已经有好几年了，当然，当时让我选择这副活动材料的主要原因是我经常看到孩子们很喜欢，特别是男孩，常常一玩就是很长时间。说实在的，我没有想到这副活动材料会有那么多的内涵，我也没有想到一旦孩子作用于它，就会产生那么丰富的活动意义。

专家乙：我还想知道的是，谢老师为什么要在圆盘上画两个同心圆，还画了等分圆的八条半径。

谢佩：我这样做，为的是给幼儿在学习时提供帮助。

园长：我认为谢老师的做法是十分有价值的。我们经常会说到维果茨基的“鹰架教学”，这就是说，在儿童有可能学习的范围内，为他们提供帮助，但是，我们又常常抱怨“鹰架教学”有点玄，没有办法操作。我想，谢老师的这个做法，有点“鹰架教学”的意思。这样做，会有助于幼儿去思考圆柱体的不同位置（包括与中心的距离以及它们之间所形成的角度）之间的关系。

教师丙：一个小小的活动中真是有大学问！

反思与启示：

1. 龙龙玩平衡架，让圆盘上摆放尽可能多的木圆柱体，使悬挂的圆盘仍保持不翻身。龙龙作用于材料，使他自己与材料之间发生了联系，在活动过程中，他有可能获取许多的经验。从录像看，他有可能获得的经验有木圆柱体离圆盘中心越近，圆盘就越不容易翻；悬挂圆盘的绳越长，圆盘就越容易摇晃，越容易翻身；摆放的动作越轻，圆盘就越能保持平稳；摆放圆柱体的即时速度越快（一放就松手），圆盘就动得越少，就越平衡；等等。从活动本身推测，龙龙有可能从这一活动中获得的经验还有许多。这些经验是龙龙建构知识的基础。通过录像，教师观察和记录了幼儿的行为；通过重温和对话，教师分析和解读了幼儿行为的原因，看到了幼儿学习的过程，这对于教师思考如何在教育和教学过程中扮演好自己的角色是极为重要的。

2. 一个好的活动材料往往貌似简单，却具多功能性，能吸引幼儿长时间反复地操作，并运用多种方法和策略去解决问题。平衡架就是这样的一种活动材料。

3. 教师的作用不仅能体现在材料的选择和安排上，而且能体现在材料的再加工上。

例如，教师在圆盘上画上了同心圆和将圆等分的数条半径，对幼儿的自主建构起到了“鹰架”作用，能有效地帮助幼儿获得有关的经验。

资料来源：上海儿童世界基金会普陀幼儿园谢佩。

第四节 幼儿园教研与园本教研的比较

一、两种教育价值取向，两种不同的教学研究

在由不同结构化程度的幼儿园教育活动组成的连续体上，开展由不同理念支撑的、以不同研究方式进行的幼儿园教研和园本教研活动，在研究目的、研究内容、研究需要解决的问题等诸多方面是不相同的。表 7-1 是幼儿园教研和园本教研活动在各个方面的比较。

表 7-1　幼儿园教研和园本教研活动在各个方面的比较

		幼儿园教研活动	幼儿园园本教研活动
主要价值		准确、有效地设计和实施高结构教育活动。	有效回应儿童生成的低结构教育活动，满足儿童兴趣、需要。
性质		主要研究在某种认定的情景和条件下，面对群体儿童，教学应该是什么样的。 主要解决一般性、科学性、规律性和去情境化的问题。	主要研究在不确定的情景下，面对每个不同的儿童，教学应该是什么样的。 主要解决特殊性、过程性、个性化和情境化的问题。
关注点		对所选择和实施的课程和教育活动的认识和理解。 对课程和教育活动实施环节（目标、内容、评价）的把握。 让教师获得、总结和提升一般的、解决教学问题的理论、策略和方法。	对创生课程和儿童生成活动的反思。 在反思、对话过程中提出新的问题。 让教师在教育情景中获得个人化的、只能意会而难以言说的默会性知识（教育智慧）。
研究	研究内容	事实、原因、影响因素	事实、过程、意义
	解决的问题	事先确定	在过程中产生
	分析框架	事先设定	逐步形成
	研究结论	概括性、普适性	独特性、地域性、情景性
	研究者	客观的权威	反思的自我、互动的群体
	研究者所受训练	理论的、定量统计的	人文的、人类学的
实施要点		明确目标：为什么教 理解内容：教些什么 把握过程：怎么去教	观察、记录：解读儿童 案例平台：对话、反省 共同建构：默会性知识

二、两种不同的教研活动的互补

幼儿园教研活动与园本教研活动是两种对不同价值取向的幼儿园教育活动实施的过程和结果所做的研究，在研究价值和研究方法上都是不相同的，但是在幼儿园教育实践中却常常并不是非此即彼、互不相容的，而是互补的、相辅相成的。

其实，在反省幼儿园介于高低结构之间的教育活动实施时，常常需要做介于教研活动与园本教研活动之间的教学研究活动，这样的教学研究会根据这类教育活动的总体结构化程度，偏向教研活动或园本教研活动，这样的教学研究也会根据这类教育活动的进程，偏向教研活动或园本教研活动。

例如，在实施“单元教学”一类结构化程度相对较高的教育活动时，教学研究更多具有教研活动的性质；在实施“方案教学”一类结构化程度相对较低的教育活动时，教学研究更多具有园本教研活动的性质。

三、两种教研活动，两种促进教师专业成长的范式

两种不同的教研活动——教研和园本教研，是促进幼儿园教师专业成长的两种不同的范式，只要幼儿园课程中存在结构化程度不同的教育活动，这两种教研都是不可或缺的，是能够相辅相成的。

应该清楚的是，在确定运用何种教研活动时不可错位，否则会出现教学研究活动低效、无效，甚至有害的结果。例如，在低结构教育活动的实施时开展教研活动，用标准化的视角看待幼儿自发自主的活动，会将低结构教育活动引向“以教师为中心”的路线。又如，在高结构教育活动的实施时开展园本教研活动，以去标准化的视角看待教师的教学活动，会将高结构教育活动引向无政府状态，使幼儿园教学活动出现异化或劣质化，甚至出现危害幼儿的“教学事故”。

认清两种不同的教研活动——教研和园本教研的各自价值，学会准确地把握这两种不同的教研活动的研究方法，并分别在设计和实施高结构教育活动和低结构教育活动时正确地运用，对于提高教师有效实施教育活动以及促进教师专业成长都是很有裨益的。

参考文献

Bennett, J. (2005). The OECD Thematic Review of Early Childhood Education and Care Policy. *Learning with Other Countries: International Models of Early Education and Care*. Daycare Trust, London.

Bereiter, C. & Englemann, S. (1966). *Teaching Disadvantaged Children in the Preschool*. Englewood Cliffs, N. J.: Prentice-Hall.

Bredekamp, S. & Copple, C. (1997). *Developmentally Appropriate Practice in Early Childhood Program* (rev. ed). Washington, D. C.: National Association for the Education of Young Children.

Bredekamp, S. & Rosegrant, T. (1995). *Reaching Potentials: Transforming Early Childhood Curriculum and Assessment*, Vol. 2, NAEYC.

Bredekamp, S. (rev. ed) (1987). *Developmentally Appropriate Practice in Early Childhood Program Serving Children Through Birth to 8 Years*. Washington, D. C.: National Association for the Education of Young Children.

Bronfenbrenner, U. (1979). *The Ecology of Human Development*. Cambridge, MA: Harvard University Press.

Bronfenbrenner, U. (2004). *Making Human Beings Human: Bioecological Perspectives on Human Development*. Sage Publications.

Dahlberg, G., et al. (1999). *Beyond Quality in Early Childhood Education and Care: Postmodern Perspectives*. Tayor and Francis, London.

DeVries, R., & Zan, B. (1994). *Moral Classrooms, Moral Children: Creating A Constructivist Atmosphere in Early Education*. New York: Teachers College Press.

DeVries, R., Reese-Learned, H. & Morgan, P. (1991). Sociomoral Development in Direct-instruction, Eclectic, and Constructivist Kindergartens: A Study of Children's Enacted Interpersonal Understanding. *Early Childhood Research Quarterly*, 6.

DeVries, R., & Kohlberg, L. (1987/1990). *Constructivist Early Education: Overview and Comparison with Other Programs*. Washington, D. C.: National Association for the Education of Young Children.

Duckworth, E. (1996). *The Having of Wonderful Ideas*, (2nd edn). New York: Teachers College Press.

Edwards, C., Gandini, L. & Forman, G. (1998). *The Hundred Languages of Children*. Ablex Publishing Corporation.

Fuson, K. & Briars, D. J. (1990). Using a Base-ten Blocks Learning/Teaching Approach for First and Second-grade Place Value and Multidigit Addition and Subtraction. *Journal for Research in Mathematics Education*, 21.

Gravey, C. (1991). *Play* (2nd edn). London: Fontana.

Helm, J. H. & Katz, L. (2001). *Young Investigators*. New York: Teachers College Press.

Hunt, J. McV, (1964). *Experience and Intelligence*. Roland Press.

Kamii, C., (1985). *Young Children Reinvent Arithmetic*. New York: Teachers College Press.

Kamii, C. & DeVries, R. (1978). *Physical Knowledge in Preschool Education: Implications of Piaget's Theory*. Upper Soddle River: Prentice-Hall Inc.

Kamii, C. & DeVries, R. (1978). *Group Games in Early Education*. NAEYC.

Katz, L. G. (1995) *Talks with Teachers of Young Children*: A Collection. Stamford, CT: Greenwood Publishing Co.

Katz, L. G. & Chard, S. C. (1989). *Engaging Children's Minds*. Ablex Publishing Corporation.

Kohlberg, L. & Mayer, R. (1972). Development as the Aim of Education. *Harvard Educational Review* 42, 4.

Landry, C. E. & Forman, E. F. (1999). Research on Early Science Education, in Seefeldt, C. *The Early Childhood Curriculum* (3rd edn). Teachers College Press.

MacNaughton, G. & Hughes, P. (2001). Gendered Identity and Culture in the Early Years. in Grieshaber, S. and Cannella, G. (eds). *Diversity in Early Childhood*. New York: Teachers College Press.

OECD (2006). *Starting Strong* Ⅱ: *Early Childhood Education and Care*. Paris, OECD.

Peery, J. C. (1993). Music in Early Childhood Education. Spodek, B. (ed). *Handbook of Research on The Education of Young Children*. New York: MacMillan Publishing Company.

Pellegrini, A. D. (1991). *Applied Child Study: A Developmental Approach*. Lawrence Erlbaum, New Jersey.

Piaget, J. (1976). *To Understand Is To Invent: The Future of Education*. New York: Penguin Books.

Piaget, J. (1965). *The Child's Conception of Number*. New York: Norton Co.

Piaget, J. (1953). How Children Develop Mathematical Concepts. *Scientific American*, November.

Rogoff, B. (2003). *The Cultural Nature of Human Development*. New York: Oxford University Press.

Saracho N. S. & Spodek, B. (eds) (2002). *Contemporary Perspectives on Early Childhood Curriculum*. Information Age Publishing.

Seefeldt, C. (ed.) (1999). *The Early Childhood Curriculum* (3rd edn). New York: Teachers College Press.

Spodek, B. & Saracho, O. N. (2006). *Handbook of Research on the Education of Young Children* (2nd edn). Mahwah, New Jersey: Lawrence Erlbaum Associates.

Spodek, B. & Saracho, O. N. (2005). *International Perspectives on Research in Early Childhood Education*. Vol. Ⅶ. Greenwich, Connecticut: Information Age Publishing.

Spodek, B. & Saracho, O. N. (1991). *Issues in Early Childhood Curriculum*, Teachers College Press.

Tobin, J., Davidson, D., and Wu, D. (1989). *Preschool in Three Cultures: Japan, China, and the United States*. New Haven: Yale University Press.

Vygotsky, L. (1978). *Mind in Society*. Cambridge, MA: MIT Press.

Wertsch, J. V. (1985). *Vygotsky and the Social Formation of the Mind*. Cambridge, MA: Harvard University Press.

Woollens, R. (ed.) (2000). *Kindergartens and Cultures*. New Haven, CT: Yale University Press.

艾斯纳. 儿童的知觉与视觉的发展. 长沙：湖南美术出版社，1994.

葛雷格里·贝特森. 心智与自然——统合生命与非生命世界的心智生态学. 台北：商周出版社，2003.

卡洛琳·爱德华兹，等. 儿童的一百种语言. 南京：南京师范大学出版社，2014.

卢美贵. 幼儿教育概论. 台北：五南出版社，1988.

卢乐山．蒙台梭利的幼儿教育．北京：北京师范大学出版社，1985.

马拉古兹，等．孩子的一百种语言．台北：光佑文化事业股份有限公司，1996.

玛丽·霍曼，等．活动中的幼儿．北京：人民教育出版社，1995.

皮亚杰．皮亚杰教育论著选．北京：人民教育出版社，1990.

斯泰西·戈芬，等．课程模式与早期教育．北京：教育科学出版社，2008.

维果茨基．维果茨基教育论著选．北京：人民教育出版社，1994.

朱家雄，张萍萍，杨玲．皮亚杰理论在早期教育中的运用．北京：世界图书出版公司，1998.

朱家雄．幼儿园教师参考用书．武汉：长江文艺出版社，2003.

朱家雄．学前教育教师参考用书．上海：上海教育出版社，2003.

朱家雄．幼儿园课程．上海：华东师范大学出版社，2003.

朱家雄．幼儿园主题式课程．北京：教育科学出版社，2006.

朱家雄．幼儿园科学教育活动设计与实施．北京：高等教育出版社，2014.

朱家雄．幼儿园教育活动设计与实施．2 版．北京：高等教育出版社，2015.

中华人民共和国教育部．幼儿园教育指导纲要（试行），2001.

中国学前教育研究会．中华人民共和国幼儿教育重要文献汇编．北京：北京师范大学出版社，1999.

图书在版编目（CIP）数据

幼儿园教育活动设计与实施/朱家雄主编. —北京：中国人民大学出版社，2019.1
21 世纪学前教师教育系列教材/朱家雄总主编
ISBN 978-7-300-26431-8

Ⅰ.①幼… Ⅱ.①朱… Ⅲ.①幼儿园-教学活动-教学设计-幼儿师范学校-教材 Ⅳ.①G612

中国版本图书馆 CIP 数据核字（2018）第 271616 号

21 世纪学前教师教育系列教材
总主编 朱家雄
幼儿园教育活动设计与实施
朱家雄 主编
Youeryuan Jiaoyu Huodong Sheji yu Shishi

出版发行 中国人民大学出版社
社　　址 北京中关村大街 31 号　　**邮政编码** 100080
电　　话 010－62511242（总编室）　010－62511770（质管部）
010－82501766（邮购部）　010－62514148（门市部）
010－62515195（发行公司）　010－62515275（盗版举报）
网　　址 http://www.crup.com.cn
经　　销 新华书店
印　　刷 中煤（北京）印务有限公司
规　　格 185 mm×260 mm　16 开本　　**版　　次** 2019 年 1 月第 1 版
印　　张 17　　**印　　次** 2023 年 1 月第 3 次印刷
字　　数 343 000　　**定　　价** 38.00 元
